高等教育"十四五"精品教材·旅游酒店系列

酒店营销策划

（第 2 版）

主　编　演克武
副主编　连文倩　干　霖　高　杰

免费课件

北京交通大学出版社
·北京·

内 容 简 介

本书为2020年江苏省高等学校重点教材立项建设项目。本书主要服务于各高校酒店管理专业的学生及酒店的营销与策划部门人员，涵盖了近年来营销策划的最新理论，罗列了大量酒店营销的实践案例，并结合我国酒店产品在营销过程中的实际问题进行了讨论，运用多种策划方法对具体问题进行了解析。从内容上来讲，本书基本覆盖了酒店营销过程中所涉及的主要策划问题，并对各种策划方法的基本思路进行了分析，主旨在于提升酒店管理专业学生的实际操作能力。由于策划方法具有非常强的普遍性，因而本书除了可以作为酒店管理专业学生的专业课教材以外，对于营销专业的学生及酒店管理人员而言也是非常重要的参考资料。

版权所有，侵权必究。

图书在版编目（CIP）数据

酒店营销策划／演克武主编. —2版. —北京：北京交通大学出版社，2023.2
ISBN 978-7-5121-4170-4

Ⅰ.①酒⋯ Ⅱ.①演⋯ Ⅲ.①饭店-市场营销-高等学校-教材 Ⅳ.①F719.2

中国版本图书馆CIP数据核字（2020）第030142号

酒店营销策划
JIUDIAN YINGXIAO CEHUA

责任编辑：严慧明

出版发行：北京交通大学出版社	电话：010-51686414　　http://www.bjtup.com.cn
地　　址：北京市海淀区高梁桥斜街44号	邮编：100044

印　刷　者：北京时代华都印刷有限公司
经　　销：全国新华书店
开　　本：185 mm×260 mm　　印张：12　　字数：300千字
版　印　次：2014年1月第1版　　2023年2月第2版　　2023年2月第1次印刷
印　　数：1～2 000册　　定价：39.00元

本书如有质量问题，请向北京交通大学出版社质监组反映。对您的意见和批评，我们表示欢迎和感谢。
投诉电话：010-51686043，51686008；传真：010-62225406；E-mail：press@bjtu.edu.cn。

前言

在经济全球化背景下，企业的营销活动，尤其是酒店的营销活动每天都需要面对非常激烈的市场竞争，企业管理人员需要承受巨大的市场压力。因此，酒店是否有针对市场变化的营销战略，营销战略能否最大限度地适应市场的竞争环境，企业营销组合是否符合酒店的战略规划与资源条件等问题就成为酒店能否在市场竞争中占有一席之地和打败竞争者需要解决的关键问题，而所有针对这些问题的解决方法无一不是以酒店的营销策划作为基础的。

本书为2020年江苏省高等学校重点教材立项建设项目。本书阐述了酒店营销策划的基本理论、基础知识和操作方法，由营销策划基本方法概述、营销策划基本问题概述、市场竞争策划、酒店产品品牌策划、酒店价格策划、酒店分销渠道策划、酒店产品销售促进策划、营销战略策划流程与策划效果评估等8章内容构成，重点阐释普遍适用于酒店行业的市场营销分析框架，突出针对酒店营销策划方法的分析，并对酒店营销组合策划所需要解决的基本问题及实际操作中可能面对的主要困难进行了分析和阐述，目的在于帮助初学者掌握一门可以运用于酒店的策划技术，因为本书的主旨即在于训练初学者有关营销策划思维路径的形成，为将来实际参与酒店的营销策划打下基础。本书强调理论性与实践性相结合，适合作为高等学校旅游经济、酒店管理及工商管理等专业的本科生教材，同时也适合作为政府、企业相关人员，尤其是酒店策划者与营销者的培训教材。

编者长期从事经济科研和酒店管理教学工作，一直希望编写一本适合我国高等学校酒店管理专业学生使用的营销策划教材，经过数年的艰苦努力，终于完成了这项工作。本书共分为8章，其中导论、第一章、第二章、第三章由演克武编写，第四章、第五章及章节后案例由连文倩编写，第六章、第七章由干霖编写，第八章由高杰编写，全书的校对工作由演克武负责。

在本书的写作和出版过程中，得到北京交通大学出版社的支持，在此表示感谢！本书参阅了大量国内外教材、报刊及其他各类媒体报道，如有遗漏未能列出，敬请作者谅解，并在此表示感谢！对于多年来一直给予我们支持和帮助的老师、领导、朋友及家人，在此表示感谢！

编者
江苏理工学院文化与旅游学院
2021 年 12 月

目 录

导论 …… (1)
  一、策划的概念 …… (1)
  二、策划与计划的辩证关系 …… (2)

第一章 营销策划基本方法概述 …… (4)
  第一节 营销策划相关问题分析 …… (4)
    一、关于市场营销策划 …… (4)
    二、市场营销策划的研究对象与基本方法 …… (5)
    三、营销策划的意义 …… (6)
  第二节 营销策划的一般方法 …… (7)
    一、确定策划主题的基本思路 …… (8)
    二、策划主题选择的条件 …… (10)
    三、如何寻找策划的启示资料 …… (10)
    四、如何产生创意 …… (11)
  第三节 如何实施策划方案 …… (16)
    一、策划实施的一般程序 …… (16)
    二、策划方案的实施条件 …… (17)
    三、如何进行策划的提案 …… (19)
    四、实施策划方案应注意的主要问题 …… (23)
    五、复杂策划方案的实施技巧 …… (25)

第二章 营销策划基础问题概述 …… (28)
  第一节 市场调研是营销策划的前提 …… (28)
    一、市场调研的内容 …… (29)
    二、市场调研方法 …… (30)
    三、调研问卷设计 …… (31)
    四、调研报告撰写 …… (31)
  第二节 市场细分是制订营销策划方案的基础 …… (33)
    一、企业进行市场细分的原因分析 …… (34)
    二、市场细分的标准 …… (35)
    三、市场细分的原则 …… (37)
    四、细分市场的方法 …… (38)

第三节 目标市场选择与营销战略确定 (39)
一、选择目标市场 (39)
二、目标市场覆盖模式 (40)
三、目标市场营销战略 (41)
四、市场定位 (42)
五、市场渗透 (43)
六、市场细分与市场陷阱 (45)

第三章 市场竞争策划 (57)
第一节 竞争优势与竞争压力 (57)
一、竞争优势从何而来 (57)
二、竞争压力来自何方 (58)
第二节 市场竞争策划基础 (60)
一、市场领先者策略 (61)
二、市场挑战者策略 (64)
三、市场追随者策略 (68)
四、市场补缺者策略 (69)
五、加入竞争的障碍 (70)
第三节 市场竞争策划的步骤 (72)
一、选择竞争分析参考工具 (72)
二、确立市场竞争的制高点 (74)
三、避免价格竞争的战略思考 (74)

第四章 酒店产品品牌策划 (78)
第一节 酒店品牌 (79)
一、品牌的内涵 (79)
二、酒店品牌的功能 (79)
三、国际酒店品牌的成长模式 (80)
第二节 国际品牌酒店主要管理模式 (81)
一、全权委托 (81)
二、带资经营 (84)
三、特许经营 (85)
四、策略联盟（联销经营） (87)
第三节 酒店产品品牌盈利模式策划 (88)
一、综合盈利模式 (88)
二、典型品牌管理模式的盈利路径 (89)
三、盈利模式误区 (92)

第五章 酒店价格策划 (94)
第一节 价格策划概述 (94)
一、价格策划的概念 (94)
二、价格策划的程序 (96)

第二节　定价方法策划 ……………………………………………………（99）
　　　一、成本导向定价法 ………………………………………………………（99）
　　　二、需求导向定价法 ………………………………………………………（100）
　　　三、竞争导向定价法 ………………………………………………………（101）
　　　四、定价策略策划 …………………………………………………………（102）
　　第三节　变动价格策划 ……………………………………………………（107）
　　　一、企业主动调整价格 ……………………………………………………（107）
　　　二、企业被动调整价格 ……………………………………………………（110）
　　第四节　价格策划中的风险防范 …………………………………………（113）
　　第五节　价格策划常见问题分析 …………………………………………（114）
　　　一、降价问题评析 …………………………………………………………（114）
　　　二、提价与降价的时机选择 ………………………………………………（115）
　　　三、降价与渠道 ……………………………………………………………（115）
　　　四、降价与用户 ……………………………………………………………（116）

第六章　酒店分销渠道策划 ……………………………………………（118）
　　第一节　分销渠道网络设计策划 …………………………………………（118）
　　　一、分销渠道的基本构架 …………………………………………………（118）
　　　二、分销渠道设计的原则 …………………………………………………（122）
　　　三、影响企业分销渠道设计的因素 ………………………………………（123）
　　　四、渠道设计的程序 ………………………………………………………（125）
　　第二节　分销渠道管理策划 ………………………………………………（128）
　　　一、明确分销渠道管理目标 ………………………………………………（129）
　　　二、分销渠道价格管理 ……………………………………………………（129）
　　　三、销售终端管理 …………………………………………………………（129）
　　　四、激励渠道成员 …………………………………………………………（130）
　　　五、渠道冲突管理 …………………………………………………………（132）
　　　六、评估中间商 ……………………………………………………………（133）
　　　七、调整分销渠道 …………………………………………………………（135）
　　第三节　分销渠道中的实体分配策划 ……………………………………（137）
　　　一、实体分配系统的构成 …………………………………………………（137）
　　　二、实体分配的基本目标 …………………………………………………（139）
　　　三、实体分配的总体协调 …………………………………………………（140）
　　　四、新形势下营销渠道的变化趋势 ………………………………………（141）
　　第四节　新媒体时代下酒店品牌网络营销渠道 …………………………（142）
　　　一、酒店品牌网络营销渠道影响因素 ……………………………………（142）
　　　二、新媒体时代下酒店品牌网络营销渠道存在的问题 …………………（142）
　　　三、新媒体时代下构建酒店品牌网络营销渠道的建议 …………………（143）

第七章　酒店产品销售促进策划 ………………………………………（146）
　　第一节　销售促进策划概述 ………………………………………………（146）

一、销售促进与销售促进策划 …………………………………………… (146)
　　二、销售促进策划的程序和内容 ………………………………………… (149)
　第二节　对消费者销售促进的策划 ………………………………………… (154)
　　一、赠送样品策划 ………………………………………………………… (154)
　　二、优惠券策划 …………………………………………………………… (157)
　　三、免费赠品策划 ………………………………………………………… (159)
　　四、竞赛和抽奖策划 ……………………………………………………… (161)
　　五、其他策划简介 ………………………………………………………… (163)
　第三节　对酒店中间商销售促进的策划 …………………………………… (163)
　　一、中间商行业特点分析 ………………………………………………… (164)
　　二、针对中间商销售促进的主要目标 …………………………………… (166)
　　三、针对中间商销售促进的主要形式 …………………………………… (166)
　第四节　酒店促销策划中的要点 …………………………………………… (167)
　　一、确定销售促进重点 …………………………………………………… (167)
　　二、改变促销方式 ………………………………………………………… (168)
　　三、宣传与销售促进终极目标的设定方法 ……………………………… (168)
　　四、广告词选用的有效性 ………………………………………………… (169)
　　五、广告宣传与产品生命周期 …………………………………………… (170)
　　六、充分重视"口碑"效应 ……………………………………………… (171)
　　七、认清中间商的本质 …………………………………………………… (171)

第八章　营销战略策划流程与策划效果评估 ……………………………… (174)
　第一节　营销战略策划流程 ………………………………………………… (174)
　　一、战略营销的内涵 ……………………………………………………… (175)
　　二、酒店战略营销 ………………………………………………………… (179)
　　三、提高酒店效益的战略营销策划设计要点 …………………………… (179)
　第二节　酒店战略营销策划方案的评估 …………………………………… (180)

参考文献 ……………………………………………………………………… (183)

导　　论

市场营销策划是随着人们在营销实践活动中不断总结经验和教训，并在传统营销理论基础上发展起来的一门新兴学科。对于企业的营销工作而言，有没有整体营销战略，营销战略是否符合企业发展的实际情况，以及营销战略如何实施等都是决定企业营销成败的关键。而营销策划本身即是企业指导营销工作的纲领性文件，营销战略的正确与否直接关系到企业的荣辱兴衰，所以，营销策划是企业进行市场运作的最重要的工作之一。

从理论上讲，酒店营销与一般物质产品营销并没有本质区别，同样需要运用各种营销手段达成企业的经营目标，然而，酒店营销由于在操作方法、产品创新、渠道开拓、价格制定及促销方法等各方面与一般物质产品营销存在比较大的差异，因而在具体实践过程中需要运用的营销技巧更为复杂，而且更加依赖于营销策划。同时，一个优秀的酒店营销策划方案通常可以起到化腐朽为神奇的功效，因为优秀的策划方案不仅可以在很大程度上节约酒店的资源，为酒店创造更多的经济效益，更为重要的是，它往往可以为酒店在比较短的时间内创建自己的品牌，从而为酒店长远战略规划的实现和保持强大的市场竞争能力打下坚实的基础。

当然，无论是针对酒店营销，还是针对一般物质产品营销，从策划技巧和基本方法这两个方面来看，它们还是有着非常多的共性的。因此，为了更好地理解酒店营销策划对于酒店发展的战略意义，就需要首先对营销策划本身有比较深入的了解。

一、策划的概念

策划作为一种政治、经济和军事活动中必不可少的战略要素，在古代就已经有了长足的进步和发展，代表我国古代最高军事理论水平的著作——《孙子兵法》，实际上就是一本关于政治、军事和经济运作的策划纲要。虽然它的主要内容是有关军事战略的，但它同样对战争所需要的政治谋略和经济支持进行了精辟的论述，是我国乃至世界有关策划理论的经典之作，不仅对今天的军事战略制定、政治策略研究有着非常重大的参考价值，而且对于企业的经营，尤其是营销战略的制定同样具有非常重大的现实意义，因为著作中所展示的军事计谋和战术手段在经济活动，尤其是酒店营销活动中具有非常重要的参考价值。

这是因为，就营销活动本身而言，从某种意义上讲，它就是与对手进行的一场没有硝烟的战争，企业要想在战争中取得胜利，就必须认真研究取得胜利所依据的具体战略战术，而营销策划过程即是对这种战略战术的研究过程、制定过程和实施过程，策划部门就相当于军队中的原总参谋部，从这里发出的任何指令都会对酒店的经营产生决定性的影响作用。

关于什么是策划，目前学术界的看法不一，依据不同的理论和不同的服务目的，许多学术界人士对策划进行了不同的定义，归纳起来，比较具有代表性的有以下几种。

（1）事前行为说：认为策划是指在事前决定做什么事，是达成目标的一种手段，是对未来采取何种行动做决策的准备过程。

（2）管理行为说：认为策划与管理同属一体，策划的运作过程能够影响管理者的决策、预算、调整、机构设置等问题，亦即策划是管理的重要组成部分。

（3）选择决定说：认为策划是管理者从可供选择的多种方案中，对目标、政策、程序及计划和管理方式等进行筛选，从而进行决策的过程。

（4）思维和谐说：认为策划是对将来的一种构想，对此种构想方案予以评价及达成方案过程的各种有关活动，是策划者对于未来如何行动的一种理性思维程序和过程。

虽然上述定义对策划从不同角度进行了论述，表述方法也有区别，但基本上说明了策划所包含的基本内容。即策划是人类生活和社会实践过程中针对某些需要解决的问题而进行的一种谋划活动，是指策划主体为达到一定的目标，在调查和分析有关资料的基础上，遵循一定的程序，对未来某项工作或某个事件进行系统、全面的构思、谋划，制定和选择合理可行方案的过程，是根据目标要求及环境变化对方案进行个性调整或重新设计的一种创造性活动。

根据上述对策划的解释，策划应该具备下列特点：

（1）策划是为一定目标服务的，没有目标就无所谓策划，策划是实现目标的手段，是寻求实现目标途径的谋划过程；

（2）策划是建立在对有关情况进行调查研究基础之上的，没有对事物本身及其所处环境的研究就不可能进行策划，这是策划的基础和前提；

（3）策划是一种对特定事物和目标进行谋划和预测的过程，包括制订方案、选择方案和调整方案三个方面的基本工作；

（4）策划是一种连续性、系统性很强的活动过程，即任何策划都不是一成不变的，在具体执行过程中没有哪一种策划可以不经任何调整或变化而达成目的的，这是因为，任何策划方案的实施都是依赖于一定的市场环境的，而市场环境可以说是随时随地都在发生着变化。

酒店营销策划同样具备策划的这些特点，只不过将问题更加具体化和程序化而已。即酒店营销策划是针对酒店经营目标进行的，是在市场调研基础上形成的，是酒店策划人员或专业策划公司对于市场运作谋略的集中体现。由于酒店的市场运作是一个连续的过程，因而酒店营销策划必然根据酒店面临的实际问题和市场环境在实践中做出相应的调整，而这样的调整和改进同样也是一个连续和系统的过程。

二、策划与计划的辩证关系

策划与计划在现实操作中有许多相似的地方，因而人们往往把它们混为一谈，但事实上二者是既有联系又有区别的，这样的关系体现为：

（1）计划是为了达成某种目的将工作或行动时间、资源、空间等按某种顺序排列，按目标要求界定为人们行动的方向或指南，具有相对的固定性；而策划必须具有整体思维意识，必须具备创新意识，它的作用在于为企业的发展或某项活动制订总的行动纲领；

（2）策划的结果要落实到具体的计划之中，一项策划可能需要多个计划来实施，但策划并不是计划的汇总或集合，并非每一项计划都类属于策划，比如，每周的工作会议要列入企业的工作计划，但策划方案并不一定包含这样的内容；

（3）策划重在设计方案，以创造性为主，计划则更多体现为某项策划的实施内容和要求，是企业员工进行日常工作的流程或程序。

第一章

营销策划基本方法概述

 本章重点内容

1. 如何理解营销的特点?
2. 优秀的营销策划方案的基本特点是什么?
3. 为什么说创意是营销策划方案的灵魂?
4. 如何理解营销策划方案对企业经营的重要意义?
5. 在营销策划方案整理与提案过程中应该注意哪些主要问题?

作为酒店经营的重要内容,营销策划目前已成为企业盈利,尤其是市场制胜的重要环节,杰出的营销策划方案与优秀的执行力的结合是现代企业开拓市场和战胜竞争者并取得优异绩效的基础和前提。这就要求策划者在参与这项工作之前必须了解有关营销策划的基本问题,从而为营销策划方案的制订打下基础。

第一节 营销策划相关问题分析

为了更好地理解市场营销策划,策划者对现代市场营销的概念、范围和运作方式等应该有清晰的认识,对现代企业管理的关键问题应该有深入的研究。而理解这些问题的基础在于充分认识现代营销的本质与营销工作在企业发展中的地位与作用。

一、关于市场营销策划

营销策划最早起源于美国,在20世纪60年代,美国市场开始受到来自欧洲和日本产品的强烈冲击,市场出现萧条。正是在这种情况下,美国的有些学者和公司开始在市场营销方面制订新的营销策略,以应对欧洲和日本的挑战。他们对市场营销的模式、管理及运作方式进行了一系列改进,并取得了非常明显的成效,尤其是在20世纪90年代以后,很多美国产品,尤其是高技术产品,开始逐步在国际市场上重新确立了自己的优势地位。日本在20世纪70年代以后出现了许多专业性的策划公司,其主要功能即在于为日本企业开发国际市场及在国际市场上取得优势地位出谋划策,这些公司虽然规模不大,数量不多,但却为日本企业的经营和日本经济的腾飞做出了巨大的贡献。

我国的营销策划起源于20世纪90年代,当时我国的市场正面临由卖方市场向买方市场转化,社会上出现了许多所谓的点子公司,这些公司虽然没有一个成为类似麦肯锡这样非常著名的国际咨询管理公司,但毫无疑问,它们同样为我国企业的发展及我国产业的结构调整做出了非常大的贡献。当然,从严格意义上讲,这些点子公司所提供的建议并不是营销策划,因为真正的策划不是一个点子,特别是在经济全球化的今天,营销策划作为营销工作的一个重要组成部分,对市场的指导作用越来越大,涉及的范围越来越广,一个点子或一个创意往往对企业的发展没有根本性的帮助,因为即使非常优秀的点子或者创意也需要全面的、系统的、科学的和具有创造性的发挥才能体现其价值。再好的点子,再优秀的创意,如果脱离了市场环境,或者企业的资源条件达不到,也同样对企业整体战略的实施没有帮助。

那么,应该如何理解市场营销策划呢?简单地说,市场营销策划就是为某一企业、某一产品或某一活动所做出的策略谋划和计划安排。就内容而言,市场营销策划应该至少包括下述六个方面的基本要点:

(1)市场营销策划的对象可以是一个企业、一种产品或一次活动;

(2)市场营销策划的范围往往涉及企业的各个部门,甚至本企业以外的组织或个人,亦即,市场营销策划不是策划部门可以独立完成的,企业几乎所有的资源都需要为市场营销策划提供相应的帮助;

(3)市场营销策划要立足于企业的营销现状和营销目标,亦即,市场营销策划是为企业实现战略目标服务的;

(4)市场营销策划需要设计和运用一系列计谋,这是市场营销策划的核心和关键;

(5)市场营销策划要制订周密的计划并做出安排,以保证计谋运用成功;

(6)市场营销策划的表现形式是文字报告——营销策划方案,其结构由市场环境分析和营销活动设计两大部分组成。

研究市场营销策划,尤其是酒店营销策划,不仅要学习和掌握市场营销策划的基本方法和技巧,更重要的是要认识和掌握市场营销策划的一般规律,以创新思维为灵魂,以酒店资源为条件,以企业经营目标为指导,以市场环境为基础,遵循市场经济的客观规律,只有这样,才能更好地开展市场营销策划的实践活动。

二、市场营销策划的研究对象与基本方法

市场营销策划是一门涉及多种学科的综合性科学,其研究对象是市场运作过程中的各种问题,如市场进入障碍、营销资源的配置、营销创意、营销理念的设计和制订,以及制订市场营销策划方案的基本方法、技巧和一般规律。其范围包括从资源整合到利润分配的全过程,是在现代市场营销观念的指导下,以市场营销管理为土壤,从市场需求入手,深入市场调查研究,认真分析市场营销环境、竞争者、企业市场竞争条件,以及使目标市场顾客达到满意状态的条件,因时、因地、因人制宜地提出"创意—构架—行动"方案的系统过程。虽然各个具体的营销策划方案千差万别,各有其创新特色和营销要素融合的技巧,但不论是哪一种性质的市场营销策划,其策划的过程、基本方法,甚至策划流程,还是具有一定的规律性和共同特点的。

一般而言,市场营销策划的基本方法可以归纳为程序法、模型法和案例法。

（1）程序法，即按照一定程序进行市场营销策划。一般经过确定策划目标，收集和分析策划信息，创意构思与提炼，制订策划方案，方案评估与论证，实施和控制策划方案，以及测评策划效果七个阶段。

（2）模型法，即利用现有的模型、模板、模块进行策划。因为现有的模型本身已经经过检验、判断和逻辑分析，并通过实践验证在某种特定的市场条件下是成功的，因而可以利用现有的模型进行策划。实际操作中，现有的模型是市场营销策划的重要工具。

（3）案例法，即有些条件和环境相同或相似的策划是可以引用过去成功或失败的案例进行策划的。事实上，虽然每一个策划都是不同的，但优秀的策划必须要借鉴过去的一些案例。

当然，在实际操作中会经常混合使用上述方法，即一个优秀的营销策划方案往往是三种方法的高度融合。作为策划者，应该熟练掌握这三种方法。

三、营销策划的意义

1. 企业长久生存和发展的需要

营销策划是企业在一个较长时期内经营管理，特别是市场运作的总体规划，为企业的市场开发与拓展提供总的指导方针。这是因为，企业要想长久在市场上生存和发展，就必然需要对产品和市场做出全面规划，使企业在运营过程中遵循一定的轨迹，充分发挥企业的资源优势和利用市场机遇。要做到这些就必须对管理方法、市场模式、产品、价格、渠道和促销等进行不间断的改进和升华，以保证企业长远经营目标的实现，而所有这一切都有赖于企业对市场环境的准确评估和企业资源的优化。营销策划的作用即在于为这样的发展提供可行的方案，并且该方案在运作过程中需要进行调整和深化。

2. 服务于企业的战略目标

企业的战略目标是一个相对比较长远的目标或规划，它的实现有赖于企业在经营中不断对市场进行研究，了解消费者的需求，改进产品的技术性能和提高产品的盈利能力。这个过程中的每一个阶段都需要设立在不同时期的工作目标上，营销策划的作用就在于运用营销策划的技巧和对市场研究的成果，为每一个发展阶段做出相应的战略规划。从这个意义上说，营销策划实际上包括两大部分，其一是公司市场营销的整体策划，其二是具体目标市场或产品的单项策划。但无论是整体策划还是单项策划，都必须服务于企业的战略目标。

3. 创建品牌，扩大企业的知名度

现代企业经营与市场运作的关键是创建企业的品牌和扩大企业的知名度，尤其是对于像酒店这样的服务型企业而言，由于产品本身的特性决定了其在产品创新或者质量提升方面要想做到很明显的差异化存在比较大的困难，因而品牌的创建和维护就成了酒店长久占据较好市场地位的关键所在。酒店营销策划的首要目标是在消费者心目中树立良好的产品和企业形象，这是酒店得以长久在市场上生存和发展的基础。这是因为，只有优秀的营销策划和有力的实施手段才可能使企业在这个方面获得长足发展。

4. 增加市场份额，打击竞争者

现代企业的市场竞争集中表现为对消费者的争夺，这是因为，市场份额的增加不仅可以增强企业的实力，打击竞争者，更重要的是，市场范围的扩大和消费者数量的增加还可以在更大范围内树立公司的品牌形象，是企业在市场上得以迅速发展的有力保障。营销策划的重要内容之一就是为企业设计合乎市场规律和企业资源要求的竞争方案，在市场上打击竞争者的同时增加企业的市场份额。事实上，竞争策划方案的制订往往是企业策划部门的重点工作，大多数或者绝大多数的营销策划方案都是为了应对竞争者挑战的，毕竟，我们所处的市场环境是买方市场，如果不能有效打击对手，则对企业而言，不要说发展，恐怕连生存都会成为比较大的问题。

5. 锤炼企业的销售队伍，提升企业的营销能力

营销策划的内容必然涉及企业的营销管理过程，优秀的营销策划方案不仅可以为企业带来利润和有利于企业树立良好的市场形象，还可以在执行方案的过程中为企业培养一大批优秀的执行人才。这是因为，优秀的营销策划方案不仅会使企业员工在参与企业营销方案运作的同时为企业创造价值，同时也可以使他们在这个过程中掌握一些基本的营销技巧和管理方法。换句话说，企业员工通过执行优秀的营销策划方案，可提升自身素质，这对企业而言无疑是提升营销能力的捷径。

一次改变日本国民习惯的营销——雀巢咖啡在日本的营销之路

20世纪70年代，日本经济蓬勃发展，雀巢公司希望可以用咖啡打开日本市场。但是，当时的日本消费者更喜欢喝茶，他们并没有喝咖啡的习惯。于是，雀巢公司在进入市场之前首先向各个年龄段的消费者进行了测试，询问他们对雀巢咖啡的看法。没想到，得到的反馈让雀巢公司异常兴奋。因为通过测试，雀巢公司发现日本消费者非常喜欢雀巢咖啡的味道。雀巢公司马上投入巨额的营销费用，让雀巢咖啡铺天盖地地进入了日本市场。

但最终结果却令人大失所望。日本人确实表示喜欢雀巢咖啡的味道，但是他们却坚决不买。在万般无奈之下，雀巢公司高层决定让营销专家克洛泰尔·拉帕耶来操刀雀巢咖啡在日本的营销，这在当时充满争议。因为克洛泰尔·拉帕耶不是典型的营销人，他实际上是一名儿童精神科医生，他曾与自闭症儿童一起工作多年。但正是由于这种经历，他确信一件事：人们是无法告诉你他们真正想要的是什么的。在经过反复调研后，克洛泰尔·拉帕耶很快发现，日本消费者从根本上没有和咖啡建立联系，而喝茶是日本人一直以来的生活习惯，现在要做的是建立日本人和咖啡之间的联系。

那克洛泰尔·拉帕耶是怎么做的呢？他排除众议在日本推出咖啡糖。突然间，全日本的孩子发现了几十种不同口味的咖啡糖，并且他们非常喜欢咖啡糖的口味。如此一来，咖啡糖一下子就推广向日本全国。从咖啡糖开始，雀巢公司最终转向含糖的冷咖啡味饮料，然后自然而然地转向了雀巢咖啡。结果，日本作为一个之前完全不喝咖啡的国家，其咖啡销售额逐年上涨，现在已经稳定排在世界咖啡消费前列了。

一颗咖啡糖实乃点睛之笔！

第二节　营销策划的一般方法

任何一个营销策划都会由于所处的市场环境有区别，企业所拥有的资源不同，策划的主要目标不一样，策划者的主导思想、沟通能力、知识水平、实践经验等不尽相同等原因，使得最终形成的营销策划方案千差万别。即便是在一个相同的市场环境下，策划者对经济的未来走势、行业的未来发展有不同看法，也会使得营销策划方案大相径庭。事实上，只要不是完全抄袭别人的方案，每个人的营销策划方案都是不同的，因为策划本身所涉及的环境、资源、目标、知识、能力等各个方面的因素实在是太复杂了。但这并不意味着营销策划是无章可循的，从策划的一般方法来看，大多数策划方案还是有一些共同特点的，这些特点主要体现为策划的基本方法和策划流程的规律性。

一、确定策划主题的基本思路

对于企业的营销策划，如何选择策划主题往往是策划者需要首先解决的问题。这是因为，企业经营过程中存在的问题可以说是多如牛毛，如果每一个问题都需要策划部门解决，企业将负担不起这样的费用，因而，作为专业策划或企业的策划部门，在对企业的营销运作进行整体或单项策划时，要根据企业的要求及本身的素质和能力首先确定营销策划主题。此外，并不是所有企业领导或者部门提出的课题都是可以进行策划的，一项策划的完成同样要依据一定的条件和拥有足够的资源。

当然，即使是非常合理的策划主题，策划者也不一定能够承担得起策划任务，这除了跟策划者的能力有关系以外，还决定于企业提供的策划资源等其他因素。因此，策划主题的确定需要考虑很多方面的内容，但一般情况下，下述内容是策划者在确定策划主题时需要首先考虑的。

1. 对现状不满意是策划的基本主题

绝大多数策划的起因是企业对目前的经营状况不满意，甚至是企业的经营难以为继，急需采取新的运作方式来摆脱目前的困境。这虽然是企业管理过程中领导缺乏战略思考的表现，但也确实是多数企业进行营销策划的主要原因。事实上，绝大多数的酒店营销策划，其策划主题都是在这种情况下形成的。

这时，对于策划者而言，能否找到市场运作的病症所在，并且以解决具体的管理问题或市场模式问题作为策划的主题，就成为策划能否成功的关键。例如，酒店目前面临的问题是客房空置率过高，需要解决办法。对于策划者而言，首先要对产生问题的主要原因进行分析，看是服务质量、酒店位置、广告促销、竞争者原因造成的，还是价格原因造成的，然后才能确定自己的策划主题。就像医生给病人看病一样，只有先明确了病因，才能考虑治疗的办法。在现实操作中，多数营销策划涉及的往往不是企业经营过程中的一个问题，因为任何营销方面存在的问题都会涉及企业管理的其他方面。但作为策划主题，一般只能有一个。这就要求策划者对问题的研究要非常深入，只有抓住问题的本质对症下药，才能找到根本的解决办法，因而分析问题的能力是策划者首先需要具备的。当然，这也不是一日之功，需要策划者不断学习和长时间积累。

2. 对新项目运作的整体思考是策划的基本内容

现实的营销策划很多体现为对新市场的开发或者是新产品上市的策划，这样的策划相对于单项策划要复杂一些，涉及企业从生产到销售、财务、渠道、促销等各个方面，对于新企业或新产品和新市场，这样的策划需要企业的全部资料和针对市场的认真调研。一般情况下，这种策划所涉及的是企业总体发展规划，或者是局部市场或新产品上市的规划。由于这样的策划所涉及的内容比较广泛，因而企业一般对策划的要求也是有所区别的，策划者应根据企业的战略目标和市场环境确定策划主题。

3. 单项主题策划体现策划者的专业水准

由于营销策划涉及企业经营管理的方方面面，任何策划者都不可能做到在每一个环节都是高手，就像医生一样，只能在某一领域非常精通，而不可能治疗所有的病症。因而作为一个优秀的策划者，首先要对自己的策划能力有一个客观和公正的评价，在选择策划主题时，尽量贴近自己最擅长的方面，对于不熟悉或是缺乏经验的策划主题，尽量不要承接或是主要依靠专业人员操作，切不可不自量力地确定生疏的策划主题，以免给企业的经营带来损失。

4. 有些主题并不切合实际

对于企业要求的有些不切合实际的主题，策划者要中肯地提出自己的反对意见。现实中，有些企业领导主观意识较强，或者对市场情况不了解，往往要求策划部门对一些不太可能实现的目标进行营销策划，而且自己提出策划主题或策划要求。这时，对于策划者而言，不能盲目听从领导的安排，而应该有理有据地向领导反映真实的情况，以免浪费企业的资源。因而对于企业的策划者而言，不仅需要具备优秀的策划能力、广博的营销知识和洞察市场变化的敏锐观察力，更重要的是应具备优秀的品德，时刻牢记自己对企业所担负的责任，如果一味听从领导的指示就很可能给企业的发展造成巨大损失。

5. 有些主题重要到非策划不可

策划者如果是企业的专职员工，应该有责任提醒自己的领导对某些迫在眉睫或是对企业发展具有战略意义的课题进行策划，即主动提出策划主题，这是策划者的责任。当然，要完成这样的主题策划需要策划者对企业的经营状况有非常深入的了解，经常观察企业的运作状况和市场的变化情况，做到未雨绸缪。许多企业的策划者感到每天无所事事，原因就在于他们比较缺乏主动寻找策划主题的动力，只是被动地听从领导的指示，从而既不能为企业分忧解愁，也浪费了自己的才华。

6. 策划者的能力受到限制

如果一个策划主题涉及的面比较宽，或是策划者感到自身能力有限，无力承担这样的策划任务，一定要向领导提出支援要求。因为一般而言，企业的策划都是有时限的，尤其是市场营销策划，由于市场变化快、可以完全由企业把握的关键因素少等原因，要求策划在一定时间内完成并付诸实施，以保障企业的利益。因而，这样的策划，其时效性是非常强的，如果因为策划者个人的原因而使企业失去市场机会，这样的损失就太大了。所以，策划者如果不能独立完成策划任务，最好请专业策划公司帮助解决问题，切不可勉强为之而最终导致企业的利益遭受损失。

7. 公司的预算有限

任何策划都需要一定的资源支持，如果选定的策划主题涉及范围非常广，需要投入的资源非常多，而公司又没有足够的预算，那么这样的策划方案就不会取得相应的成果。因此，在确定策划主题以前，需要了解公司对于策划方案所提供的预算能否支撑策划活动的进行。如果资源不够，则只能在较小的范围内进行，切不可强求。这是因为，任何策划方案的实施都是需要企业投入资源的，不成熟的方案一旦实施，不仅不会给企业带来利益，而且极有可能使企业在营销过程中蒙受巨大损失。

总之，在策划主题的选择上，无论多么慎重都是值得的。这是因为，一旦主题偏离方向，那么所有围绕它做出的策划都将变得毫无意义。如果这样的策划得以实施，则不仅对企业的市场营销效果不利，而且对于策划者个人而言，其后果也是比较严重的。

二、策划主题选择的条件

策划主题的确定往往是企业在运作过程中来自某一方面的要求，而且并不是每个主题都很明确。作为策划者，在主题选择上，一定要给自己设定一定的条件，这是因为：一方面，只有充分了解决策者的意图才可能使策划达到目的，通常情况下，任何营销策划方案只有在得到决策者的支持时才有实现的可能；另一方面，自己没有能力承担的策划主题，即使勉强做出来，其实施的效果也不会很好或者根本就没有实施的可能性。因此，在确定策划主题以前，还要考虑下述问题：

（1）决策者与有关部门对这个策划的期待是什么；
（2）哪些人与部门可以协助策划者完成这样的策划；
（3）在策划立案之前如何分配时间及安排进度；
（4）这个策划能否沿用常见的手法，决策者会不会满意；
（5）策划中需要掌握的最关键的资料是什么。

在着手拟订策划书之前，对各个方面进行一次详尽、周密的调查是十分重要的。这样做的目的有二：其一是避免误入歧途，浪费时间和精力；其二是节省时间。在材料充足的条件下，策划书的拟订就只是创意的产生和抄抄写写的问题了。

在这里需要特别强调的还是策划的实用性。通常而言，在限定的费用、资源、人力和时间范围内，完成效果最好、成果最大的策划是每个策划者追求的目标，也是理想策划的标准，但这个标准通常只是针对策划者而言的。对于企业而言，策划必须是人人易懂、容易参与、便于协助的，因为在实施过程中只有这样的策划是比较简单的，实施难度相对较小，而取得成效的可能性较大。因此，为了完成这样的策划方案，策划者不仅要了解市场和企业的资源状况，同时还必须对策划的实施者进行分析和调研，只有在充分掌握实施者能力的基础上才能制订出适合企业人力资源状况的营销策划方案。实际上，策划的过程从某种意义上来说就是一个调查研究的过程，所以坐在办公室里是不可能完成策划的。

此外，策划主题最忌讳的是求全、求多、散乱，那样的话，不但会使主要的目标难以实现，甚至在你看来轻而易举就可以实现的小目标也会化为泡影。所以，在策划主题选择过程中一定要将想解决的营销问题集中在几个甚至只是一个方面，这样的策划才可能有比较强的针对性，从而实施效果才可能比较理想。同时要处理好计划与策划的关系，因为计划与策划是一种唇齿相依、相辅相成的关系，二者互为条件，计划是策划目标实现具体化的必然阶段，策划力的提高有助于计划的实现，所以对任何一个方面的忽视都是一种错误的认识。

当然，策划的过程同时也一定是一个寻找灵感的过程，是一个尝试错误的过程，也是一个不断地自我认可和自我否定的过程。这个过程也许是痛苦的、寂寞的和枯燥乏味的，但是只要你能够抓住灵感，然后再不断地完善它，展现在你面前的一定是一片前所未有的新天地。

三、如何寻找策划的启示资料

缺少成为创新的"原料"，即使脑子再好也不管用。因为脑子空空如也是挤不出智慧的,优秀的策划无一不是建立在对启示资料的充分分析与研究之上的。因此,对于策划者而言,寻找策划所需的启示资料不仅是其在确定策划主题之后必须首先完成的第一步工作,而且也是优秀策划方案形成的基础。

一般情况下,寻找策划者所需的启示资料的方法主要包括:第一,从已知的知识、情报中寻找,这种方式当然有赖于策划者的市场营销经验及扎实的市场营销方面的理论知识,因而策划者的个人能力不仅体现为策划文案的创意、撰写,以及文案的实施能力,同样也体现为资料的收集和整理能力;第二,从个人或集团的智慧中寻找,这不仅包括策划者需要与有经验的市场人员交谈,从他们那里汲取可用于策划的基本素材和营销创意,更重要的是寻找可以作为策划启示资料的相关文献。对策划者而言,市场营销情报的主要来源包括:

(1) 专业书籍、专业性杂志;
(2) 工商报纸的剪贴资料;
(3) 本公司或相关公司过去实施的与市场开发有关的策划、提案、活动等资料;
(4) 相关研究人员拥有的有关市场开发的知识和情报;
(5) 同业或其他与市场开发有关的记录、策划或报告;
(6) 国外企业有关市场开发的情报;
(7) 在企业讲座、研讨会上相关人员提出的观点、创意、情报等。

重视日常积累和掌握一些积累知识的方法是很重要的,由于策划对知识的丰富性要求甚高,所以,策划者在日常的生活和学习过程中必须注意知识的积累和有意识的分类,以便在策划过程中使自己的思路和视野更加开阔,摆脱知识面狭窄的束缚。当然,对于策划者而言,专业知识永远是最重要的,一个优秀的策划方案的产生要求策划者不仅要精通本专业的知识,而且要精通策划对象的相关知识,甚至竞争者的相关知识。所谓"行家看门道,闲人凑热闹",优秀策划者的策划能力都是在不断积累和锻炼中逐步提高的,这就要求策划者有非常强的学习能力和学习欲望。

四、如何产生创意

创意来源于创新,而创新则来自对某种事物不间断的思索和对原始资料的积累与升华。在这个过程中,需要特别注意的是,积累不是盲目地将所有有价值的或无价值的资料堆积在一起,而应该分门别类,以便于以后查阅。优秀策划者的能力在于,他们能够从纷繁复杂的多种数据和资料之中挑选出对自己十分有用的部分作为策划的原始材料,并对这些材料去粗取精、统筹整理。因此,当你受命做某项策划时,应该做到:第一,凭印象把有关的资料整理出来;第二,精选资料。

不要害怕整理资料时的麻烦,因为在整理资料并将之分门别类的过程中,你也可以对自己资料库中的内容做一个温习,这也是自我提高、自我充实的过程。在这里,有意识地激发自己的潜能是产生创意的源泉,很多人在参与策划工作时总是抱怨自己脑子太笨,想不出好主意,或者抱怨别人没有给自己足够的提示。事实上,创意的产生虽然是非常困难的,但也绝不是没有可能的,只要掌握了一定的方法并加以实践,时间久了,自然也能够积累一些产生创意的方法,或者至少可以利用一些方法激发自己产生创意。实践中,下述方式可能有助于策划者提高自己产生创意的能力。

1. 自我暗示

自我暗示是影响潜意识的媒介，是走向成功的第一步，要想获得惊人的成就、在痛苦的求索中产生独特的创新，就必须动员你的潜能。所有的暗示和所有自我提供的刺激，通过一个人的五官而进入内心世界，都可称之为自我暗示。事实上，这种自我暗示存在于每个人的潜意识中，只要能够激发自己，这种潜意识里的东西就会变为现实的想法或者创意。例如，大家都知道阿基米德发现浮力原理是源于他在洗澡的时候看到了澡盆里的水溢出来而获得的启示，这其实就是典型的自我暗示。若长时间都在思考这样的问题，只要有一个偶然的机会激发自己的想象力，这种暗示的结果可能就是产生了一个金点子。

自我暗示是有意识思想的发生部分与潜意识的行动部分两者之间沟通的媒介，实际策划中，很多独特的创意其实都是这种自我暗示的结果。当然，这种发自内心的想法之所以能够成为策划的金点子，是基于策划者长期的实践活动积累和扎实的营销理论功底的，没有人可以在无丝毫营销基础的情况下凭空产生营销创意。

2. 自信意识的培养

策划是一门以创新为生命的科学，因此它也是一门考验智慧的科学。在策划过程中，策划者除了要掌握必需的思维技巧以外，还要有足够的耐心和毅力，如果缺乏这种耐心和毅力，必将半途而废。尤其是创意的产生，一定依赖于策划者对某一事物运作的掌控能力。策划者如果对所做的事情没有足够的信心，不相信自己能够把事情做好，其结果就是这件事情一定做不好，因为策划者已经失去了做好事情的必要前提，在这种情况下，能够产生创意的机会就非常小了。因此，作为一个优秀的策划者，除了需要学习和具备必要的专业知识以外，具有足够的信心做好某一项策划也是非常重要的，因为这同样是创意产生的基础，而不间断地培养自己的自信意识是每一个策划者的必修课程。

3. 强烈的成功欲望

这里有一个永恒的定理：信心加上炽烈的欲望，没有任何事情不会实现。策划作为一种创造性劳动，需要策划者具备强烈的成功欲望，这是产生创意的主要动力。没有对事业的执着追求，就失去了创意产生的原动力。这个定理无论是在社会实践中，还是在科学实验过程中，都是被反复验证的。例如，爱迪生在发明灯泡以前曾经进行过 2 000 多次实验，可口可乐在开发中国市场时，曾经有 11 年的时间没有赚到一分钱，如果不是有强烈的成功欲望支撑，我们现在可能就不会认识爱迪生这么伟大的发明家和可口可乐这么伟大的公司。更何况，策划本身就是一种创造性的劳动，如果没有强烈的成功欲望，创意的产生同样也是不可想象的。

4. 充分发挥你的想象力

想象力就像一个工厂，人类所有的计划都是在这个工厂中生产而成的。凭着想象力，人类有了灵感冲动，欲望具有了形象、形态和行动。因此可以说，人能够创造他所能想象的任何东西。人类的唯一极限是他的想象力与利用想象力的程度，在想象力的利用上，人类远未达到顶峰。营销策划的创意与策划者的想象力同样密不可分，一个优秀的策划方案往往是策划者想象力得以发挥的结果，是策划者对某一具体事务独到理解的结晶。从这个意义上讲，策划者的想象力如何在很大程度上决定了策划方案的创意是否优秀，因而培养和发挥自己的想象力同样也是产生创意的重要前提。

具体而言，想象力具有以下两种形态。

(1) 综合想象力：这种想象力可以把旧有的各种观念、构思、计划组合成一种新的混合物。严格地讲，这种能力并没有创造出新东西，它只是将所吸收的知识、经验、调研结果和观察结果作为材料来加以利用，在前人创造的基础上添加或者删减一些内容，最终形成自己所需要的创意，这种想象力对策划者而言是必备的，如果连这种想象力都不具备，创意的产生也就无从谈起了。事实上，大多数发明家都是利用这种想象力进行发明创造的，大多数优秀方案也同样是以这种想象力作为创意产生源泉的。当然，如果没有任何前人的原理或者经验可以借鉴，也就是说，当你利用综合想象力未能解决问题时，就需要依赖另外一种想象力——创造想象力来产生创意了。

(2) 创造想象力：依靠这种想象力，人类有限的知识与无穷的智慧得到了直接的沟通；依靠这种想象力，人类得到了预感和灵感，它使一种新的欲念传达到人的身上，并激发了人的潜在智慧与能力。创造想象力是自动发生的，当思维在紧张工作并受到欲望的强烈刺激时，它就会自然而然地发挥作用。但这种想象力所依赖的条件也是非常苛刻的，不仅需要具备丰富的知识与深厚的功底，而且需要对问题进行几乎不间断的思索，只有这样才可能在某一个非常偶然的机会中将自己的灵感激发出来。例如，牛顿发明万有引力定律就是这种想象力的集中体现。

当然，将无形的欲望冲动转变为具体的事实与财富，需要一个或多个计划，这些计划必须在想象力（主要是综合想象力）的帮助下制订。因为有了创意只是策划的第一步，要把这个创意转化为策划方案，还要经过一番复杂的整理、分析、组合及删减过程，这样才能形成初步的策划思路。创新是无形的力量，想象是意识的工厂，它可以把你的意识能量转变成财富和成就。因此，不断训练想象力同样是优秀策划者必备的素质。

5. 脑力激荡法

如果你在策划过程中感觉产生创意是最困难的，对自己所有的创意都不满意，这种情况下，你可以尝试脑力激荡法，即通过发挥大家智慧的方式形成一个优秀的创意。这种方式尤其适合于单项策划，也就是所有参与策划的人员针对一个主题自由研议，争取产生创意。

实际上，这种产生创意的方式目前在很多优秀企业的营销策划过程中已经成为最主要的创意产生方式之一，而且这种方式因为集中了众人的智慧，因而所产生的创意往往更具有现实意义。具体而言，采用这种方式搜集大家的智慧时，需要首先约法三章：

(1) 提出的构想多多益善；

(2) 对每个人提出的构想不做好坏评论；

(3) 欢迎搭便车，即在别人提出的构想上加上一些新东西，或是由此产生出另一种新的想法，并对新的想法加以阐述。

脑力激荡法的程序与要点如下：

(1) 规定在一段时间内每人集中提出彼此的想法；

(2) 从别人提出的构想中获得某些启示后，继续说出自己的新构想；

(3) 在黑板上将每人提出的新构想扼要记下；

(4) 构想的数目越多就越有可能提出好构想；

(5) 提出的构想不要顾及有无实现的可能，即使是空想，也应大胆提出；

(6) 将提出的构想进行分类，从中挑出极具特色的构想形成策划主题。

脑力激荡法首先是兼容并蓄，然后是去伪存真，逐步完善，这是探求创新的主要方法之一。利用这种方式产生创意的典型案例是目前服装店里的"伶偶"（也就是木制模特）。因为就服装店的营销而言，最重要的就是如何吸引顾客的眼球，当采用一般方式不能达到或者不能有效达到这一效果时，服装店老板通过脑力激荡法，集中全店员工的智慧，终于解决了这个问题。策划完成步骤为：

（1）让裸体女性站立在店门口；
（2）让近似裸体女性站立在店门口；
（3）让裸体女性的"伶偶"站立在店门口；
（4）让裸体女性的"伶偶"穿上衣服站立在店门口。

事实上，一系列开始看似光怪陆离的想法，通过分析和论证会有可能成为营销创意的最好思路，策划者需要在不断总结和归纳的基础上形成最终的创意。脑力激荡法目前不仅在营销策划过程中使用比较广泛，在公司管理，尤其是优秀公司的管理过程中，也已成为一种重要的管理方法。作为策划者，应该学会熟练运用这种技能，因为这不仅可以解决有些比较复杂的问题，更重要的是，这是产生创意的最好方式之一，因为它集中了大家的智慧。

6. 激发你的潜意识

有许多灵感都存在于潜意识中，只是这些灵感有时隐藏得很深，只有通过激发才能唤醒它们。当然，最关键的是要找到激发潜意识的方法。具体方法因人而异，比如反复思考和大声念诵策划目标就是许多人获得灵感的窍门。人的潜力是无限的，这种潜力包括两个方面：精神和身体。只要能深入挖掘，就一定会有所收获。要有效地激发潜意识，其力量来源有二：自我激发和外部力量的刺激。作为策划者，尤其是需要创意产生时，学习和掌握自我激发的技能和方法十分重要，因为它对创新意识的提高起着非常重要的作用。

7. 集中注意力

在灵感产生以前，其感觉犹如在黑暗中寻找一个细小的物体，未接触到它时，你可能以为它不存在，但是，一旦接触到它，你必将欣喜若狂。一个简单的例子或许能够说明集中注意力的意义：当力量集中在一只钉子的尖端时，你会轻而易举地将它钉进墙里，但如果换一种玩法，把钉子倒过来再将其往墙里钉，就完全是另外一回事了。究其原因，不外乎点和面的关系而已。所以，学会集中注意力是十分重要的。对策划者而言，没有专注于事业的精神是不可能将工作做好的。同时，对策划者来说，不但要强化积极心态的意义，也要充分认识消极思想的危害。即如果你认为你是成功的，或者你坚信你将来能够成功，那么你就一定会成功；如果你认为你是失败的，那么你将来永远都是失败的，这是一个铁则。

8. 学会活用关键字

有时创意的产生只是因为一个简单的词语提示，我们把这种能够给人启示的词语称作关键字。这些关键字对策划者的作用在于，不断提醒策划者策划主题，逼迫策划者产生联想，而联想往往是创意产生的基础。

例如，增加布料行营业额的策划关键字如下：

（1）流行化创意；
（2）以年轻人为主要促销对象；
（3）高层化；
（4）顾客时间带；
（5）顾客组织化；

(6) 访问销售法；
(7) 订购方式；
(8) 男人女性化；
(9) 店铺多量化；
(10) 联合销售。

流行化创意：
(1) 对产品进行彻底改造，适应市场需求；
(2) 为了合乎流行化的要求，对商店进行装修；
(3) 宣传要强调流行化商品；
(4) 从顾客中选择比较喜欢流行化的人，给其邮寄产品。

以年轻人为主要促销对象：
(1) 使商店成为年轻人的专卖点；
(2) 对年轻人实施广告宣传；
(3) 店内装潢、播放的音乐、店头广告等彻底迎合年轻人的喜好；
(4) 举行中奖比例颇高的、针对年轻人的促销活动。

所谓活用关键字，就是善于通过一些词语展开联想，以期突破静如止水的思维定式，使创新也随之产生。

9. 模仿

生硬的模仿是拙劣的，但是一旦加上自己的创新，那么这种模仿就不是简单的照抄照搬了。大部分的策划方案都是在已有情报或策划的基础上再加些什么或减些什么，关键在于，这样的增减能够使策划方案更切实际和更加有效。事实上，日本人是世界上最善于模仿的民族，有人说日本的经济发展得益于模仿美国人，但并没有人嘲讽他们，原因就在于日本人在模仿的基础上进行了改良，而改良以后的东西就是创新了。同样，策划者也要学会这种继承中有发展、模仿中有创新的模式。

创意对营销策划无疑是非常重要的，但创意的产生只是策划的最初阶段，对创意进行筛选和甄别、完善和组合同样是影响策划成败的重要因素。创意奇特并不是策划的最终目的，策划的最终目的是保证策划方案能够实施，并且保证能够为企业或组织带来利润，创造财富。所以，在将创意具体化的过程中，必须把方案的可行性放在第一位，必须同企业的资源和市场环境结合在一起，否则，再好的创意也只能是一种设想而已，不会对企业的经营带来利益。

如果将策划的水准加以分类，大概可以分为：尝试的水准、有所企图的水准和诡计多端的水准。这实际上体现了策划的创新水准，一项策划如果没有独到的个人见解也就失去了其魅力，在很多情况下也就没有利用价值了。从更广泛的意义上来说，策划方案体现了策划者个人拥有的信念、哲学，或者人生观。夸张一点讲，策划者对策划方案"赌注了性命"，因为策划的本质就是突破前人的束缚，就是自我个性的体现，也就是创新。倘若失去了这个原则，策划也就失去了生机与活力。因此，创新是策划的生命。

当然，具有创新意识的策划并不一定是理想的策划，因为评价一个策划方案的优劣只有一个标准，那就是策划方案实施后的实绩大小。良好的策划，一言以蔽之，就是实施效果良好的策划，而这样的策划无一不是以创新为基础的。有人说，策划生涯就是不断创新又不断否定自己以期达到更高策划意境的过程,这种说法的确有一定的道理。事实上,正是这种革命的精神,才使策划一直都保持着前卫与先锋的本色。

案例分享

这里的居民不穿鞋

某制鞋公司总裁在寻找国外市场的过程中,首先派产品设计部经理到非洲一个国家,让他去了解那里的市场。几天后,该经理发回一封电子邮件:"糟极了,这里无人穿鞋子,此地不可能成为我们的市场,我将于明日回国。"

总裁又把自己最好的推销员派到那里,他在那里待了1个星期后,发回一封电子邮件:"好极了!这里无人穿鞋子,这是一个潜力巨大的市场。"

为了摸准情况,总裁又把自己的市场营销部经理派去考察。他在那里待了3个星期后,发回一封电子邮件:"这里的人不穿鞋,但有脚疾,需要鞋。不过我们现在生产的鞋太瘦,不适合他们,我们必须生产肥些的鞋,还要教他们穿鞋的方法并告诉他们穿鞋的好处。这里的部落首领不让我们做买卖,只有向他们进些贡,才能获准在这里经营。我们需要投入大约1.5万美元,他们才能开放市场。他们尽管很穷,但这里盛产菠萝。我测算了一下,3年内的销售收入在扣除成本后,包括把菠萝卖给欧洲超级市场产生的成本,资金回报率可达30%,建议开辟这个市场。"

第三节 如何实施策划方案

杰出的创新能力、缜密的逻辑思维及丰富的市场营销知识和经验只是优秀策划者素质体现的一个方面,除此之外,出色的说服和实施能力也是策划者不可缺少的能力,而且对于提案的实施来说,后者的作用可能还要大一些。这是因为,任何营销策划都是服务于企业的某个经营目标的,不是做出来给人看的,优秀的策划只有在市场上得到运用,对企业和策划者才具有实际意义。因此,策划方案的整理及如何使策划方案得到领导的赞同并加以实施,对策划者而言,具有更加重要的现实意义。

一、策划实施的一般程序

通常情况下,一项策划方案要想在企业里实施,得到领导的赞同往往是必要条件,但除此以外,还需要经过一定的组织程序。一般而言,只要符合下述某一项要求,策划方案实施的可能性就比较大:

(1) 领导、同事都认为很好;

(2) 向策划会议之类的决策性会议提出,并得到与会者的赞同;

(3) 经过专项会议研究,并得到批准;

(4) 经过相关专家论证,并得到企业主要领导的支持。

当然,要想自己的方案能够实施,为企业创造更多的利润,体现自己的策划能力,策划者除了要提出杰出的创新提案和实施措施以外,做出标准的策划书是最基本的要求。

二、策划方案的实施条件

进行营销策划最大的目的在于帮助企业解决现实问题和保证企业的持续发展,实际操作中,要实施这样的策划方案不仅要得到企业领导的支持,而且要获得关键部门员工的广泛认同。策划者只有用丰富的内容、有力的证据和杰出的创意才可能说服相关人员,策划的目的才可能达到。而要想达到这样的目的,策划者必须学会换位思考,站在别人的角度上考虑自己的策划方案是否可以实施。

因此,争取领导和同事的理解和支持,是策划方案得以实施的必经阶段,尤其是在决策中起重要或主要作用的领导,他们对于策划方案的信心往往是策划方案能否实施的关键所在。这就需要策划者在策划和提案过程中和大家不断进行交流与沟通,这对策划者而言也不无益处。一来可以在大家的参与下完善策划的细节,二来也可以从大家的意见中汲取营养和启示,以便对自己的方案进行修正和补充。因此,为了使策划得到直属领导和关键部门领导的支持,策划书的撰写要做到以下几点。

1. 策划书要通俗易懂

公文有公文的写法,合同有合同的格式,策划书也不例外,约定俗成的一些规则也还是要有的,具体包括以下几个方面。

(1)策划书名称——要求具体和明确。例如,如果你的策划书名称为"新产品营销策划方案",这可能就不是一个很好的名称,因为它太大了,会让决策者感到过于笼统,如果改为"2013年1—3月某酒店在某地区以高端客户为对象的促销方案",就非常明确了。确定策划书名称是非常重要的环节,如果策划书名称不能吸引决策者的注意力,则这样的策划方案通过的概率就比较低了。

(2)策划者名称——类属部门、职位、姓名要写清楚,如果有外界人士参与,则要特别注明,尤其是当有比较著名的机构或者个人参与时,更需要特别注明。因为这样可以增加方案的可行性,从而提升方案实施的概率。

(3)完成的日期——一般填写审议日期或前一日,如果策划书在很早以前就完成了,可以填写完成日期和审议日期以博得审议者的好感。

(4)策划目的及策划内容概要——这部分内容最重要的是要简明扼要,并且做到:目标具体且量化,措施明确且可行,费用单列且合理,效果可预测且准确,此外,问题、困难一定要作为前提提出。

(5)策划内容的详细说明——这是策划书的"本文"部分。应该注意下列问题:内容的表达要使用审议者容易了解的方式;内容的重点要整理得言简意赅;除了运用文字技巧外,还可穿插图表等,要学会运用投影或其他设施让审议者最深刻地理解你的方案。

(6)实施策划用的程序表与计划书——策划付诸实施时必须有一套作业程序和作业时间表,以及有关人员、费用、场所、工具等计划,要有可以利用和懂得绘制各种表格的能力。

(7)策划所期待的结果及结果预测——尽可能根据值得信赖的资料取得对策划方案结果的预测,做到尽可能准确,给审议者信心,但切忌胡说,要依据客观事实说明自己的预测,策划者要对这样的方案负责,如果自己首先失去了客观态度而讨好策划者,并希望方案通过，则其结果是不堪设想的。

（8）说明编制本方案的原委——说明为什么选取这样的主题，以及本方案之所以成立的理由。

（9）对本方案问题点的看法——任何方案都无法做到面面俱到，因此在方案呈报以前必须对其进行彻底检查，将检查后得到的方案的长处、缺陷、问题摘要附记。要知道，指出方案设计的缺陷并不代表策划者对方案本身有异议。指出这样的缺陷对方案的实施不会有太大的影响，但必须在实施中对这些问题给予关注。

（10）参考的企业案例、文献、过去的事例等——策划的内容如果前所未见、崭新无比，实施后的结果很难预料，则这样的方案在审议会上将会很难通过。因为审议者会认为这样的方案没有任何经验可以借鉴，风险会比较大，因此，策划者在提案时要指出这样的方案参考了什么样的企业案例或文献。更何况，绝大多数方案都需要借鉴前人的成果，以增强决策者对方案的信心，提升说服力，这并不影响策划者的声誉。相反，策划者如果一味求新，幻想哗众取宠，则很可能会遭到审议者对方案的否决。

（11）如果有第二、第三种方案，可以在会上概略说明。策划方案往往不止一个，可以在优选方案的基础上说明你的看法，让审议者有时间对各个方案加以类比和选择，但最主要的提案只能有一个。

（12）实施策划时应注意的事项及要求的事项——策划方案是以实施为目的而进行的写作，因而在编制过程中或编制完成后应该注意下列事项：

① 方案实施人员的选择必须有一定的素质要求和职责要求；

② 方案的制订和实施要有一定的经费开支，同时要求方案的实施必须依据一定的计划安排；

③ 执行委员会成员应视同企业计划小组成员；

④ 有必要向企业全体员工说明策划方案的意义。

2. 策划必须预测结果

做任何事，都必须经过"计划—实施—考核"过程，称之为"循环管理"，对策划作业而言，也是如此。虽然任何预测都不可能做到绝对准确，但预测是做计划的前提，也是策划书应该体现的关键内容。一般而言，在对市场或者市场营销的其他方面做出预测时，应该把握下述基本原则：

（1）尽可能不要遗漏要点，比如市场份额、市场容量、利润率等关键指标；

（2）尽可能做到正确预测，预测的准确度实际上反映了策划者对市场的感知度和策划水准，准确的预测不仅有利于企业的资源调配，同时也有利于说服审议者认同自己的策划方案，从而增加实施的可能性；

（3）在策划完成之时，就把预测的数字算出来，写在策划书上。

当一切都处于尚未实现的情形之下时，对策划方案的预测的确存在一定的难度。但是，只要方法得当，严格按照科学的程序进行评核，还是可以得到比较准确的预测结果的，这需要策划者不仅具备有关市场的专业知识，同时对于统计和财务方面的理论也要有所涉猎。以下介绍一些简单的预测策划结果的方法。

预测策划结果的方法因策划的主题、内容、性质及期限的不同而不同，一般的方法与原则为：

(1) 分为甲、乙两个小组讨论，甲组包括策划者，乙组不包括；
(2) 分组提出比较正确的预测结果和预测依据，并进行对比；
(3) 对两个小组的预测结果进行调整、修正，获得相对准确的预测数据；
(4) 对预测结果可以给出三种最基本的结论：最差、最好、平均，策划者应该对这些结果进行进一步的评估，以得到尽可能准确的结论。当然，对于某些难以预测的结果，如市场份额、新客户的增加量等，即使采用这种方式也是很难得到非常准确的数值的，但至少应该给出一个大体的印象。

策划作为一门科学，其严谨性不容忽视。所以，在预测策划结果时，坚持客观、公正、严格的原则是十分重要的，并且，所有的讨论与研究都应该在这样的环境和气氛下进行，只有这样才能保证预测结果的准确性。要知道，一个策划在实施以前，无论怎样讨论与研究，其成本都是非常低廉的，如果策划实施以后再想进行调整或修改乃至重新制订计划，其后果对企业而言往往是不堪设想的。因此，要给你的策划一把评估的量尺，这就是预测，并且，要对实施后的结果与预测的结果做对比分析，以便使以后的预测更加准确。

如何增加预测的准确度历来是策划者比较头疼的问题，因为无论用什么方法都不可能达到完全准确，这是因为市场营销的环境几乎每时每刻都在发生变化。同时，预测的准确度与公司所投入的资源也有密不可分的关系。实际操作中，除了上述分组预测的方法以外，下述预测方法也是被策划者经常采用的：
(1) 靠感觉预测结果；
(2) 靠经验预测结果；
(3) 靠过去的销售资料及今年消费趋向、市场状况等进行科学预测。

在预测策划结果的过程中，对以往积累资料的应用有助于提高预测结果的准确性。因而对过去相关资料进行研究和分析也是预测策划结果的必不可少的工作之一。如果实在缺乏预测所要求的基本资料，甚至没有丝毫关于产品和市场的操作经验，则在策划正式实施以前，还可以做一些小规模的实验，以验证预测结果的准确度。这虽然需要花费策划者的一些时间和精力，但总比在策划实施以后再进行修正的成本低得多。

小规模实验就像新产品试销一样，如果对策划方案的实施结果把握不大，不知道策划方案实施以后对企业未来的影响力究竟有多大，就需要在一定范围内进行实验，以验证策划的实施结果。通常，选定某一区域、某一产品进行实验。例如，当我们对改革的正确与否争论不休时，深圳这个实验性的特区出现了，并且以其迅猛的发展证明了改革开放的正确性，从而为国家决策提供了第一手资料。对于策划方案实施结果的预测也是如此，小规模实验就是检验整个策划方案能否取得预期成效的最好办法之一。当然，这同样也是需要企业付出代价的。

三、如何进行策划的提案

所谓提案，简单地讲，就是将自己的策划方案提交至相关会议进行讨论或者直接交给企业的决策者进行审核，以决定是否实施的过程。这个过程对于策划者而言可以说是最为关键的，因为提案如果不成功，则方案就没有实施的可能，不仅策划者的才华得不到展示，而且之前所有的努力也会基本上付诸东流。因此，提案水平的高低同样反映了策划者的基本素质，而要想在提案过程中达到比较好的效果，就应该注重对下述问题的研究。

1. 策划力与执行力缺一不可

策划无论多么优秀，创意无论多么奇妙，倘若缺乏促使其实现的能力，那么，这个策划方案就可以说是毫无价值。这是因为，策划力与执行力是企业运作过程中两个相辅相成的车轮，是缺一不可的。策划力弱，则企业在发展过程中就会缺乏创造性，从而白白浪费企业的资源，达不到企业应有的经营水平；执行力弱，则是对策划能力的一种浪费，即使策划者有再好的创意，策划方案再优秀，也无济于事。

事实上，很多优秀的策划方案之所以不能在市场上获得比较好的效果，很大程度上是因为企业缺乏执行策划方案的能力，企业的资源达不到策划方案的要求，或者至少在方案实施过程中有些非常关键的环节没有做到位。从这个意义上讲，策划者在进行策划时首先应该了解的不是市场环境而是公司的资源，尤其是对公司执行力的情况要做到全面掌握，否则即使能够做出非常优秀的方案也不可能在实施过程中达到比较好的效果。这同样也是需要进行评估的，因为其直接关系到策划方案的具体内容。

2. 不要忽略提案前的沟通

策划方案毕竟还是要人来审议的，在正式提出策划方案之前，最好设法取得有关人员的了解、赞同，甚至协力，这是十分必要的。原因很简单，做出来的方案如果不能实施，充其量只能成为策划者未来做方案时的参考资料，而要想实施自己的方案，没有相关人员的支持则几乎是不可能的。因而为了提案有效，与审议者的事先沟通也是策划者必备的一种技巧。这包括：

（1）与审议者在会议前见面并征求其意见；

（2）摘要说明策划方案的主要内容，听取审议者的建议；

（3）对审议者提出的建议详加考虑，并在不违背策划本意的情况下根据审议者的建议对策划方案进行修改。

实际操作中，沟通对象可能包括：对策划方案的取舍有决定权的领导，对策划方案持反对意见的关键人员，以及极有可能持反对意见的参会人员等。策划方案的实施效果永远是检验策划方案是否优秀的唯一试金石，但如果连实施的可能性都被排除了，则策划者也就失去了机会。因此，优秀的策划者必须具备三种基本素质——独特的创新能力、出色的说服能力及杰出的执行力，而且这三者密切相关、缺一不可。

3. 提案与说服要"视觉化"

不会运用适当的手段获得领导及同事的支持和理解，这样的策划者仍然是策划方案推销战中的失败者。说服审议者的过程本身就是一个推销方案的过程，除了策划方案本身必须非常优秀，至少自己确定方案实施以后会对企业的运作带来巨大利益以外，还需要利用一些工具（如PPT、短视频等）提升说服力，以使更多的人了解策划方案，使他们在充分论证方案可行性的基础上变为你的支持者。这当然不是一件很容易的事情，因为审议者对于策划方案本身有时并不了解或理解上有困难，这时，必要的说明工具也许会起到意想不到的效果。庄子曰："君子生非异也，善假于物也。"在完全凭借语言无法打动你欲说服的对象时，一些小小的工具可能会帮助你解决非常关键的问题。

4. 准确选择提案的时机

兵法有云：运用之妙，存乎一心。提案的时机如果把握不好，也可能会葬送掉一个非常优秀的策划方案，这对于策划者本身是巨大的损失，更为重要的是，企业可能会因此失去一个非常好的市场机会。当然，是否能掌握提案的最佳时机，同样有赖于策划者本身是否善于察言观色，见机而为。对于策划方案提出的时机，墨守成规的做法是在策划方案完成以后立即提出，但这通常是不可取的。然而，对于企业急需的策划方案，这样的方法也未尝不可。但如果是一个对于企业长远发展有决定性意义的方案，并且这样的方案是企业在一个比较长的时期内实施的具体措施，就需要选择提出的时机了。这时，需要考虑下列情况。

1）不要选择审议案件堆积的时候提案

除非策划者的策划方案是企业急需的，否则在企业工作非常繁忙或者需要对重大事项进行审议时，最好不要提出你的方案上会讨论。因为这时企业需要审议的事项非常多，策划者的提案也许只能安排在次要位置。对于精心准备好的提案和说明来讲，这是不公平的，因为与会者在此时可能已经筋疲力尽，没有心思对策划者的提案进行认真审议了，或者会干脆把策划者的提案放到下一次会议上讨论，这往往会挫伤策划者的气势，同时，两次会议之间的时间对策划者来说也是一种损失。

2）趁火打劫不可取

如果策划者明知自己没有准备好或提案有比较大的漏洞，而又匆忙进行策划的提案，企图利用审议案件堆积的机会蒙混过关，趁火打劫，则是非常危险的。因为与会者没有对策划者的提案进行充分论证，没有找到提案中存在的问题，对于策划者的提案就不会有较深的认识和理解，这样的方案一旦通过且付诸实施，就不可避免地会出现问题，从而引起大家对提案策划者的不满。到头来，背黑锅的只能是策划者，因为别人会认为这个提案没有经过充分讨论，自己不需要承担责任。如果这种局面真的形成，策划者在这个企业也就基本上没有立足之地了。更为严重的是，这个有缺陷的方案所导致的企业经营损失往往不是策划者能够承担的，这也是为什么本书中一再强调策划者人品的重要原因所在。

3）支持者的多寡

支持者的多寡，尤其是企业关键人员是否支持策划者的方案，对方案的实施具有至关重要的作用，因而策划者在提案审议以前一定要了解相关人员的态度和审议参与人员的具体情况，否则，一旦遇到下列情况，则很有可能前功尽弃：

（1）提案之前已沟通或同意支持的审议者因各种原因未能参加会议，这种情况很可能会使方案流产；

（2）积极支持的审议者为数极少，或是一个也没有，这种情况很可能会使方案被驳回；

（3）关键决策者可能在审议过程中听从了反对者的意见而改变初衷，这种情况很可能会使方案被搁置或者否决。

4）了解被列为第几个审议案

会议的日程对于方案能否通过也非常重要。假如策划者的提案被安排在第一个，一般情况下会受到过多的关注，通过的可能性也许很小；假如策划者的提案被安排在稍后或下午的某个时段，则通过的概率就会相应提高。这看上去有点儿投机取巧，但在实际操作中，有些审议者的水平确实有限，对方案中的相关问题不甚了解，如果花费很多时间给他们做解释，或者由于审议者的胡搅蛮缠而导致方案流产，也同样是企业和策划者的损失。因此，虽然提案水平是最关键的要素，但其他情况的发生也会影响方案的通过，在提案过程中讲求一点儿技巧也是无可厚非的。

5）必须由经营者裁夺的方案

如果方案不是经过会议讨论决定，而是由经营者决定，则提案的时机选择更为重要，因为决策者的好恶会极大地影响提案的结果。比如，有些决策者非常情绪化或在他工作很忙时非常不希望有人打扰他，如果策划者此时提出方案，则很可能会遭到冷遇。因此，敏于察机也是策划者需要具备的技能。一般情况下，下列技巧可以灵活加以运用：

（1）看到经营者上班的时候满脸笑容、精神愉快，可以提出；

（2）与经营者的秘书保持密切联系，获得经营者的相关信息；

（3）以策划提出的期限已到为由，披上"紧急提案"的外衣，不容分说地使对方同意。

天时、地利、人和是赢得战争的三大因素，同时也是企业策划者在提案过程中应该注意的关键问题，其中又以天时为第一要素，由此可见时机把握对于胜负的重要意义。在说服决策者接受策划者的提案时也是如此，如果能够准确地把握时机，可以说策划者的说服工作就算完成了一半。

5. 准确判断审议者的水准

俗话说，见什么人说什么话，到什么山唱什么歌。在说服决策者的问题上，策划者也要因人而异，对不同类型的决策者采取不同的说服方法。提出策划方案时一定要看准审议者的知识水平和管理能力。我们常用对牛弹琴来讽刺那些在某些方面懵懵无知的听众，殊不知这一成语对不分对象，对只知自弹自唱的愚蠢行为同样也是一种嘲讽。更何况企业的决策者在很多情况下对策划方案所涉及的内容并不了解，也许从知识水平上讲还可能是很一般的，这时，如果策划者的文案过于专业化，过多地引用一些很高深的理论，审议者听不懂在说什么，则方案通过的可能性就会大大降低。因此，准确判断审议者的水平也是提案得以通过的重要条件。

6. 妥协也是重要的提案技巧

如果说策划在初始阶段是完全的个性体现，那么在策划方案的研讨和修正阶段则是对个性的妥协。当然，这种妥协的根本目的只有一个，即使策划的可行性更高，但这样做的前提是：

（1）策划方案的本质不受损害；

（2）采用对方意见对策划方案进行修改以后，策划方案更完美，策划目标更容易实现。

适度的妥协是使策划方案得以实施的必要技巧，固执己见则有可能使策划者丧失实现策划目标的机会。当然，妥协绝不是对个性的否认，而是对个性中既有的一些非现实的和脱离理性的内容加以修正，唯此而已。

7. 从容说明也是一种技巧

对一个策划者来说，至关重要的是，一切要以逻辑、经验、案例、客观的判断来决定，千万不能感情用事，那样只能自乱阵脚。一个策划方案的通过通常要经过如图1-1所示的程序。

在整个过程中，策划者对方案的说明十分重要，通常情况下，策划者在说明自己的方案时要注意下列问题。

1）要从容而信心十足

任何策划方案都会有不完善的地方，在审议过程中难免会被审议者质疑，在一个企业管理制度完善和具有团队精神的公司里，这些问题只有很少是恶意的，绝大多数情况下是善意

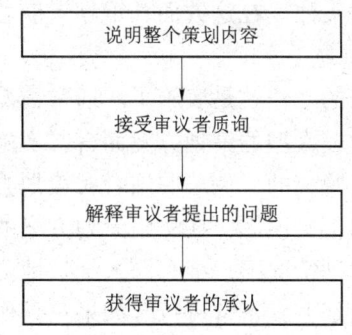

图 1-1 策划方案通过要经过的程序

的。因而作为策划者,对自己的方案必须有足够的信心,在解释方案的要点时要保持条理清晰,不能慌张失措,或是无言以对。这里所谓的信心十足,并不是态度倨傲、自尊自大、目中无人,而是在说明过程中以自己的信心影响审议者的态度。当然,十足的信心不仅来源于策划者的心理素质,更重要的是来源于对方案本身的信心,坚信方案实施以后一定会为企业的长久发展做出非常重要的贡献。

2)不可感情用事

出现相反的意见或是比较激烈的争论在审议策划方案时是常有的事,这时,作为策划者切忌与对方发生"正面冲突",大声与对方辩论,给会场造成紧张气氛。回答这样的问题应该尽量使用肯定语气,若是感情用事,甚至恶语相加,则不仅不利于方案的通过和实施,而且也会给与会者留下非常恶劣的印象,这样的方案即使在会议上可以通过,在未来的实施过程中也会遭遇到比较大的困难,因为参与审议方案的人可能就是方案的具体实施者,因而感情用事对策划者而言没有丝毫好处。

3)逐步施加压力

只要对自己的策划方案信心十足,在说明时就可以增加一些力度使方案顺利通过,但这样的做法在方式上必须十分讲究,否则很容易引起与会者的反感。要在会议的进程和对方案的说明中逐步阐述自己的观点,在阐述的同时给与会者留下十分紧迫的感觉。例如,此方案如果不尽早实施,竞争者就会在市场上领先一步,到时候公司可能要损失很大的市场份额。这样的表述如果在一开始就讲,可能会引起与会者的反感,但当策划者将市场情况讲解清楚,方案措施说明完毕后再讲,则会产生比较好的效果。

4)讲求说服技巧

说服不以音量定胜负,更不会在拳脚上见真章。既然如此,又何必将自己陷入风度尽失的争吵之中呢?从容本身就是自信的体现,也许气定神闲更有助于获取领导和同事的支持。如果反对者不讲究说服技巧,同样也会引起与会者的反感,那样,策划者就更没有必要在细枝末节上斤斤计较了,因为他们这时实际上是在帮助你解决问题。

四、实施策划方案应注意的主要问题

策划方案的拟订不是目的,实施才是最终的目标。策划者往往不重视策划的实施,或者认为自己的工作在策划方案提交以后就已经完成了,殊不知再优秀的策划方案也必须靠实施才能体现出效果,策划者的才能实际上是靠经营者体现的。因此,即使从策划者角度考虑,对于方案的有效实施也必须高度关注。在这方面，策划者应着重做好下列工作。

1. 沟通彻底

方案审议通过以后，接下来的工作就是实施了。通常情况下，策划者没有机会具体实施自己的策划方案，尤其是对于比较大型的策划方案而言，实施者往往是企业的若干部门。也就是说，策划者与实施者是相互脱离的，倘若实施者对策划方案的要点和重点问题没有搞清楚，或是对策划者的意图在认识上有误区，在实施策划方案的过程中就极可能出现偏差，从而达不到策划者希望的效果。这种情况下，唯有深入细致地沟通才能使实施者对方案的理解达到一定的高度，才有可能使策划方案正常进行。如果只是作为文件将策划方案传达给实施者，就可能产生下列情况：

（1）产生误解，因而执行效果与策划目标大相径庭；

（2）囫囵吞枣，没有抓住策划方案的精髓；

（3）实施者根据自己的观点胡乱解释策划者的意图；

（4）实施者未曾研究策划方案的细节，使策划方案变质或走形。

因此，策划者除了要与方案的实施者进行充分沟通以外，还必须要进行现场指导，至少要对关键执行人员说明方案的要点和执行的关键问题。这些说明要点包括：

（1）策划方案的主旨；

（2）策划方案要达到的目标；

（3）策划方案的实施内容；

（4）执行方案时应注意的技巧、重点；

（5）执行方案的效果评估方法等。

2. 中间检核

为了保证策划方案的正确实施和达成相应的实施效果（除非是短期内可以结束的经营活动），对每个执行过程和执行阶段都必须有例行的检查制度，以避免策划在执行过程中出现问题，这在实践中是非常必要的。这是因为，一方面，这种检查会督促方案的实施者严格按照方案制定的各种措施按时完成自己的任务，使策划方案的实施真正体现企业和策划者的战略意图；另一方面，任何策划方案都是有缺陷的，这种检查也有助于对方案进行微调，以最大限度体现方案的价值和为企业带来更多的经营利益。

3. 活用组织之力

任何工作如果是一个人去做，则孤掌难鸣，难以收到较好的效果。策划方案的实施需要依靠企业中几乎所有人的支持，尤其是实施部门的负责人对策划方案的实施效果具有非常大的影响力，没有他们对策划目标的深刻理解和非常强的执行力，再好的策划方案也不可能有好的效果。这就需要策划者充分利用组织的力量去完成策划目标，与具体的实施者及实施者的上级领导要有充分的沟通，及时了解执行过程中产生的各种各样的问题，使策划者的意图真正体现为企业的实际操作过程，唯有如此，策划方案才能取得预期的效果。

通常情况下，如果是实施一个比较复杂的策划方案，成立一个专门的领导小组是必要的，而且应该由企业的主要负责人担任这个小组的领导，要知道，没有组织上的保障，是不可能做到行动上的统一的。从这个意义上讲，策划者不仅需要具备优秀的策划能力，还必须具备一定的组织管理能力与沟通能力。

4. 分析成果

策划方案实施以后，策划者必须对实施效果进行检验。这一方面有利于改善和提升自己的策划水平，为下一次策划奠定一定的基础和积累一定的素材；另一方面也是对企业的交代，说明策划方案对企业经营的贡献，或没有完成目标的原因。一般而言，这些分析应包含以下内容：

（1）成果预测数字与实际成果数字的差距；
（2）分析产生差距的原因；
（3）总结实施过程中发生的问题，包括应该反省的事和应该改进的事；
（4）得出结论，作为以后编撰策划方案的参考。

在这里，有必要再次强调，在策划实施过程中，策划者的配合和对一线工作的指导是十分重要的。也就是说，策划者是需要实际参与方案实施的。这样，一来可以及时解决实施过程中的具体问题，二来也有利于保证策划方案的实施能够始终沿着预定的轨道前进，避免偏离原来设想的方向。此外，策划者也可以根据实际情况，实时修改策划方案中的漏洞，使策划能够获得比较大的回报。

五、复杂策划方案的实施技巧

有些策划方案是可以在短期内实施的，但也有需要很长时间才能实现策划目标的方案。从策划技术来看，短时间内可以实现的策划方案在设计难度上相对较小，对策划者的素质要求也不一定非常高或者对执行者的素质要求有限。但对于复杂的策划方案，则往往在实施期限上要有很长的时间，企业的资源也不一定在某一个时期内够用。这时，对于策划者来说，应该将策划分阶段进行，对于总体方向要有所把握，即要搞清楚战略策划与战术策划的关系，只有战术策划才是可以纳入企业具体工作计划的，但这样的计划必须服务于企业整体的战略发展目标，分阶段实施或分阶段策划就是对企业发展战略的整体把握和具体实施过程。总之，策划目标的实现往往不是一蹴而就的，为保证目标逐步实现，同时，也为了不断提高实施者的信心，要有条不紊地制订分期目标，使最终目标的实现阶段化进行。

对于大的策划方案而言，最终目标的实现不是一朝一夕的事情。因此，无论是策划者还是实施者，都应该对此有充分的心理准备，以避免因失去信心和恒心而导致策划方案实施半途而废，造成人力、财力和时间的无端浪费。

6 招让餐厅起死回生

一个小伙子用 50 000 元在广州的一个工业区的城中村里开了一家小餐馆，成功实现了年收入超百万元。而在此之前，此店曾有 3 位不同老板进驻开张，但是他们都在短时间内出现经营亏损并以失败而告终。这个小伙子到底用什么法宝开活了这家餐馆？他开的是一家什么样的餐馆？有什么样的经营高招和成功秘诀呢？

广州白云区是一个以工业为主的城市地区，在某工业区旁边有一个占地 100 m² 的小店，这个小店原来是一个小型仓库，后改为门面出租。这个店的东南向全是工业区，里面有超过10 000名的生产线工人。它的西北向有一条大马路，对面一条街有汽配市场和建材装饰材料市场，每天都有大量的客人在这里批发商品，并且市场离老飞机场不远。这条街上有大大小小10多家餐馆，主要是湘菜馆、客家菜馆、粤菜馆。餐馆的正面空间较大，可以停几辆汽车。餐馆周围居住人数大约是10万人。从客观环境上看，这个餐馆的地理位置与市场隔一条马路，稍远了一点，但有空间停车。就这样一家小店，自改为门面后，分别有3个老板前来开店，但均以失败告终。

第一个老板开的是川菜馆，门面装修得很漂亮，大大的红灯笼高高挂起，很是打眼。这家餐馆共有100个餐位。餐馆共有厨师2人、配菜工2人、采购员1人、收银员1人，老板兼会计和出纳。这家餐馆以纯四川菜为主，价位在中等偏上，主要客人来自对面的批发市场。这家餐馆开张前几天，捧场的人很多，很热闹。但是，过了一段时间之后，捧场的人一走，这家餐馆的生意立马就淡了下来。餐馆开业第一个月的营业额为30 000元，用于请客差不多就支出了一半，加上房租、人员工资等，净亏损50 000多元，这还不算开店的装修投入。到开业第二个月末，餐馆亏损得更严重，营业额仅10 000多元。到开业第三个月，餐馆老板就贴出了转让启事。

第二个老板开的是潮州菜馆，这家菜馆也是轰轰烈烈地开张，最后惨淡收场。这家餐馆的价位比之前的川菜馆还要高，曾出现接连10天零收入的情况，没有一个客人上门。为增加收入，这家餐馆倒是也推出了一些特色菜品，但是也未能扭转局面。开业两个月后，餐馆老板便贴出了转让启事。

第三个老板开的是湘菜馆。因这条街上还有一家全国出名的湘菜馆，所以，这家餐馆的价位要低于前面的川菜馆和潮州菜馆，属于中等偏下的价位。因为价位较低，所以后面工业区的一些工人有时会选择在这家餐馆聚餐。并且，这家餐馆的老板还发动员工到批发市场散发宣传单，推出了天天特价及外卖快餐的服务。此举的确从批发市场拉来了一些客人，并吸引了一些收入较好的打工仔到这里请客吃饭。但是，这家餐馆看似顾客盈门，月底一算账，还是亏损，接连三个月没有盈利。到第四个月，这家餐馆的老板同样贴出了旺铺转让启事。

小刘，湖南浏阳人，在这个工业区的一家服装厂做画版师，一个月有着4 000多元的收入。他18岁到广东打工，经过几年时间，有了80 000多元的积蓄，一直有创业的念头。小刘家乡的蒸菜在当地享有盛名，他一直想在广州开个这样的蒸菜馆。在湘菜馆转让之际，他一方面与湘菜馆老板进行谈判，另一方面与家乡父母取得联系，寻求一个会做蒸菜并且信得过的人来广州。

经过半个多月的谈判，小刘仅仅用30 000元就把湘菜馆盘了下来，空调、消毒器、桌椅等所有餐馆用品都包在其中。小刘还留下了2名经验丰富的服务员。厨师是新来的，他是小刘的远房亲戚，有着2年的蒸菜生意经验。在只有2名服务员、1名配菜工、1名收银员（小刘的女朋友），再加上自己啥都做的情况下，小刘的餐馆在经过两天的筹划后就开张了。第一个月就实现了盈利，第二个月就收回了投资成本，从第三个月开始，以每月数万以上的纯收入进账。一年下来，小刘赚足百万元。小刘主要用了6招使生意火爆起来，到底是哪6招呢？

第1招：找准市场定位，细分菜种。

以特色小炒+特色蒸菜+工业区大食堂快餐店的定位作为突破点，与工业区旁边的一条美食街形成差异化。从消费群体来看，小刘锁定工业区的打工仔。在菜种上，小刘以湘菜蒸菜为主。一盘肉类蒸菜只卖3元，一盘青菜类蒸菜只卖1元，而米饭用小盒装，每盒售1元。顾客吃盒饭时，可自由搭配，最低只需花费2元（一个素菜配一盒饭）。同时，为适应顾客请客需求，小刘的餐馆也推出了湘菜系列菜种作为补充。另外，小刘还针对对面的批发市场，推出了10元商务套餐的外卖服务。

第2招：多渠道、多方法推广。

小刘印了两种宣传单：一种是针对工业区，以"最低2元一个盒饭让您吃好"为口号，在工业区发放；另一种是针对批发市场，以"商务套餐"为主，每家每户商铺发放。而对于工业区里面的宣传，小刘在几条主要街道拉起了餐馆开张酬宾的广告横幅，此外他还在店门口的大空地上建了两个大棚，以备临时用餐之需。

第3招：统一识别形象。

小刘的餐馆刚开张，生意就忙不过来，因此自第二个月起，他为餐馆增加了4名服务员。为了区别服务员，提升小店的形象，小刘觉得有必要统一形象，便订制了10套工作服装。此外，名片、店牌也重新请人设计。

第4招：根据需求增加服务品类。

时值夏天，夜宵市场火爆。小刘发现，工业区的打工仔白天上班，晚上他们大多喜欢喝啤酒吃夜宵。所以，小刘的餐馆又增加了烧烤和夜宵服务。

第5招：花样促销，拉动收入。

为促进销售，从第三个月开始，小刘又特地想出了新点子。

一是针对经常来吃饭的打工仔推出200元包月制（中餐或晚餐）。此举一推出，即受到打工仔的欢迎，吸引了100多个人包月用餐。二是与自己原来所在的工厂联系，成为工厂定点食堂。三是针对批发市场的客人，小刘只锁定常驻客户，挨家挨户发宣传单和订餐名片，平均每餐送餐达300个，每月仅送给批发市场的就有6 000多个商务套餐。此项每月销售额达60 000多元。加上平常的小炒业务，每月的销售额平均达20万元。小刘的纯利，我们以60%来计算，则每个月就有10万元以上。一年下来，就实现了100多万元的纯收入。

第6招：诚信经营，永不欺客，加强管理和服务。

此为小刘的开店宗旨。无论任何时候，小刘都要求员工不得偷工减料，不得欺瞒顾客，不得无端拖延时间送餐。小刘一直坚持要加强管理和服务，员工各司其职，分工到位。现在，经过一年的发展，小刘的餐馆已发展至拥有固定员工20多名，送餐员工20多名。

第二章

营销策划基础问题概述

本章重点内容

1. 为什么说市场调研是营销策划的前提?
2. 如何理解市场细分是制订营销策划方案的基础?
3. 撰写调研报告应该注意哪些问题?为什么?
4. 第一目标市场的选择条件是什么?为什么?
5. 企业应该如何完成自己的市场定位?

营销策划是针对市场环境和企业要达成的市场目标所进行的谋划过程,这要求策划者在明确企业市场目标的前提下,首先要对市场的各个要素进行深入细致的分析,并在此基础上结合企业的资源条件与经营目标为企业制订出切实可行的各项策略。其中,对市场环境的分析方法是否正确,对市场变化的估计是否准确往往是营销策划方案能否为企业所接受、能否为企业所实施,以及能否为企业的经营带来实际利益的关键所在。因此,掌握市场运作的基本程序和分析市场要素的基本方法是策划者成功进行营销策划的基本前提。

第一节 市场调研是营销策划的前提

根据营销策划的杠杆原理,一项策划能否对企业的发展起到应有的作用,为企业带来利益,关键在于这样的策划是否能体现实际的市场状况,以及根据实际情况制订的实施措施是否与企业的资源和能力相匹配,所有这一切都依赖于策划者对市场的研究及对企业能力的评估,而市场调研是取得研究资料最直接和最有效的途径。

市场调研是指为了进行营销决策而系统地、客观地收集、记录、整理和分析信息,并形成调研成果的过程。其目的是为企业决策者和相关部门提供信息,帮助他们了解环境、策划、评价或调整营销策略。

市场调研技巧是营销策划者所必备的基本素质,是进行营销策划的前提条件。没有周密细致的市场调研,策划者就不可能掌握市场的真实情况,策划方案就成为无源之水和无本之木,策划者也不可能做出符合企业市场实际要求的策划方案。

一、市场调研的内容

根据企业要达成的调研目的,每个企业或者同一企业在不同的时期,其调研内容都是不一样的。作为策划者,应该掌握一些基本要领。企业在进行市场调研时涉及的基本内容包括以下方面。

1. 企业的宏观环境信息

1)人口环境

人口是构成市场的第一因素。人口的数量及其增长速度决定了一个市场的规模和潜在发展水平,尤其是对于酒店的营销而言,人口的结构与布局在某种程度上直接决定了酒店的目标市场和市场格局。

2)经济环境

经济环境指的是企业市场营销所处的外部经济条件,其运作状况及发展趋势会直接或间接地对营销活动产生影响。一般来说,经济环境主要包括:经济发展水平、产业发展状况及居民个人收入状况等。

3)自然环境

自然环境包括自然资源和自然地理环境,不同的自然环境状况会不同程度地影响企业市场营销活动,酒店的营销对于自然环境的依赖程度更高一些,这就要求调研者需要对酒店所处的自然环境有比较深入细致的研究。

4)技术环境

现代科学技术是社会生产力中最活跃的因素,作为企业外部重要的环境因素,不仅直接影响着企业内部的生产经营活动,而且还同时与其他环境因素相互依赖、相互作用,影响着企业发展。酒店的经营就产品本身而言,虽然同一般物质产品的生产存在比较大的差别,直接利用科学技术的机会并不是很多,但如果策划者对当代科技发展的环境没有预见性,则有可能会在一个新的技术环境下使企业处于不利地位。

5)政治和法律环境

政治和法律环境是影响企业生产经营的最重要和最直接的外部环境因素。这是因为,政治环境因素极大地控制和调节着企业的行为模式和发展方向,法律环境因素则规定与制约着企业的行为准则和经营效果。

6)文化环境

文化环境是指一个社会的教育水平、价值观念、宗教信仰、风俗习惯等方面的总和,文化环境同样会对市场营销产生重大的影响,尤其是对于酒店的营销而言,不同文化所决定的不同消费模式和消费习惯会直接影响到酒店的日常业务,就拿最简单的饮食习惯来说,不同民族的饮食习惯有着非常大的区别,因而对于文化环境的调研同样是市场调研的重要内容。

2. 企业的微观环境信息

企业的微观环境信息主要包括那些与企业关系密切,影响企业服务顾客能力的因素,具体包括企业本身、供应商、营销中介、顾客、竞争者和社会公众等各种因素。

1)企业本身

企业本身的因素包括企业内部环境信息(内部组织机构、对外关系和相关政策)、企业财务信息(销售利润率、总资产报酬率、资本收益率、资本保值增值率、资产负债率、流动比率、速动比率、存货周转率、社会贡献率、社会积累率等）、企业经营信息（与企业本身经营活动直接相关的信息因素，它主要包括产品信息、价格信息、分销信息和促销信息等）。

2）供应商

企业的供应商指向企业及其竞争者提供生产产品所需资源的企业或个人。供应商的信息包括：供应的原材料、设备的充足程度，供应企业在供应品提供方面的质量水准、价格水平、运输条件、信贷保证、承担风险等方面的情况。

3）营销中介

企业的营销中介指协助促销、销售或配售其产品或服务给最终购买者的企业或个人，它包括中间商、实体分配机构、营销机构和财务中间机构等。

4）顾客

企业的一切经营活动都是以满足顾客的需要为中心的，因此，顾客是企业最重要的环境因素。实际操作中，调研者通常将顾客分为消费者市场、生产者市场、专卖者市场、政府市场和国际市场五大类，有关顾客的信息包括市场需求水平、市场占有率、市场发展速度、顾客购买习惯和购物方式等。

5）竞争者

一般而言，竞争者是企业需要研究的重点内容，尤其是在当今经济发展迅速和竞争日益激烈的市场氛围下，任何企业都不可能在不对竞争者的战略、目标、优势和劣势等相关市场营销因素进行研究的情况下取得自己的市场地位。对于酒店的营销尤其如此，因为相对而言，酒店的营销不包含过高的科技含量，进入门槛相对较低，因而取得市场优势的很重要的一个途径即在于不断打击竞争者，夺占他们的市场份额，而要做到这一切，对于竞争者的分析就成为首要的课题。

6）社会公众

社会公众对企业营销活动具有举足轻重的作用，企业的调研必须关注社会公众这一重要群体，保持并发展同他们之间的关系。有关信息包括：媒介公众，包括报纸、杂志、广播、电视等大众媒体；政府公众，包括工商、税务、司法、城管、卫生防疫、技术监督、交通等所有相关部门的负责人及政策法规；社会团体，包括消费者组织、环境保护组织等；社区公众，企业所在地居民和社区组织；一般公众，指不直接与市场发生联系，但又对企业的经营有影响的公众。

3. 调研内容的确定

上述内容是市场调研的整体范围，应该指出的是，并不是每个项目的调研都必须涉及上述所有内容，而是应当紧密结合调研目标的需要，本着够用和透彻的原则，有选择地进行调研，因为任何调研都必须使用企业的资源，范围太宽的调研活动会给企业带来不必要的费用。

二、市场调研方法

1. 文案调研法

文案调研法又称二手资料调研法或文献调研法，指查询、阅读和记录可以获得的与研究项目有关的资料或过程。其优点是方便、容易、省时、省力、省钱，缺点是针对性差、时效性差、可信度差。其资料来源分为内部和外部两大部分。文案调研法的一般步骤为：明确问题—寻找信息—实施收集—筛选资料—补充完善—分析结论。在调研实践中，文案调研法只是市场调研的准备和补充手段，要获得更加精确的市场情况还必须进行实地调研。

2. 实地调研法

实地调研法又称一手资料调研法或原始资料调研法，它是指调研者为某一目的收集某地区当前即时原始资料的过程。实地调研法包括观察调研法、询问调研法、实验调研法和网上调研法。其最大的优点是能够为决策者提供市场的真实情况，便于决策者根据调研结果做出准确判断，缺点是这样的调研费时、费力，需要企业投入较多资源。

三、调研问卷设计

1. 调研问卷

为了达到调研目的和收集必要数据而设计调研问卷，它是收集来自被访者信息的一览表。一般一份优秀的调研问卷的标准为：

（1）它必须完成所有的调研项目，以满足调研者的信息需要；
（2）它必须以可以理解的语言和适当的智力水平与应答者沟通，并获得应答者的合作；
（3）对访问员来讲，它必须易于管理，记录应答者的回答也较为方便；
（4）它必须有利于方便快捷地编辑和检查完成的调研问卷，并便于进行编码和数据输入；
（5）它必须可以转化为能回答调研者问题的调研成果。

2. 调研问卷的作用

（1）调研问卷提供了标准化和统一化的数据收集程序，访问员以调研问卷为工具向被调研者发问并记录答案。
（2）调研问卷是进行资料整理和统计分析的基础。
（3）调研问卷是控制成本和创造利润的工具。

对于调研问卷的格式，在实际操作中，每个调研者的设计都是不一样的，但从结构上讲，它一般包括前言、正文、作业证明记载及结束语等几个方面。

3. 调研问卷的设计过程

调研问卷的设计过程如下：

（1）确定调研目的、数据来源和调研范围；
（2）确定数据收集方法；
（3）确定问题的类型；
（4）决定问题的用语；
（5）编排问题并形成调研问卷；
（6）评估调研问卷；
（7）获得各相关方面的认可；
（8）预先测试和修改；
（9）形成最后的调研问卷。

四、调研报告撰写

调研报告是整个调研工作的总结，是调研者劳动与智慧的结晶，也是企业需要的重要书面结论之一。标准的调研报告应该对营销策划方案的最终形成提供有力的数据支持和客观的环境分析,并且在撰写方面遵循一定的标准和格式。虽然每一份调研报告所体现的内容都是不一样的,但调研报告的写作格式还是有许多共同点的,这些写作要点主要包括下述内容。

（1）标题页：点名调研报告的主题,包括委托单位的名称、调研机构的单位名称、报告日期等,调研报告的标题应尽可能贴切,并能概括性地说明调研项目的性质。

（2）内容目录：应列出调研报告的主要内容与相应页码。

（3）执行性摘要：这是整个报告的关键部分,应言简意赅、切中要害,使阅读者既可以从中简要了解调研目标、调研方法、调研结果、结论与建议等内容,又可以从后面的分析中获取更多的信息。

（4）调研介绍：介绍调研的背景、参与人员及其职位,以便调研报告的使用者更好地把握调研报告的内容,增加调研的可靠性。

（5）分析与结果：这是报告的正文部分,也是篇幅最大的部分。在此应借助文字、图表来分析和展示调研的全过程,并通过分析归纳出调研结果。从分析到结果是一个综合过程,要求有理有据,逻辑性强,思路清晰,其中,通过分析得出结果往往是一个难点,可体现调研者水平的高低。

（6）结论与建议：结论是一种归纳和概括,是对调研目标所提出问题的回答,或者是为调研目标提供支持。结论是通过归纳得出的,归纳是对分散的信息进行概括的过程,调研者应努力整理信息,并用简洁的语言总结出结论。建议则是通过演绎推导得出的,调研者往往把结论当作营销战略或战术在某一特殊领域运用的结果,而把建议的焦点放在如何使公司赢得市场方面,这实际上反映的是一种营销组合为公司所提供的真实利益如何,这种真实利益是无法从其他途径得到的。写好该部分的关键是紧扣调研目标的指导思想,对调研分析及结果进行归纳和分类。

（7）调研方法：讲清楚使用何种调研方法并说明选择此种方法的原因。

（8）调研局限：应说明由于调研的样本规模、样本选择、调研时间及调研人员等各方面的局限而致使调研存在哪些缺陷和不足,以表明调研人员的认真负责及客观、科学的态度。这是非常必要的,因为无论公司投入多少资源,对调研而言永远不可能达到百分之百的精准,何况在实际运作中很多公司实际上是没有能力提供足够资源的。

（9）附录：附录内容包括一些非常复杂和专业性很强的内容,通常将调查问卷、抽样名单、地址、地图、统计结果、表格、制图等作为附录内容,每一项内容均需要编号以便查询。

撰写调研报告时需注意以下事项。

（1）篇幅不要太长。篇幅不代表质量,调研的价值不是用调研报告的篇幅来衡量的,而是用质量、简洁和有效的计算来衡量的。读报告的人通常是企业的高级主管,他们往往没有足够的时间阅读大量的内容。因此,在条件允许的情况下,最好将调研报告做成图表、模型、表格等形式,以方便决策者理解报告。

（2）解释必须充分,但以语言简洁为标准。对图表要配以相应的文字说明,以便读者更好地理解报告内容，但切忌篇幅过长。随着现代科技的不断进步，可以利用的工具也在不断丰富，调研人员在形成调研报告过程中一定要学会合理利用这些工具，如 PowerPoint、Photoshop 等。

（3）切忌偏离或者脱离目标。报告中不要堆满与调研目标无关的资料，避免形成脱离目标的结论，以及提出不现实的建议。记住，调研报告只是针对具体营销问题进行的实地考察结果，只能反映市场或行业的真实现状，不是对方案的策划过程进行陈述，因此，与调研本身相距太远的问题在报告中最好不要体现。

（4）不要过度使用定量技术。适当的定量技术对调研结果是有帮助的，能够反映市场的真实情况，有利于决策者对未来的操作做出正确选择。但问题是市场的变化是受多种因素影响的，调研人员提供的数据也许在当时看来是准确的，但如果相隔时间较长，则很可能会发生变化。另外，营销相关数据的取得往往是不太容易的，不仅需要一定的技术常识和推算方法，更重要的是有些数据必须从他人甚至是竞争者那里获得，这样的难度可想而知。因此调研的繁简、难易，应视营销的需要而定，不能一概而论。如果对任何问题的说明都必须依靠数据，则这样的报告不仅不能准确反映市场的现实情况，而且也很难完成。更何况，调查得来的统计数据本身就是一个近似值，不存在绝对准确性，所以在调研数据分析中大可不必把百分数精确到小数点以后。要时刻牢记，调研结果只是营销策划的参考依据，真实是唯一的标准。

（5）调研数据不要单一。要得到准确的调研结果，必须用多种数据进行统计分析，使用单一数据分析难免会出现偏差。即对于同一问题，应从影响结果的多个角度进行研究。

（6）资料解释要准确。要准确地解释问题，报告的撰写者必须熟悉必要的统计方法和了解这些方法的缺陷，在对结果进行解释时，要说明可能因为调研手段或其他原因给结果造成的负面影响，以及这些影响对未来策划的干扰情况。如果有可能，报告中应该提出避免干扰的有效措施。

（7）图表不要虚张声势。报告中使用的图表应规范，图表中显示面积的大小、长短的尺度与标示的数字应该一致，不能夸大、虚张声势。与文字表述一样，图表的运用也只是为了更好地说明问题，而不是为了好看，虚张声势的结果只能给人难以相信的感觉，这是应该避免的。

总之，市场调研是所有营销策划的基础，对于策划者来说，熟练掌握调研方法和调研技巧，能够独立完成调研策划方案和调研问卷的设计，并且在此基础上制作非常规范的调研报告，不仅是其必须掌握的基本技能，也是不断提升自身策划水平的重要途径。

第二节　市场细分是制订营销策划方案的基础

所谓市场细分是指，以消费者需求的某些特征或变量为标准，对具有不同需求的客户群体进行区分的过程。市场细分不是对产品及其价格进行分类，而是对同种产品有差异的需求进行分类，是识别不同消费者群体的分类过程。

值得注意的是，市场细分并不总是意味着把一个整体市场加以分割，实际上，它通常是一个聚集的过程。所谓聚集的过程，就是把对某种产品特点最感兴趣的用户集合成群，并根据这些消费者的共同特点对产品、价格、渠道及促销等各种营销要素进行重新组合。例如：对所有消费者的细分，可以采用先锋型消费者、实用型消费者、保守型消费者和怀疑型消费者的方式加以区分。随着市场的全球化，对某一个整体市场进行划分的方式已经越来越不能适应当今市场发展的要求，如果把全球市场作为一个大的市场，唯一的划分办法只能是对消费者进行集聚。

一、企业进行市场细分的原因分析

在现实的市场操作中，没有任何一家企业在市场上是可以什么都做、包打天下的。即使在同一行业也不存在这种情况，原因如下。

1. 资源的有限性

任何企业的经营都是一个从资源整合到利润取得的循环过程，在这个过程中，企业利用自己所拥有的资源在为社会创造价值的同时，取得合理利润作为回报。在现代企业经营理论中，市场本身也是企业资源的组成部分，由于资本的逐利性决定了这样的资源是必然要被瓜分的。在现实中体现为，资本的流向总是集中于利润高和市场前景好的市场，对于企业而言，即使再大，它的资源也是有限的，不可能包打所有的市场，而只能在广阔的市场空间中寻找最适合自己的位置。例如，希尔顿酒店主要经营的是酒店产品的高端市场，如家则主要经营的是中端市场，而一般的招待所主要经营的是低端市场。任何企业都没有足够的资源囊括整个产业的所有市场空间，而只能选取其中非常小的一个部分作为自己的营销区域，因而资源的有限性从根本上决定了市场细分的必要性。

2. 资源有效利用的客观要求

市场的空间是巨大的，但对于一个具体的企业而言，它同时可能又是非常有限的。这是因为，进入市场的企业都必须为这个市场提供消费者需要的产品，消费者购买企业的产品是企业获利的唯一途径。而能否提供消费者需要的产品，产品价格能否为消费者所接受，取决于企业的能力，这种能力又体现为产品的制造能力、市场的开拓能力、企业的管理能力和公关能力等诸多企业发展所需要的基本要素。每一个企业在所有这些方面的能力都是不同的，这就要求企业必须在最大可能的限度内充分利用自己的资源优势，服务于特定的市场，而这个过程实际上就是对市场进行细分。因为企业就像人一样，都有自己的特点和专长，如果什么都想做，其结果必然是什么都做不好。我们不能想象一个称职的银行职员可以同时成为一个称职的炼钢工人或大学教授，因为他的特点和专长决定了他的职业方向。同理，企业的专长就在于其拥有的资源条件，只有将自己的资源最大限度地加以合理利用，企业才可能在市场中占有一席之地，才可能利用自己的专长博取更多的利润。也就是说，企业需要区分自己的服务对象，对市场进行细分。拿酒店营销来说，如果希尔顿酒店主要服务于平民百姓，则不仅浪费希尔顿酒店的管理资源，同时也不可能获得比较好的经营效益，原因在于其拥有的高端管理资源没有被充分利用，而平民百姓也不会接受价格非常高的服务，因为他们没有能力负担。

3. 政府对企业行为的影响

企业即使可以做到在某个行业非常强大，利用自己的独特资源如技术和人才优势等做到对某个行业的垄断经营，也不可能长久地维持这种局面。因为，一方面，技术资源总有一天要与其他投资者共享,从而使企业失去垄断条件;另一方面,政府也不会允许垄断长久存在,毕竟,在商品经济中只有竞争才是推动经济发展的唯一动力。

因此,营销策划的立足点对任何企业都是一样的,即细分市场是营销策划操作的对象,没有对市场的细分,营销策划就失去了目标和方向。

二、市场细分的标准

1. 消费者市场细分标准

细分消费者市场所依据的变量很多,大体可以概括为四大类,即地理变量、人口变量、心理变量和行为变量。

1) 地理细分

地理细分即企业按照消费者所处的地理位置来细分市场,具体变量包括国家、地区、城市、自然环境、气候条件、地形地貌、交通运输条件、通信联络条件、市政规模等。地理细分的主要依据是:处在不同地理位置的消费者,对于同一类产品通常会有不同的需求和偏好,他们对企业的产品、价格、分销渠道、广告宣传等营销措施的反应也各不相同。企业在进行地理细分时,不仅要注意各个市场的潜力及其特点,而且要注意本企业的成本费用会随所选择市场的位置而发生变化,企业应该选择最能发挥自身优势的、效益较高的地理市场作为目标市场。

2) 人口细分

人口细分即企业按照人口变量进行市场细分。人口变量包括一系列自然特征和社会特征,如年龄、性别、国籍、家庭人数、收入、职业、受教育程度、民族、宗教信仰等。因为上述这些因素通常决定消费者的欲望、偏好和产品使用率,而且这些变量一般都较容易获得。

3) 心理细分

心理细分即企业按照消费者的心理特征来细分市场。心理变量包括生活方式、个性、购买动机、价值取向、对商品服务方式的感受和偏好,以及对商品价格变化的敏感程度等。其中,生活方式和个性两方面对消费者的消费行为具有决定性的影响。在有关心理因素的作用下,人们的生活方式可以分为传统型、新潮型、奢侈型、活泼型和社交型等。随着科学技术的进步和信息技术的发展,企业在进行产品的营销活动时,在更大范围内突破了地域甚至是时间的限制,对市场细分的标准更多体现为对人们消费心理的研究,因而心理变量也成为很多企业进行市场细分时非常重要的指标。同时,对消费者进行集聚而不是分割,也成为目前营销策划过程中对市场进行细分时所采用的最主要的方式,因为随着互联网技术的发展,目前无论是利用地理变量还是利用人口变量对市场进行细分,在很多情况下已经变得毫无意义了,人类在科技方面的进步已经使得这个世界越变越小了,只有将全球市场作为一个统一的大市场进行操作,企业才可能获得优势市场地位。

表2-1所展示的即为根据消费动机和消费主要特征对消费群体进行细分的方式和企业面临的主要挑战。

表 2-1 不同消费群体的消费动机、主要消费特征及企业面临的挑战

消费群体名称	消费动机	主要消费特征	企业面临的挑战
先锋型消费群体	建立自己或企业的竞争优势	追求最新技术,追赶最新潮流	产品尽快上市,争取先行者优势
	树立自己或企业的领先形象	即使产品不成熟,也愿意尝试	按用户要求尽快改造或定制
	追求革命性突破	偏爱高风险、高回报的产品,追求产品功能,对价格不敏感	要求企业具备强大的研发能力,要求企业不断对产品进行更新换代
实用型消费群体	提高生产率或改善生活质量	已有成功范例,并且真实、可靠	可信赖的、有代表性的成功经验
	不断追求革命性的改进或提高	愿意跟踪先锋型消费群体的消费动机,产品基本成熟,便于使用,对产品、服务和效益很敏感	基本完整的产品解决方案,采用一切手段保证产品的质量,不仅要产品质量过硬,而且要提供优质服务
保守型消费群体	只有在大多数人都消费时,才考虑购买	不愿承担任何风险	非常完整的产品解决方案
	迫于环境或竞争压力时才会消费	对价格很敏感,对产品很挑剔	千锤百炼的成熟产品
	跟大家一样,不愿出风头	不想花时间学习如何使用某种产品,相信或依赖于专家或好朋友对产品的推荐	
怀疑型消费群体	维持现状,得过且过	不相信新技术或新产品能提高生产效率或生活质量	有充足的理由证明其产品的价值和使用效益
	不冒任何风险	对新生事物持怀疑态度,尽量不花钱,不投资,节约度日,总把自己放在反对者的立场	能证明购买本公司的产品是最佳选择

4) 行为细分

行为细分即企业按照消费者的购买行为进行市场细分。具体的行为变量有很多,主要包括购买时机、追求的利益、使用方式、使用频率、忠诚程度等。在实际进行营销工作时,这些变量的选择依赖于对不同市场的具体要求和具体分析,策划者应根据企业要达成的主要目标增加或删减。

2. 生产者市场细分标准

对生产者市场进行细分时,除了不考虑个人心理因素的影响外,同样可以使用上述标准,只是细分市场的变量因素具有更多和更复杂的特点。同时,一般而言,生产者市场的消费者对产品的性能、价格、成本等因素都比较了解,因而这样的市场细分在实际操作中会面临更多的困难。总体而言,生产者市场细分可以以以下三组因素作为标准。

1) 地区及地理分布状况(用户特点)

由于生产者用户所在地区的特点不同,或者不同行业的地理条件不同,生产力布局就有很大差别。不同行业与不同用户需要不同的生产资料商品,因而就有不同的市场特点。例

如，能源重化工基地和农业产区的地理环境会有很大差异，它们所需要的生产资料也会有很大区别。因此，可以把行业的地理特点作为细分生产者市场的一个标准，以利于企业做好对不同客户的供应工作。同样，也可以按客户的地理位置来细分市场，将企业的销售重点放在客户集中的地区，以降低费用开支，扩大销售数量，提高经济效益。

2）最终用户的需求特点（用户要求）

由于生产者用户购买生产资料的目的一般是满足科研、制造、修理、转售等生产业务上的需求，对所需生产资料都有不同的采购要求。因此，卖方必须充分考虑买方的需求特点或追求的利益重点。最终用户的不同需求是生产者市场细分的最重要和最常用的标准之一，必须予以充分重视。

3）用户规模和购买力

生产者用户由于规模不同，购买力的高低也不同，购买行为就有很大差别。一般来讲，用户规模大，购买力强，则每次购买数量也较多，购买周期较长，购买的品种也较为稳定。一些大用户的采购量有时可以占到供应量的70%～80%，而小用户的零星购买又必须给予保证。因此，必须从用户的规模及购买力等购买行为的角度进一步细分生产者市场，采取不同的营销方法，以充分满足用户的要求，不断扩大销售市场。例如，一般而言，旅游团队可以作为酒店的大客户，目前也是维持很多酒店运营的主要客户。在很多酒店看来，旅游团队是支撑酒店运营的关键所在，因而他们对旅游团队的消费心理和特点进行了认真研究。如果能够在一定时期内保证足够的旅游团队来酒店住宿，无疑可以大大减轻营销部门的负担。

三、市场细分的原则

市场细分是进行营销策划的基础，因而实际操作中，对于本企业应该以什么样的市场作为操作对象是策划者首先应该确定的问题，在这个过程中，策划者应该把握一些最基本的市场细分的原则，主要包括下列内容。

1. 可区分性

不同细分市场的特征可以清楚地划分出来。例如，肉食品市场可以根据民族变量加以区分，而食盐市场则不能根据民族变量进行划分；酒店的档次可以根据人们的收入水平细分，而一般的大众产品则与收入水平的关联度极小等。

2. 可衡量性

细分市场必须是明确的、可以识别和可以衡量的，即细分出来的市场不仅有明显的范围，而且能够估算出市场的容量，为此，市场细分的标准必须是明确的、可以识别的和可以衡量的。例如，三星级酒店市场中，在重视服务质量的情况下，有多少人更注重价格、舒适度、酒店外观和品牌，或者兼顾几种特性？当然，要想得到这样的数据，除了对行业有丰富的运作经验、对产品有精深的研究以外，还要对市场做深入的市场调研。

3. 可实现性

可实现性即企业所选择的市场是易于进入的，企业通过适当的营销组合策略和利用企业的资源条件是可以达到占领目标市场目的的。有些市场看似非常可观，但未必是企业可以介入的。例如，北京、上海、广州、南京这样的大市场对任何一家酒店而言都是吸引力非常大的关键市场，但进入这样的市场无论在资金、管理还是品牌等诸多方面的要求同样是非常高的，绝对不是一般的企业有能力介入的，因而这样的市场对于很多酒店而言实际上是没有可实现性的市场。

4. 可盈利性

可盈利性即所选择的市场要有足够的需求,并且有一定的发展潜力,从而使企业赢得稳定的利润。应当注意的是,需求量是相对于本企业的产品而言的,并不是泛指一般的人口和购买力,而是指对于本企业产品的有效需求量。

四、细分市场的方法

简单而言,细分市场的方法主要包括:单一变量法、综合变量法、系列变量法和多因素分析法。

1. 单一变量法

单一变量法即根据用户的某一因素进行市场细分。例如儿童玩具,可以用年龄这个变量对市场加以细分,不同年龄的儿童对玩具的需求是不一样的,可以根据不同的年龄把市场划分为不同的细分市场;而酒店市场的细分则通常采用"收入"这一变量,这也就形成了豪华型酒店和经济型酒店的不同客户群体。

2. 综合变量法

综合变量法即按影响需求的两种以上的因素进行市场划分。例如儿童玩具,除了年龄以外还可以加入性别、收入和消费习惯等因素;同样,对于酒店的客户群体细分,除了收入以外还可以加入客户消费目的、团体或个人及其他因素等。

3. 系列变量法

系列变量法即根据企业营销的需要,将影响需求的各种因素按由大到小排列,然后对市场进行由粗到细的划分,如最终用户需求、企业提供的产品性能、企业规模和顾客购买动机等。

4. 多因素分析法

市场细分还可以采用多因素分析法,创造性地运用细分标准。事实上,无论什么样的市场,影响营销运作的因素都是全方位的,我们只能确定对营销影响最大的或最重要的因素,而且这些因素还会因为时间和条件的变化发生改变,因而多因素分析法就是很多情况下对于企业来讲必须采取的分析方法,也是进行营销策划的基础。

案例分享

凯悦酒店的早期市场细分

凯悦酒店是世界知名的跨国酒店集团,在世界各国拥有数百间酒店。早期,凯悦酒店将集团旗下的酒店分为四类,分别称之为凯悦酒店、柏悦酒店、君悦酒店及凯悦度假村。凯悦酒店要求,无论是隶属于集团自己的酒店,还是代为管理的酒店,都要划入这四类中相应的一类。由于每一类都有不同的建筑风格和设施标准,因此,酒店在设计前就已明确了类别,目的是吸引不同的目标市场的消费者。

凯悦酒店——现代商务酒店。凯悦酒店建在主要的中等国际商业都市,是集团的核心品牌。作为五星级豪华商务酒店，其设计融合西方及所在地的本土建筑特色，从巴黎到加德满都，遍布世界各地。凯悦酒店以高效率的专业服务、新颖当代的会议住房设施、精致的餐饮服务、齐全的健身设备及现代的氛围而闻名。凯悦酒店自始至终以满足并超越顾客的期望为服务宗旨，给予顾客最细致、周全的贴心服务。

君悦酒店——豪华的大型酒店。君悦酒店以其服务及设施规模的豪华气派著称，坐落于世界各大城市中最新且繁荣的精华地段，并临近大型会议中心。君悦酒店有着宏伟壮观的建筑外形、气派非凡的大厅、雅致温馨的客房套房、宽敞明亮的浴室起居空间、先进齐备的会议设施、华丽独特的宴会场地、多类型地道美食的餐厅和酒吧。君悦酒店呈现豪华的精致质感生活，映衬下榻旅客慧眼独特的高级品位。

柏悦酒店——典雅的精品酒店。柏悦酒店位于全球的时尚之都如东京、巴黎、墨尔本和马德里等城市最顶尖的建筑区内，其典雅高贵的室内空间设计、体贴入微的管家服务、细腻精致的餐饮及先进的设施，尤其适合小规模的会议或晚宴。柏悦酒店为顾客提供独特且精致的卓越体验，被定位为世界上顶级的精品酒店。这类酒店有以下显著特征：① 地理位置好，位于市中心；② 非同寻常的酒店内部设计装潢；③ 饭店内布置大量的鲜花和各种树木；④ 有风味餐厅；⑤ 有特殊的接待部；⑥ 有高级的膳食服务；⑦ 宴会服务主要针对诸如董事会或是节庆日子的晚宴等，不过分强调多功能活动；⑧ 服务规格更高，为顾客提供高雅亲切的个别服务。

凯悦度假村——顶级的度假酒店。凯悦度假村营造的是令人心旷神怡的度假风情。从美丽的海滩到世界级的高尔夫球场，从豪华的水疗按摩中心到设施齐全的现代化健身房，从刺激无比的水上活动到登山远足，凯悦度假村为顾客提供最舒适惬意的轻松享受。凯悦度假村以创新的礼遇、舒适的住宿、多样的运动休闲设施，让下榻的顾客远离城市的尘嚣。

第三节　目标市场选择与营销战略确定

一、选择目标市场

目标市场指的是企业打算进入的细分市场或者打算满足的某一特定客户群体。企业进行市场细分的目的就是对目标市场进行选择。因为并不是每个市场都值得企业进入，策划者必须先对细分的市场进行评估，在分析判断的基础上，决定和选择最有利于企业发展的细分市场作为目标市场。企业确定了目标市场就意味着要在这个市场上投入足够的资源进行市场运作，因而选择目标市场是企业确定营销战略的关键。一般而言，目标市场的选择应该符合下列条件。

1. 市场上有一定数量的潜在需求

这是企业选择目标市场的首要条件，企业满足消费者的需求，通常不仅是现实需求，更重要的是潜在需求。这是因为，一方面，只有具备一定潜在需求的市场才可能满足企业长期获利的要求；另一方面，随着社会经济的不断发展，这些潜在需求在适当的条件下就会转化为现实需求，从而为企业带来可观的经济效益。

2. 市场上必须具有一定购买力

这是企业选择目标市场最重要的条件之一。没有一定购买力就不可能构成一个现实市场，不可能维持企业的正常运转，因为没有现金流支撑的企业是不可能长久存在的，而且，酒店的经营一般而言很难在很短的时间内收到成效，在开发和拓展市场、逐步树立酒店品牌的过程中没有足够的现金流支撑是不可想象的，因而有效需求是选择目标市场的基础条件。

3. 符合企业的目标和能力

只有当企业在某一特定市场具备某一方面的优势时，这样的细分市场才可能作为目标市场，也就是说，这样的市场必须和企业所拥有的资源相匹配，这同样是选择目标市场最重要的条件之一，也是策划者在现实操作中面临的主要问题之一。一般而言，策划者对市场的了解总是比酒店一般员工或者经营者更多一些，当他们发现市场机会时总是抑制不住开发的冲动，但他们对企业的实力，尤其是资金实力与人力资源的了解未必非常清楚，因而做出的方案就有可能与企业的资源条件不相符，这样的方案出台以后或者会遭到决策者的否决，或者在实施过程中会遇到非常大的困难。这就要求策划者不仅要对市场进行准确的判断，同时要对自己酒店的资源条件进行客观评估，毕竟，不是市场上所有的钱你都可以赚到。现实操作中，可以将遴选出来的目标市场按顺序进行排列，见表2-2。

表2-2 按顺序排列目标市场

市场选择	选择条件	基本战略
第一目标市场	吸引力最大，与本企业实力与资源最相匹配	全力争取、重点突破的市场，企业必须全力以赴
第二目标市场	吸引力较大，与本企业实力与资源基本匹配	积极争取的市场，企业要给予高度关注，在适当时机进入
第三目标市场	有一定吸引力，与本企业产品和市场定位基本吻合	兼顾需要，注意市场的变化情况，策划者应该进行研究

二、目标市场覆盖模式

目标市场覆盖模式实际上是指企业在确定了自己的细分市场和目标市场以后，决定对市场进行开发的战略选择。由于每个酒店所处的经营环境与企业资源存在巨大差异，因而现实操作中应该采用什么方式对市场进行覆盖是策划者在确定了目标市场以后，首先需要考虑的问题。

1. 产品与市场集中模式

产品与市场集中模式指的是企业在众多的细分市场中只选择一个作为营销的目标市场进行开拓。例如，美国汽车公司就只生产吉普车，它的市场只是针对对吉普车有兴趣的消费者；而如家快捷酒店所选择的目标市场则主要是商务人士，这样，在产品与市场两个方面都是相对集中的。对于中小型酒店而言，由于其可以利用的资源相对有限，将产品与市场集中起来进行操作，有利于酒店发挥自己的优势。

2. 产品专业化模式

产品专业化模式指的是一类产品服务于各种不同的顾客群体，即企业把整个市场不加区分地作为自己的目标市场，企图运用一种营销组合方式来争取和满足市场上最大多数消费者的共同需求。例如，美国宝洁公司就是采用这样的模式进行市场开拓的。这种方式的采用条件比较苛刻，不仅需要公司的产品能够满足各个消费层次消费者的不同需求，而且要求企业具备非常强的品牌运作能力和市场管理能力，因而大公司和大品牌是采用这种模式的基本前提条件。

3. 市场专业化模式

市场专业化模式指的是企业以其所有不同种类的产品为市场上某一顾客群体提供服务。比如，泰国东方大饭店、迪拜帆船酒店等主要服务于高端群体，这些酒店所提供的产品不仅具有豪华和奢侈的特点，而且对于消费者也有不同程度的要求，有时甚至是即使有钱也不一定能够买到，这当然是比较特殊的情况。实际上，这种市场专业化模式更多地体现为，企业的产品比较独特，只有部分消费者有兴趣或有实力享用。

4. 选择专业化模式

选择专业化模式指的是企业以生命力较强的产品进入少数有吸引力的市场，在满足不同目标市场不同需求的同时，力图在各个市场不断扩大产品销量，以降低成本和获取更多的利润。例如，海尔集团在开发美国市场时，一开始主要是以电冰箱作为主导产品的，而且根据美国市场不同的客户需求提供不同规格和不同价位的电冰箱，等到美国市场基本成熟以后，海尔集团才将自己的其他家电产品销往美国。

5. 完全市场模式

完全市场模式指的是企业为满足所有细分市场的消费需求生产各种产品。但实际上，真正能够满足所有细分市场消费需求的企业几乎是不存在的，因为这需要大量的资源支持并且在成本上是不合算的，但在某些领域的特殊条件下和特定的时期内，这样的模式也是可取的。比如，微软公司就在相当长的时间内几乎垄断了应用软件的生产和销售，但这毕竟只是极个别现象，而且只有大型公司才有能力选择这一模式。

三、目标市场营销战略

与市场覆盖模式相对应的问题就是目标市场营销战略，这同样是营销策划需要解决的基础性问题。由于资源条件和市场环境的差异性，每个企业在营销战略决策方面的考虑可以说都是不一样的，但总体而言，下述战略模式可以作为策划者在制定营销战略时的基本思路。

1. 无差异性营销战略

无差异性营销战略就是把全部市场看作是一个大的目标市场，不进行细分，推出一种产品，实施一种市场营销组合策略对待整个市场，包括产品的型号、包装、价格、品牌等长期不变，进行内容相似的宣传，采取广泛的分销渠道推广自己的产品。例如，美国可口可乐公司在很长一段时期内只生产一种口味的瓶装饮料，甚至连广告词在全球市场也是一样的——请喝可口可乐。这种战略目前在市场上已经很少有公司使用，连可口可乐公司也已经放弃了这种营销战略。原因在于，一方面，这种战略很可能受到竞争者的攻击，也就是竞争者很可能采用差异性营销战略抢走你的市场份额；另一方面，现在要想用一种产品满足所有消费者的需求几乎是一件不可能做到的事情。

2. 差异性营销战略

差异性营销战略指的是企业充分肯定消费者需求的差异，在市场细分的基础上选择若干个细分子市场，并对不同的细分子市场开展不同的营销活动。当然，企业若采用差异性营销战略就需要推出多种产品，并配以多种宣传手段进行促销，力求满足不同消费者对产品的不同爱好和兴趣。随着社会经济的不断发展和人们消费能力的不断增强，人们对产品的要求也日趋差异化,因而差异性营销战略是目前在市场营销过程中企业普遍采用的营销战略。

3. 集中性营销战略

集中性营销战略是指企业在某一时期内集中企业的力量,采用一种或少数几种营销组合策略专攻一个或几个细分市场。其优点在于:对少数几个甚至一个细分市场进行"精耕细作"可以深入地发掘消费者的潜在需求;由于目标市场少,可以使企业的特点与市场的特征尽可能达到一致,从而有利于企业自身特点的发挥;同时,将资源集中于较小的市场范围,可以达到积聚力量并与竞争者抗衡的目的。集中性营销战略对于市场规模较小,或者资源不是非常雄厚的企业具有非常重要的战略意义。虽然这种战略不可能在比较短的时间内形成非常强的市场效应,不可能迅速树立公司和产品的品牌形象,但由于其在很大程度上可以使企业的资源与市场条件达到较好的结合,因而成为众多中小型企业在开发市场时的首选战略。

四、市场定位

1. 市场定位的含义

市场定位又称产品定位或竞争性定位,是指企业根据竞争者现有产品在细分市场上所处的地位和顾客对产品某些属性的重视程度,塑造出本企业产品与众不同的个性或形象并传递给目标顾客,使该产品在细分市场上占有强有力的竞争地位。具体来讲,就是企业从各个方面为产品创造特定的市场形象,使之相对竞争者的产品显示出不同的特色,以求在目标顾客心目中形成一种偏爱,给目标顾客一个购买该产品的理由。这种产品形象和特色可以从产品形象和产品实质上表现出来,如产品的性能、服务、形状、构造等,也可以从消费者心理和消费时尚方面表现出来,如豪华、朴素、典雅、时髦、舒适等,或者通过这两方面的共同作用表现出来,如技术进步、物美价廉、服务周到等。

实际操作中,差异化分析是市场定位的基本手段。所谓差异化分析,是指设计一系列有意义的差别,使本企业的产品与竞争者的产品区别开来的行动。差异化可以从产品、服务、人员、渠道和形象等方面寻求。

2. 市场定位策略

市场定位策略至少有以下几种选择:根据产品实体的属性定位,根据产品利益定位,根据产品或服务的质量与价格定位,根据产品的不同用途定位,根据产品使用人定位,根据产品使用场合定位,根据文化形象定位,根据竞争地位定位。每个企业在进行市场定位过程中基于不同的营销目标和市场环境所采用的定位策略也是不一样的,但上述定位策略可以作为营销策划在市场定位方面的基本思路。一般而言,市场定位的程序主要包括三个步骤:第一步,确认本企业的竞争优势;第二步,准确选择相对竞争优势;第三步,显示独特的竞争优势。

3. 市场定位方式

市场定位作为企业发展和市场竞争策略,显示了一家公司或一种产品同类似企业或类似产品的竞争关系,定位方式不同,竞争态势也不同。现实操作中,市场定位主要有以下三种方式:避强定位,即躲开你的竞争者;对抗定位,即根据竞争者的定位方式定位自己的产品;重新定位,即对销路少、市场反应差的产品进行重新定位。

市场定位是企业在进入某一个细分市场进行营销运作的前提条件,没有准确的市场定位，企业在发展过程中就失去了正确的方向，即企业会在市场中迷失自己，找不到市场开拓的对象，从而也就不可能制定适合自身发展的营销战略。因此，准确的市场定位从某种意义上讲决定了企业的未来发展方向，而且市场定位的完成是必须以企业的资源和营销目标作为前提的。

如家快捷酒店的定位

从2000年开始，中国国内旅游基本上达到了大众旅游的标准，与大众旅游伴生的是相应旅游设施的改进和旅游行业结构的调整。以往，高星级酒店是商务客人的主要选择，而现在，随着私有经济的发展，以及一些公司对差旅经费的限制，人们在进行商务活动的同时更加注重性价比的选择。如家快捷酒店，正是在这种商机下诞生的。

传统的酒店行业，三星追四星、四星追五星，而且三星之间、四星之间、五星之间都在为追赶竞争对手而制订竞争策略。这就导致传统的高星级酒店失去了自身的独特性，出现千篇一律的餐饮、灰白色的房间内饰、豪华的大厅。因此，在这种情况下，很多新建的酒店就倾向于勾勒出与其定位相似的战略轮廓。而如家快捷酒店则是通过剔除、减少、增加、创造这四个动作，把自己与星级酒店和社会旅馆区别开来，推出了中国的经济型酒店模式。

如家快捷酒店主要强调几个元素：给客人提供一个温馨、舒适的睡眠，即让客人睡个好觉，同时能够洗个好澡。如家快捷酒店主要是在客房的干净程度、房间的布局、床及淋浴上突出重点，其价格低于传统的三、四星级酒店，不在餐厅、KTV、大厅等上做过多投资。相反，酒店行业的传统竞争者都在这些产业竞争元素上大力投入，在价格上也就越发难以与如家快捷酒店相竞争。这些公司的投资过于分散，被竞争者的行动牵着鼻子走，结果导致了高成本结构。

五、市场渗透

企业在完成了市场定位以后，接下来就应该对进入市场的具体方式进行研究，这样的研究基点在于，如何使本企业的资源有效地与市场结合，为企业谋求最大的市场空间和创造最好的经济效益。不同的市场条件决定了企业在进入某一市场时会采用不同的进入方式，具体如下所述。

1. 进入相对空白的市场

对于绝大多数商品和服务而言，这样的情况几乎是不存在的，但有些地区，比如市场经济相对落后或市场封闭性较强的国家或地区，这样的市场机会还是有的。比如我们国家在改革开放之初，很多星级酒店在我国很多城市还没有建起来，类似这样的市场，就是相对空白的市场。这时，企业必须把握住这样难得的市场机遇，将产品最大限度地在市场铺开，达到迅速占领市场和创建品牌的目的。但这样做的前提条件是，消费者对这类商品的认知度和认同度都非常高，被压抑多年的市场需求在很短的时间内爆发出来，出现商品供不应求的情况。显然，对于绝大多数产品和服务而言，这样的市场机遇实在是可遇而不可求。事实上，对于空白市场的开发,更多的情况是,有些新产品在刚刚进入市场时,不被消费者认同,或认同度非常低,企业在进行市场开发时,会遇到相当大的难度。比如茶饮料市场和饲料市场,在产品刚刚进入市场时,消费者对这种产品能否给自己带来利益存有疑问,因为对于大多数中国人而言,茶是不能过夜的,这样的饮料是否会对身体有害,人们不得而知;对于农民而言,世代相传的饲养方式也阻止了饲料进入他们的生活。所有这一切对于新产品而言都构成了进入市场的障碍,需要企业花费大量的金钱对消费者进行教育或者需要政府的相关管理措施对新产品的销售给予支持。

在这种情况下,企业的产品能否进入市场并取得较好的经营效果,一方面依赖于企业的资源,另一方面也依赖于政府政策的贯彻力度。总之,进入空白市场的机会虽然不多,但一旦失去这样的机会就太可惜了,这是策划者应该关注的重要问题。

2. 进入成长旺盛的市场

对于任何产品而言,企业都希望它们能够长久生存,为企业带来丰厚的利润,但任何产品都是有生命周期的,如果选择生命周期已经处于下降或衰退期的产品,企业在进入这样的市场时,就会遭到巨大损失。比如,我国的 VCD 市场,在 20 世纪 90 年代初期由于丰厚的利润回报吸引了大量的资金介入,使这个市场迅速达到饱和,产品在迅速完成了上升期后,步入了衰减阶段,许多企业几乎是刚刚进入市场就面临产品的积压和滞销。这主要是因为人们对这种产品的需求是相对稳定的,并且在较短的时间内就达到了饱和,增长的速度也不是很快,在大量产品充斥市场的情况下,需求迅速萎缩。

与此相反,20 世纪 80 年代后期和 90 年代兴起的伊利和蒙牛集团,由于介入了发展前景看好、市场潜力巨大的乳制品市场而成为我国发展较为迅速的企业,并且随着市场规模的不断扩大,无论是企业效益还是社会效益,都取得了非常巨大的成就。因此,对于企业的营销策划,在制定企业发展规划和市场营销战略时,首先必须考核行业的发展前景。进入市场潜力巨大的行业对于企业来说就成功了一半,因为它可以分享行业发展和规模扩大的直接利益,在市场运作上,进入成本相对低廉,而如果把夕阳行业作为自己进入市场的首选,则会面临非常大的市场压力。

3. 进入竞争性市场

目前,我国和世界上绝大多数国家的市场,除了能源等极少数产品以外,都处于供过于求的状况,企业能否在这样的市场生存并获得发展,取决于企业所拥有的资源和操作水平。绝大多数企业要介入的其实是这样的市场,这就需要对竞争者的情况进行深入研究,对自己企业的资源进行很好的整合,在竞争激烈的市场缝隙中寻找适合本企业发展的稀缺市场资源。如何进入这样的市场,如何在这样的市场中获得比较好的市场地位和取得比较好的营销效果是本书重点研究的问题,我们将在以后的章节中对这一问题进行深入探讨。

同时,需要注意的是,营销策划的目的在于为企业的发展寻找合适的途径,为市场的开发制定有效的策略。但无论策划方案多么优秀,如果不能体现为企业的日常运作方式,同样是没有意义的,因此,营销策划的内容必然包含企业的实施方案,并且必须是与企业资源相结合的。一个优秀的策划方案不是体现为它所包含的营销理论多么高深,方案的说服力有多强,而是体现为它的实际运作效果,因而对于实施系统的策划同样是营销策划的重要内容之一。

六、市场细分与市场陷阱

每个企业都希望自己的产品能在市场上占有一席之地,并且在较长时期内为企业带来丰厚的回报,能否做到这一点,首先取决于企业是否在主流市场占据了一定的位置,并且有没有能力避免和利用市场陷阱以达到自己的经营目标。图 2-1 所示即为市场运作中可能产生的陷阱。

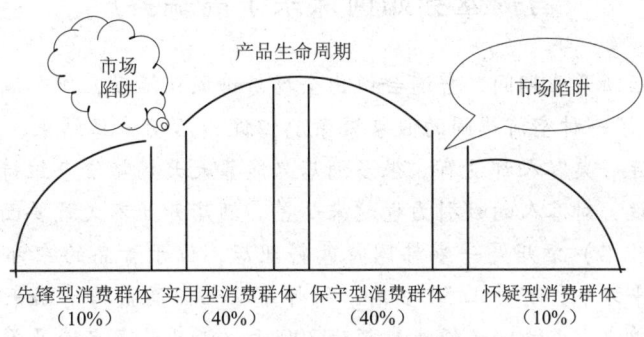

图 2-1　市场运作中可能产生的陷阱

由图 2-1 可知,对于大多数产品而言,先锋型和怀疑型消费群体所占的比例都不是很大。在市场运作中,如果不能很好地把握不同消费群体之间的转换关系,就会给企业的经营造成不应有的损失,因为从先锋型消费群体到实用型消费群体和从保守型消费群体到怀疑型消费群体都可能出现如图 2-1 所示的市场陷阱。即当你认为先锋型消费群体使用了本公司产品并且感觉不错,则实用型消费群体就一定会使用本产品时,殊不知,先锋型消费群体的数量往往是比较少的,当你的产品满足了这部分消费群体的需求,但还没有引起实用型消费群体感兴趣时,市场就会出现对产品需求的断档现象,这个时期对企业来说,往往是非常痛苦的。因为一方面必须投入大量的广告对产品进行宣传,对消费者进行教育,另一方面,企业由于已经满足了第一部分消费者的需求,市场上产品的销售就会出现问题,没有足够的现金回流,财务运作也会遇到困难。这时,企业就面临两难选择,继续运作,则可能没有后续资金支撑;放弃,则前期投入就成为为人作嫁衣,因为这个行业只要有利润,就一定会吸引资本介入。这就是所谓市场陷阱,企业一旦掉下去,基本上就失去了回天之力。

20 世纪 90 年代,我国著名的茶饮料品牌——旭日升冰红茶就是一个非常典型的例子。旭日升冰红茶所属公司在耗尽了全部资源对市场进行开发以后,在市场开始走向上升时,却再也没有能力为市场提供产品了,而统一和康师傅却利用旭日升冰红茶的市场开发成果获得了巨大的商业利益。因此,策划者对市场细分只是为企业提供了可供开发的市场资源,优秀的策划者还必须对市场开发过程中需求量和需求时间的变化做出相对准确的估计,并且对企业所拥有的资源特别是财务状况和金融能力有非常深刻的了解。

同样,在产品生命周期的末端,如果对怀疑型消费群体的消费能力过分低估,也会使企业失去一个赚钱的机会。策划者对市场陷阱的认识程度,在某种程度上体现了策划者的水平,同时也是对企业投资和市场运作提供可行性方案的重要依据。

总之,作为市场定位的前提条件,市场细分为企业市场营销战略的制定提供了基础,任何企业的战略基点都应该建立在市场细分和市场定位之上,没有这个条件做基础,再漂亮的营销策划方案也是没有意义的。

消费返券如何谋杀了高端客户

通常来说,酒店新开业期间,普遍会做出全场折价促销活动,例如满100送50,满100送40等,这也造成了一种空前热闹的假象繁荣。但促销活动一旦结束,客流量马上急剧萎缩,有的酒店每天连一桌客人都没有。很多酒店只能靠天天搞特价来维持,但促销活动时间长了,经营亏本不说,对客人的吸引力也越来越差,酒店开业不久就要面临关门的境地。

青岛安顺祝(化名)酒店是一家韩国特色料理店,位于青岛的东部江西路。酒店上下两层面积共700多平方米,有员工50多名,厨师是从韩国高薪聘请而来的,格调、环境与菜品都较有档次,单桌(4位)最低消费额为300元,酒品最高定价是单瓶1万多元,目标人群定位是青岛市内高端消费人群。

张伟,常年在青岛市知名酒店担任营销总监,属青岛餐饮界销售资历较老人士,被猎头公司推荐给安顺祝酒店投资人,双方就酒店经营事宜一拍即合,投资方聘请张伟担任酒店营销总监,全权负责酒店的运营事宜。

在跟投资者详细探讨过酒店经营思路后,张伟认为要想快速显示自己的运营能力,必须使酒店一开业就立刻进入高峰期,这样老板才会对自己的能力彻底信服。根据自己的从业经验,张伟罗列了一下自己工作的两个重点。

(1)服务系统培训。通过自己在餐饮界多年的人际关系,张伟请来了一位在星级酒店做餐饮主管的朋友来对服务人员进行系统培训。张伟认为,要想提升并让顾客认可酒店的档次,服务必须是一流的。

(2)销售开发。根据以往经营酒店的营销经验,张伟认为,酒店经营要区别于别的酒店只是等客上门的做法,经营想要火爆必须要有一个很强的销售团队,这样才能使安顺祝酒店在开业之前就路人皆知、客源不断。报请投资方同意后,张伟组建了销售部,招聘了销售人员来进行酒店业务的开拓,并对员工进行了系统的餐饮业务培训,力图将安顺祝酒店迅速打造成青岛市著名酒店。在酒店装修时期,张伟就带领他的销售部开始了前期的预热工作。

张伟觉得,要想使酒店开业后人流量达到要求,就必须要求做好各个不同渠道的开发工作。根据以往经验,张伟为销售部做出了拓展方案。为了烘托出酒店的开业氛围以吸引更多的客人,张伟采取了开业前15天消费满100送50的高额返券的方式。在以上预热工作执行完毕后,张伟对酒店的经营充满了信心,静静地等待酒店开业。

6月2日,安顺祝酒店开业,伴着锣鼓声声,酒店爆满。连续两周,酒店天天爆满,门前一直都有客人排队等候,投资方对张伟的营销能力非常满意,张伟也对酒店的前景充满了自信。

但好景不长,当促销活动结束后,酒店营业额迅速下降,日营业额由原先的20多万元下降到了不到9万元,而且大部分都是返券消费。针对这种情况,张伟百思不得其解。为了缓和投资人带来的压力并吸引客流,张伟一边寻找解决方法,另一边继续推出了持续10天的消费满100返30的优惠活动,试图在提升客流后再寻找更好的解决方案。

结果,本次活动开始后客流量虽然稍微得到提升,但远远没有达到第一次活动时的效果,酒店上座率持续下滑。同时张伟发现,在来酒店消费的客人中几乎很少有原定的高端目标群体,安顺祝酒店的定位与实际经营产生了严重脱档。

第二次活动结束后,酒店的上座率继续走低,每天只有七八桌的客人,开支与回报的极大不平衡使安顺祝酒店陷入严重的亏损境地。

8月底,张伟黯然离职。10月,安顺祝酒店宣布关门,安顺祝酒店在青岛的投资宣告失败。

(资料来源:宋曙光. 消费返券如何谋杀了高端客户[J]. 销售与市场,2009.)

案例分享

天香楼酒店市场营销及客户系统项目调研策划方案

致:单总经理

太原思源企业管理咨询有限公司联系人:×××

联系电话:×××××××××××

E-mail:gj7703@sohu.com

目录

■ 项目背景

■ 项目目标

■ 研究框架

■ 研究内容

■ 质量控制

■ 质量管理

■ 数据处理与分析

■ 成果形式

■ 时间安排及费用预算

项目背景

近几年,随着人民生活水平的提高和饮食观念的改变,餐饮市场的结构和运作方式发生了巨大的变化,人们的消费习惯和消费意识随着经济收入的提高和社会经济生活的需要也在不断发生着变化,这加剧了这一行业的市场需求和市场竞争。面对潜在的、巨大的市场发展空间,各餐饮公司纷纷壮大自身实力,扩大规模。企业之间进入了比服务、比质量、比品牌的全面竞争时期。

在知识经济和信息化程度不断提高的今天,以网络技术为基础的企业全新数字化管理模式和ERP管理技术正在兴起。迅速变化的市场环境对餐饮企业的传统管理模式提出了巨大挑战,餐饮企业的现代管理水平、创新能力及市场营销战略和技巧是企业能否持续发展的关键所在。面对目前竞争激烈的餐饮市场，营销创新尤为重要，天香楼酒店为了更好地开拓市场，提高竞争力，单总经理特委托××××企业管理咨询有限公司就天香楼酒店的市场营销问题进行研究设计工作。

项目目标

（1）确立细分市场，了解目标消费者的特征；
（2）了解目标消费者选择饮食消费场所时所考虑的因素、指标及权重；
（3）对细分市场的营销改进提出建议；
（4）制定目标细分市场的营销管理建议书；
（5）提出客户数据库框架。

研究框架——研究基本流程

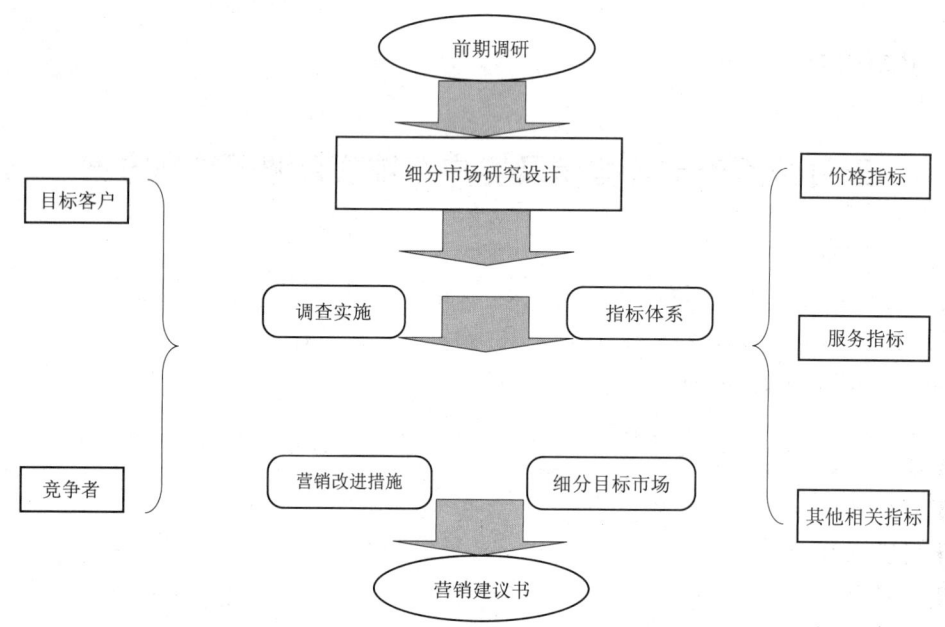

研究框架——市场细分概念

市场细分是美国市场营销学家斯密在20世纪中叶提出的一个新概念。所谓市场细分是指企业按照消费者在需求、偏好、消费动机、消费行为和消费能力等方面的差别或差异，运用系统的方法把整体市场划分为两个以上不同类型的消费者群体。根据这一理论，同一细分市场内个体之间的固有差异比较小，而不同细分市场之间的差异比较大。对于市场决策者而言，进行市场细分的目的是针对每个消费者群体采取独特的产品或市场营销组合战略以求获得最佳收益。

在激烈的市场竞争中，任何理性的生产商和经销商都已认识到，他们中谁都不可能获得整个市场，至少不能以同一种方式吸引住所有的现实消费者和潜在消费者。因为，一方面，消费者实在太多、太分散，而且他们的需要也千差万别；另一方面，企业在满足不同消费者的能力方面也有巨大差异。因此，企业必须找到最适合消费其产品的消费群体。从市场营销的角度来说，确定目标消费群是企业整合市场资源的最优方案，因为，对大部分产品或服务而言，都存在一个目标市场，这个市场与其他市场相比更具有收益潜力。在此次研究中，市场细分的目的就是为天香楼酒店找到自己的目标市场，确定针对目标市场的最佳营销策略。经验证明，市场细分的研究能够有效地提高市场决策者面对复杂环境时的应对能力，这集中体现为：

（1）使营销更加容易，对于一组消费者的需求将会更加容易定义，尤其是当他们具有许多共同特征时（例如，具有共同的嗜好，具有相同的年龄、性别等）；

（2）确定合适的位置，识别现实市场和潜在市场；

（3）提高营销资源的使用效率，针对细分市场设计产品形象、价格、促销的最佳策略，能够更加有效地利用市场资源。

通常而言，如果企业面临以下问题，就应该使用市场细分方法来界定自己的客户群体，并根据客户群体的共同特征制定自己的营销方案。

（1）有明确的概念或产品，但不清楚哪些人最有可能购买。

（2）产品定位非常明晰，但不了解采用哪种促销组合能最大限度地吸引目标顾客。

（3）不同的消费者对产品有不同的偏好，企业希望知道哪些偏好是能够给予满足的。

（4）销售额仿佛没有变化，但企业已经感觉到顾客群的构成正在发生变化，企业希望获得发生变化的详情。

（5）企业准备打入其他竞争者牢固占领的地盘，并希望首先获得一小块根据地。

（6）企业在市场中占据主导地位，但有其他竞争者开始蚕食企业自己的领地。

（7）尽管企业有好的产品，但市场数据显示营销计划遭受重大挫折。

（8）作为企业新的市场决策者，他需要重新审定公司的营销计划，市场细分是第一步。

市场细分的基本观念是，通过统计方法，在基础变量（如消费者的性别、年龄等）和行为变量（如对产品的购买力）之间建立某种联系。因此，对基础变量的选择和建立变量间联系的方法成为市场细分研究成败的关键。

一般来说，进行市场细分需要经历以下步骤。

1) 了解基本情况

进行市场细分研究首先要确定以下问题：消费者对产品或服务介入的程度有多深？消费者对这种产品和服务的了解有多少？这是一种新产品还是已有产品？市场细分研究的目的是什么？是增加现实消费者对企业和品牌的忠诚度，还是吸引新的消费者？市场细分研究是为短期规划服务，还是为长期战略服务？企业管理者对现有市场结构的看法如何？

2) 确定基础变量

确定基础变量是市场细分过程中最重要的一步。根据一些研究经验，在对中国消费者进行市场细分时，一些不同于欧美国家的变量尤其值得关注，如地理因素中的"经济发达程度"、人口因素中的"单位性质"等，这些变量对中国消费者的行为和预期有很大影响。同时，在对不同产品进行市场细分时，必须根据其特点，构造一套适合于这个产品的细分变量指标。

3) 收集数据

市场细分研究对样本量有较高要求，一般来说，根据我们对天香楼酒店的了解，如果要成功实施此次调研，成功样本数应在300以上。

4) 分析数据

根据研究经验，在进行市场细分时，应首先使用因子分析检验数据，推导出几个关键变量,然后采用聚类分析等工具。聚类分析法是理想的多变量统计技术,主要有分层聚类法和迭代聚类法。其过程正是市场细分的过程:将受访者按某种方法分组,使组内个体之间差别最小而不同组的个体之间差别最大。需要注意的是,采用不同聚类分析法产生的细分方案会很不相同。如果几种聚类分析法产生几乎相同的结果,那么应该说,这种细分市场结果是很接近现实情况的。

需要指出的是,聚类分析法会由于使用的基础变量不同而产生多种结果,这也正是市场细分研究的挑战性和吸引力所在,它不会产生是与否的答案,它只会给研究者提供不同视角的选择,因此,这种选择是科学,也是艺术。

5) 分析其他数据,构建细分市场

一旦确定了能够代表真实市场的细分方案,下一步就要获得关于细分的额外信息,对其进行进一步洞察。接下来是比较对照细分变量,例如:一个基于需求类型划分的细分市场,其人口特征是什么样的?他们是如何看待调查问卷上所列出的其他属性的?通常这一过程可以帮助研究者确定细分市场,但有时,在这个过程中发现的结果与假设结果恰恰相反,这时,需要回到第四步,重新确定细分方案。

6) 给细分市场命名

名字应该有意义、准确、令人难忘,与细分市场中的人群能很好地相配。例如,一些研究者在对文化娱乐市场的一项研究中划分了六个细分市场——消极的以家庭生活为中心者,积极的体育运动爱好者,固执己见的自我满足者,文化活动者,积极的以家庭生活为中心者,社会活动者。研究人员发现,文化活动者是订购戏剧和交响乐演出门票的最佳目标。在我们对天香楼酒店的调研过程中,我们将力图找到天香楼酒店客户的共同特征,并将各类消费者按照相应的指标进行归类。

7) 简要描述细分市场结构

对每个细分市场进行简单明了的归纳是必要的,一般包括以下内容:

(1) 细分市场的名称;

(2) 使细分市场产生差异化的重要因素;

(3) 细分市场中群体的简要描述;

(4) 以细分市场为目标,为营销4P(产品、价格、渠道和促销)提供相关信息。

8) 明确准备进入的细分市场

当需要明确准备进入的细分市场时,数据背后的经验是不可缺少的,评估不同细分市场的吸引力需要考虑如下原则:

(1) 市场足够大,细分市场必须足够大以保证企业有利可图;

(2) 可识别,细分市场必须是可以运用人口统计因素进行识别的;

(3) 可达到,细分市场必须是媒体可以接触到的;

(4) 差异性,不同的细分市场应该对营销组合有不同的反应;

(5) 稳定性,就其大小而言,各细分市场应该是相对稳定的;

(6) 增长性,好的细分市场应该具有增长的潜力;

(7) 空白点,细分市场如果被竞争者牢固占领,则其吸引力会大大降低,因而需要在市场中寻找企业可以立足的市场空白点。

研究框架——数据库

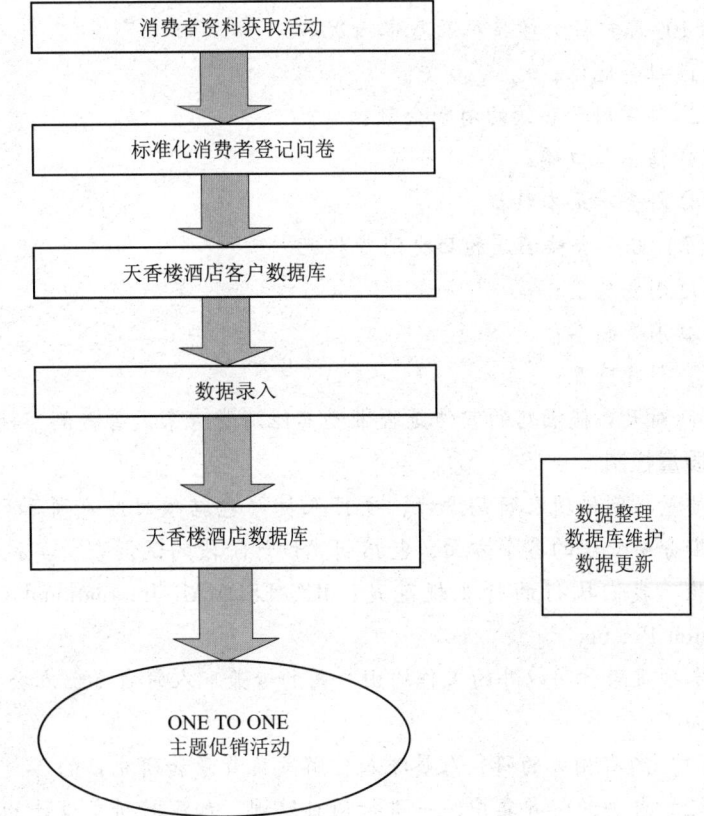

研究框架——数据库的作用

（1）针对不同的客户群，清晰地定义他们的需求。

（2）提供针对他们的服务和有吸引力的鼓励措施来刺激消费，提高推广效果，降低营销成本。

（3）客户数据库使企业可以更好地了解顾客，与他们进行单独沟通。

（4）根据客户的历史购买记录来建立长期的客户管理，奖励忠诚的客户和他们的重复消费行为，并及时了解客户对产品和服务的建议。

（5）可以通过目标消费者之间的影响力，使更多的潜在消费者成为忠诚消费者。

（6）知道谁是你的客户，谁是你最好的客户。

（7）了解客户在何时消费，怎样消费。

（8）知道客户的消费偏好，并使他们成为忠诚的客户。

（9）对大多数或盈利的客户进行特征定位。

（10）找到满足客户需求的最佳销售渠道。

（11）预测客户未来将要消费什么。

（12）常年保持最好的客户。

研究内容

市场调查主要包括以下内容。

(1) 客户社会学特征及基本情况。

① 社会地位;

② 每周用于餐饮的消费金额;

③ 信誉、口碑;

④ 社会学基本特征。

(2) 在天香楼酒店的历史消费状况。

① 消费总量;

② 消费频率;

③ 付费情况;

④ 对天香楼酒店的宣传是否带动其他消费者来天香楼酒店消费。

质量控制

质量控制体现在研究设计、项目人员(包括项目组人员和访问员)培训和管理、实施及后期分析处理的各个方面,包括研究设计阶段的试调查、实施结果的审核、数据检查和统计检验。我们执行的行业规范是: ICC/ESOMAR International Code of Marketing and Social Research Practice。

本项目除访问以外的工作均由公司的专兼职人员负责,本公司在实地访问中的质量控制方法如下。

(1) 所有相关的研究人员深入理解项目背景和研究目的。

(2) 相关的督导集中统一进行项目培训,加深对研究设计的理解以消除理解上的误差。由项目负责人详细介绍项目背景、研究目的、研究内容、研究方法和访问的质量控制,并就可能出现的问题与督导进行讨论,积极听取督导的意见。

(3) 所有访问都必须依照深访大纲、调查问卷进行。

(4) 所有回收的问卷都需要进行审核,审核内容包括:复核、二审、抽审/抽查。凡答案出现逻辑错误及不合理、漏答的问题超过5%,或者被调查者单位资料漏答的问卷,一律作废。

(5) 数据的编码录入由专人控制,进行双编码和双录入。最终数据需经过核对和逻辑检验方可交给分析人员。数据录入错误率应低于千分之一。

(6) 统计分析结论需通过统计检验,统计结果显著才能使用。

(7) 研究报告需经初稿、二稿和定稿的讨论。

质量管理——深访质量控制

(1) 保证被访者条件完全符合项目的要求。

(2) 保证联络员(访问员)条件完全符合项目要求。

(3) 保证项目设备(录音设备)正常运行。

(4) 保证人员配置符合项目要求。

(5) 保证督导有效控制项目进度。

探访流程

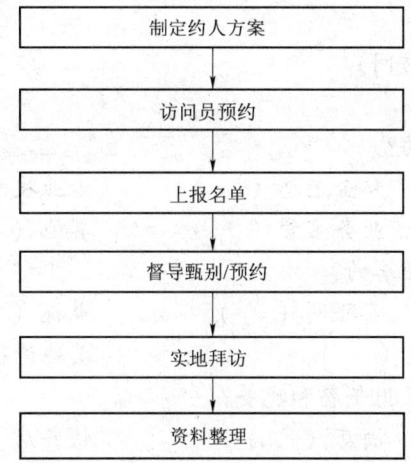

数据处理与分析

（1）资料整理——深度访谈安排专人做现场记录，会后对资料做细致整理。

（2）数据录入——数据录入软件：Database。

（3）统计分析。

成果形式

（1）"天香楼酒店细分市场营销工作建议书"1份；

（2）"营销管理手册"1份；

（3）采用 PowerPoint 演示项目改进的主要研究结论及规划要点。

时间安排及费用预算

在充分考虑酒店的工作进展和项目实施准确性的前提下，本项目研究课题需用5～6周的时间。本项目的研究与实施经费预计在 30 000 元左右。

根据天香楼酒店调研目标设计的调研问卷

天香楼酒店顾客基本情况调查问卷　　　访问编号：

尊敬的女士、先生：

您好！我是天香楼酒店的工作人员，非常感谢您光临我们的酒店，为了更好地为您提供服务，我们想就本酒店的工作进行一次调研，这可能会占用您一点时间，对您的支持我们深表感谢。答案没有对错之分，请您根据实际情况和感受回答问题。谢谢您的合作！

天香楼酒店

访问员誓言：本人保证，问卷内的所有内容都是本人按照访问规程所做，全部内容真实，如有一份虚假，所有问卷作废。　　访问员签名：

现在是　　年　月　日　时　分，我们开始调查。

请问您是第几次来天香楼酒店吃饭？
1. 第一次（访问结束）
2. 来过很多次了（继续访问）

关于顾客的社会学特征

1. 请问您是做什么工作的？
   政府公务员（ ）　　　私企老总（ ）　　　专业技术人员（ ）
   企业公司职员（ ）　　　业务主管（ ）　　　其他（ ）

2. 您是怎么知道天香楼酒店的？
   朋友介绍（ ）　　　互联网（ ）　　　电视（ ）　　　广播（ ）
   跟其他人一起来这里吃饭（ ）　　　其他途径（ ）

3. 一般情况下，您在哪里用午餐和晚餐？
   家里（ ）　　　酒店（ ）　　　快餐店（ ）　　　公司（ ）

4. 您是不是经常在外面吃饭？
   是（ ）　　　否（ ）

5. 如果您想请朋友吃饭，您会来天香楼酒店吗？
   是（ ）　　　否（ ）　　　也许（ ）

6. 您能告诉我原因吗？
   这里的饭菜不错（ ）　　　这里的服务很好（ ）　　　我和你们老板是朋友（ ）
   这里离我的家（工作单位）很近（ ）　　　我喜欢这里的环境（ ）
   我的朋友（或客户、上级、老板）喜欢来（ ）

7. 您在周末会带家人或朋友在外面吃饭吗？
   会（ ）　　　不会（ ）　　　有时候（ ）

8. 请问您的年龄是
   30岁以下（ ）　　　30～35岁（ ）　　　35～40岁（ ）
   40～45岁（ ）　　　45岁及以上（ ）

9. 请问您的受教育程度是
   高中（ ）　　　大专（ ）　　　本科（ ）
   本科以上（ ）

影响顾客来天香楼酒店就餐的因素

1. 您觉得这里的饭菜怎样？
   很好（ ）　　　还可以（ ）　　　一般（ ）　　　较差（ ）

2. 能告诉我原因吗？
   原因_____

3. 您觉得这里的就餐环境怎样？
   很好（ ）　　　还可以（ ）　　　一般（ ）　　　较差（ ）

4. 能说详细些吗？
   太吵了（ ）　　　座位不舒服（ ）　　　空间太小了（ ）
   设备太陈旧了（ ）　　　餐具看起来不卫生（ ）

5. 对这里的服务您感觉较差的是

入座太慢了（　　）　　　点菜太慢了（　　）　　　菜谱不清楚（　　）
上菜太慢了（　　）　　　酒水经常缺货（　　）　　卫生间太脏了（　　）
服务员不给换餐具（　　）　茶水太差了（　　）　　　服务员的态度生硬（　　）

6. 您觉得这里的饭菜价格怎样？
比较高（　　）　　　　　还可以（　　）　　　　　不算很贵（　　）
比别的酒店便宜（　　）　　在同档次的酒店里较低（　　）

7. 您在就餐时很在乎饭菜的价格吗？
是（　　）　　　　　　　否（　　）

8. 您觉得在我们这里消费，每个人的平均支出应该为多少？
30元左右（　　）　　　　50元左右（　　）　　　　80元左右（　　）
100元以上（　　）

9. 您来这里吃饭主要是因为
我和你们老板是朋友（　　）　　　　　单位离这里很近（　　）
附近没有更好的饭店（　　）　　　　　这里的饭菜不错（　　）
我喜欢吃湖南菜（　　）　　　　　　　这里的服务很周到（　　）
这里的就餐环境很好（　　）　　　　　我的朋友喜欢这里（　　）
其他原因（　　）

顾客对天香楼酒店的印象

1. 请对我们的酒店做一个总体评价好吗？
很好（　　）　　　还可以（　　）　　　一般（　　）　　　很差（　　）

2. 在这里您感觉最好的方面是
环境好（　　）　　　　　饭菜好（　　）　　　　　服务好（　　）
老板好（　　）　　　　　没有什么特别好的地方（　　）

3. 与其他酒店相比，您觉得我们这里最差的方面是
环境差（　　）　　　　　饭菜差（　　）　　　　　服务差（　　）
老板差（　　）　　　　　周围环境差（如停车不方便等）（　　）　　其他（　　）

顾客对天香楼酒店未来经营的看法

1. 您在就餐时，感觉什么颜色舒服一些？
红色（　　）　　　绿色（　　）　　　白色（　　）　　　蓝色（　　）
淡一点的颜色（　　）　　重一点的颜色（　　）

2. 如果餐厅里很吵，您会很在意吗？
会（　　）　　　　　　　不会（　　）　　　　　　无所谓（　　）

3. 您是否特别在意餐厅的服务质量？
是（　　）　　　　　　　否（　　）　　　　　　　无所谓（　　）

4. 什么是您最不能容忍的？
饭菜不合口味（　　）　　服务质量差（　　）　　　等待的时间太长（　　）
看到不洁的餐具（　　）　　想喝的酒这里没有（　　）

5. 如果我们把酒店的环境改善一下，同时在收费上提高一点，您还会来这里吃饭吗？
会（　　）　　　　　　　不会（　　）

6. 如果我们把包厢改造一下，增加一些硬件设备（比如说沙发、高档餐具、电视等）同时收取适当的包厢费用，您觉得合理吗？您会使用这些包厢吗？

会（   ）　　　　　　　不会（   ）

7. 承6，能告诉我原因吗？

一分价钱一分货嘛（   ）　我不太在乎多出钱，只要能舒服一点就可以了（   ）

这里的饭菜价格已经很高了（   ）

至少现在这样的服务水平是不能提价的（   ）

8. 您觉得在这样的包厢里消费，我们应收取的包厢费是

50元以下（   ）　　　　80元以下（   ）　　　　100元以下（   ）

与其他酒店比较，您觉得天香楼酒店的特点是什么？

特点是：

1. 我不觉得有什么特别的地方（   ）

2. 说不好（   ）

天香楼酒店需要改进的主要问题是什么？

主要是＿＿＿＿＿＿＿＿＿＿＿＿＿＿＿＿＿＿＿＿＿＿

第三章

市场竞争策划

 **本章重点内容**

1. 如何理解市场竞争优势与竞争压力？
2. 在进行竞争策划以前，策划者为什么需要首先定位企业的市场角色？
3. 为什么说市场挑战者一般情况下不宜采用正面进攻的方式达到自己的市场目标？
4. 竞争策划为什么一定要选择市场竞争的制高点？
5. 避免价格竞争的主要手段包括哪些内容？为什么？

任何企业在市场运作中都必须面对来自市场上各个经济要素的、不同竞争者的挑战，一个企业能否生存和发展很大程度上取决于它能否采取正确的竞争策略，在击败对手的同时，或者在与对手共存的同时，为企业的发展开辟更加广阔的空间。因此，竞争策划是营销策划的基本内容之一，尤其是随着我国经济发展与人民生活水平的不断提高，酒店业目前已成为竞争非常激烈的行业。作为酒店的经营者，没有一个成熟有效的应对竞争者的策略是不可能在当今市场上占有一席之地的。

第一节 竞争优势与竞争压力

许多专家和学者出于不同的研究角度或实践需要，对市场竞争给出了不同的定义。例如，里斯和特劳特在他们所著的《营销战》一书中认为：市场竞争就是双方正在进行的一场战争，你的对手就是你的敌人，你的顾客就是你要夺取和守卫的阵地。实际上，市场竞争也确实是一场没有硝烟的战争，企业如何在这样的战争中把握先机，战胜对手，取决于企业的资源和运用资源战胜对手的战略战术是否得当，而营销策划者的重要任务之一就是为企业制定合乎市场规律和企业资源条件的战略战术。

一、竞争优势从何而来

既然市场竞争就是企业间进行的一场战争，那么首先需要解决的问题是，我们凭什么战胜对手，即我们的竞争优势来自哪里。

如图 3-1 所示，一个企业能够生存与发展的唯一理由，就是它拥有足够的竞争优势而不会被对手打垮或者吃掉，而竞争优势是依靠企业的资源组合和合理运用形成的，没有企业内部和外部资源的合理搭配，并且形成企业的竞争优势，企业的生存和发展都将是不可能的，因此，竞争策划的首要问题是明确企业的资源，懂得合理配置资源对企业发展的重要意义。

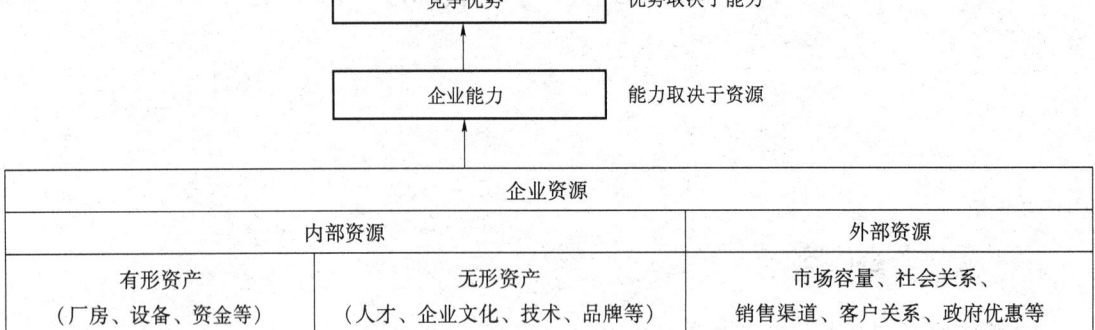

图 3-1　企业的竞争优势

二、竞争压力来自何方

企业资源是企业赖以生存的基础条件，是制定竞争策略的前提，策划者在明确了企业的竞争能力和竞争优势后，接下来的问题就是寻找对手了。根据波特五力原理，在实际操作中，企业通常面临以下几个方面的竞争压力。

1）现有竞争者

现有竞争者是企业面临的直接对手，他们每天都在与我们进行市场份额的争夺，一个企业要想在市场上长久生存和发展，就必须全力应对竞争者的所有挑战，对自身资源不断进行优化和整合，使之达到最有效运作状态。策划者的竞争策略大部分是针对这些非常现实的竞争者而制定的。因此，对现有竞争者的研究是策划者制定竞争策划方案的基本出发点。

2）加入竞争的新对手

加入竞争的新对手是企业面临的潜在对手，他们虽然可能还没有进入市场，但已经对我们的市场构成了威胁。一个企业敢于介入过去没有经营过的市场，一般情况下，一定是有备而来的。对于任何企业而言，这些潜在的竞争者都会构成潜在和现实的威胁，因为一旦时机成熟，这些外来者就会成为我们现实的竞争者。

3）供应商的讨价还价能力

原材料价格或进货成本的高低不仅会直接影响企业的经营利润，而且会在很大程度上决定企业的竞争能力，因此，如果供应商在价格上有很大的发言权，企业将面临非常艰难的处境。

一般情况下，如果出现下述情况，则供应商对企业的讨价还价能力会变得比较强，企业会在谈判中处于相对不利的地位。

（1）该类产品只有少数供应商，形成相对垄断的局面。例如，英特尔生产的 CPU，由于掌握这种技术的公司非常少，并且英特尔拥有强大的品牌，因而任何计算机生产厂商在与英特尔谈判时都会处于不利地位。

（2）没有更便宜或者更适当的替代产品。例如，石油供应商的讨价还价能力往往是很强的。在酒店经营中，属于政府垄断的产业如电力、煤气、自来水等，其供应商在市场上就处于主导地位。

（3）对供应商来说，该行业并不重要，如果供应商提供的只是一种副产品，并且这种产品对供应商的利润或经营成果贡献有限，则供应商就不会在谈判中表现出积极态度，因为他们对这种产品并不重视。

（4）供应商的产品是企业产品的核心部件。例如，你是汽车生产厂家，但不能自己制造发动机，那么你将面临发动机供应商的严重威胁，因为他们的产品对你来讲至关重要。

（5）产品独特，转换产品的代价高。如果供应商提供的产品非常独特，别的厂商很难模仿和制造，或者这种产品具有非常高的品牌价值，可以带动企业产品的销售，则供应商的威胁就会比较大。例如，微软公司生产的很多软件对于绝大多数厂商而言基本上是不可替代的。

（6）供应商很容易自己制造最终产品，加入竞争。在这种情况下，如果供应商感到做初级产品或零部件利润很低，而成品利润很高，则他们就可能会加入现有产品竞争的行列，这对现有厂商的打击往往也是非常巨大的，因为他们控制着上游产品。例如，三星公司在为中国很多电视机生产厂商提供液晶显示器的同时也在自己制造电视机，它一旦感到中国电视机生产厂商对它形成了市场威胁，就会毫不犹豫地停止供货。

4）用户的讨价还价能力

用户购买产品是我们获得利润的唯一途径，但产品的价格是由市场的供求状况决定的，不是企业能够完全掌控的。如果用户的选择余地很大，讨价还价能力很强，则企业将面临利润损失或市场萎缩的困境。

一般而言，在下列情况下，用户对厂商的讨价还价能力会比较强。

（1）采购量占总产量比例非常大的用户，即通常所说的"大客户"。事实上，这些"大客户"在很多情况下是厂商的竞争者，而且他们对厂商利润的贡献往往不是最大的，因为他们的出价一般比较低。但由于他们是公司产品的主要买家，厂商为了扩大市场份额或者维持必要的销量以降低生产成本，只好接受用户在价格上的不合理要求。

（2）产品对用户来讲成本很高，用户在选择时非常慎重。如电视机生产厂商对显示器的购买一般会货比三家，而且往往运用数量优势压低价格。同样的道理，在酒店经营中，旅游团队的出价一般也是非常低的。

（3）产品标准化，缺乏独特性，很容易被替代。如果厂商生产的产品没有特点，或没有品牌，用户很容易找到替代品，则用户压低价格就会有比较充分的理由。对于大多数酒店而言，毛利很低的重要原因即在于其产品没有特色，其公司没有品牌，酒店能够提供的产品与大多数其他酒店几乎没有什么区别。

（4）改变供应商的成本很低。如果厂商的产品对于用户来讲有许多供应商，可以随时替代，用户就可能利用这样的优势讨价还价，比如，多数酒店用品或者酒水饮料的供应商都会遭遇酒店在价格上的打压，其最根本的原因即在于任何酒店都可以非常容易地更换他们的供应商。

（5）用户的最终产品利润低。如果用户的最终产品利润低，则他们会在原材料供应上想办法,因此就会千方百计地压价,以提高自身产品的利润。例如,在旅游淡季,旅游团队的出价往往是最低的,这是因为在这个时期,旅行社的利润是最薄的,他们需要将一部分损失转嫁给酒店。

(6) 中间产品对用户最终产品的质量影响不大。如果你是生产计算机键盘的厂商,则对于组装厂商来讲,你的产品就属于附属产品,由于不会影响到计算机的主要技术指标,因此组装厂能给你的价格往往是比较低的,因为他们在谈判中占据主动。

(7) 用户可以自行设计制造。如果你的用户可以自己设计制造你生产的产品,则当产品市场价格很高时,他们会选择自己制造。在酒店经营中,很多半成品或者一般的菜肴可能是外包的,但这些东西酒店是可以自己制作的,如果外包的成本过高,酒店会选择自己制作以降低成本。

(8) 产品横向透明度高。如果用户非常了解你的产品,包括性能、质量、成本、制造工艺等情况,他们在谈判时就会利用这些优势压低你的产品价格和利润空间。

5) 替代品威胁

如果企业的产品在市场上没有独特的使用价值或品牌支撑,它将面临替代品的威胁。一般情况下,市场出现下列情况之一时,企业将面临巨大的挑战。

(1) 新产品成本远低于现有产品,如集成电路的出现使电子管生产企业遭到巨大打击。

(2) 新产品在技术上代表一种发展趋势,如等离子和液晶显示彩电的出现将替代原有的显像管彩电,对现有彩电生产企业造成巨大压力。

(3) 新产品比现有产品更有利于健康。随着人们生活水平的提高,健康成为消费者在购买产品时首先考虑的因素,如果新产品达到了人们对健康的预期,则这种产品对老产品的市场打击往往也是致命的。

(4) 对于某些产品,人们有更换的习惯。例如手机,也许在技术上没有突破,但由于人们喜欢新潮,新产品即使在外观上有所改变,也可能对现有产品构成重大威胁。

(5) 新产品与现有产品相比,具有同类或同样的功能,但新产品代表发展方向。如数字照相机与传统照相机相比,它们具有同样的功能,但前者代表了未来照相机的发展方向,从而使传统照相机生产企业面临巨大挑战。

策划者在为企业制定竞争策略时必须全方位考虑企业所面临的所有竞争压力,而且企业的最大竞争者往往不是来源于行业内部,而是来源于行业外部,这些竞争者可能不是你天天面对,甚至是你非常陌生的,但他们对企业的打击往往是最致命的。例如,数字照相机的问世,不仅给传统照相机生产企业带来了巨大的压力,同时也使胶卷生产行业面临全线危机,即使是柯达这样的著名厂商,也不得不放弃经营多年的胶卷生产。因此,作为一个优秀的策划者,在对企业发展做出规划以前,必须对企业所处的行业进行非常细致的研究,时刻警惕来自行业外部的威胁。

第二节 市场竞争策划基础

在了解了市场竞争的优势与压力等基本问题以后,对于市场营销策划者而言,接下来的问题就是解决企业如何在市场上同竞争者争夺消费者的问题了,即市场竞争策略问题。对于任何企业而言,在进入某一个具体的市场同竞争者争夺客户以前,首先要确立自己的市场地位，对市场进行细分，从而确定自己主要的竞争者。通俗一点讲，就是要做到知己知彼。

根据企业在行业中的竞争角色，可以把市场上所有的厂商划分为市场领先者、挑战者、追随者和补缺者四大类，而每一大类企业由于所处的市场地位不同，因而在营销策划过程中应该采用的基本策略也不一样，亦即每个企业应根据不同的角色定位制定自己的竞争策略。

一、市场领先者策略

所谓市场领先者，是指那些在市场中占有最大市场份额，以及对市场的发展具有巨大影响力的企业。市场领先者要想长期保有自己的领先地位，必须在扩大市场需求、保护市场份额和扩大市场份额三方面进行精心策划，具体的策划重点包括以下几个方面。

1. 扩大市场需求

市场领先者是最大市场份额的拥有者，因而对于他们而言，最重要的是扩张市场总容量。这是因为，如果市场总容量可以扩张，即使他们的市场份额没有发生变化，他们所获得的总利润也会增加。现实操作中，这种扩大市场容量的方法主要包括发现新用户、开辟产品新用途、增加客户使用量和提高客户购买频率。

1）发现新用户

实际运作中，这种扩大市场容量的方式主要为：开辟新的销售领域和引导新的消费者购买企业的产品。对于第一种方式，企业可以采用扩大市场规模、进行跨地域和跨国销售的方式取得良好的经营效果。对于第二种方式，企业需要花费较大的精力和较长的时间对消费者进行教育，使他们明白使用这种产品给他们带来的利益。当然，这样的市场扩张与消费者对产品的认同度、消费习惯、收入水平，甚至国家政策等都有密切的关系，同时要求企业具备足够的市场运作资源。这就要求策划者在为市场领先者进行策划时，首先要研究产品的市场分布、人们的消费心理、行业规则和国家政策等对企业的影响，要从宏观上把握产品和市场运行的方向，在最大程度上保持和扩展企业的市场。

2）开辟产品新用途

一种产品在市场上进入成熟阶段以后，就会面临生存危机，这是由产品生命周期所决定的。这时，如果能够发现这种产品有新的使用价值，则可以延长产品的生命周期。例如，美国 20 世纪 50 年代曾有过一种非常著名的发酵粉，这种发酵粉的销量非常大，为企业带来了巨大效益。但在发酵面粉问世以后，这种发酵粉就面临重大危机。但公司研发人员发现，这种产品除了可以发面以外还可以除臭。于是，世界上第一种用于除臭的产品诞生了。

当然，对于绝大多数产品而言，这种情况可能是不存在的，因为这基本上改变了产品原来的用途。但对产品加以改进，使老产品获得新的市场价值还是可以做到的。例如，杜邦公司在尼龙进入产品成熟阶段以后，发现它还可以用来做降落伞、妇女穿的丝袜，还可以作为衬衣的主要原料，最后发现它还可以作为制作汽车轮胎的原料等。老产品一旦在市场上有了新的市场价值，无疑就会进入新的产品生命周期，为企业带来巨大利益。

3）增加客户使用量和提高客户购买频率

增加客户使用量和提高客户购买频率都是扩大市场容量的有效方式。对于市场领先者而言，这两方面的作用尤为明显，因为在占有比较大的市场份额以后，再试图从这个方面获得更多的利益往往是比较困难的，或者从其他竞争者手中夺占更多的份额需要付出巨大代价。这样，增加客户使用量和提高客户购买频率就成了比较可行的经营方法。这就要求企业一方面要在产品的改良或包装上多想一些办法,比如,日本铃木公司曾在他们生产的"味之素"瓶盖上打了许多小孔,既方便了消费者,同时也在不知不觉中增加了产品的销量。另一方面,企业对消费者进行不间断的教育也可以增加产品的销量,比如健身房服务,就是因为人们对健康的关心程度增加,消费者的购买量和购买频率才得以提高。

2. 保护市场份额

作为市场领先者,要想保持自己的市场地位,唯一的选择是必须使自己的市场份额保持领先。从这个意义上讲,保护市场份额比扩张市场份额具有更为明显的现实意义。实际操作中,保护市场份额的战略主要包括阵地防御战略、侧翼防御战略、先发制人战略、反击防御战略、收缩防御战略等。对于市场领先者而言,这通常也是进行市场竞争战略策划的重点,因为市场领先者首要的任务是保住自己来之不易的经营成果,对竞争者时刻保持高度警惕,在可以控制的市场范围内,对对手的进攻给予坚决的回击。实践中,这些策略的具体运用方式如下。

1)阵地防御战略

阵地防御的用意不是指企业只坚守目前的市场堡垒,而是要求企业在产品线的拓展、新产品甚至是新行业的投资上制定合乎企业发展战略要求的策略。因为市场领先者往往是众矢之的,许多竞争者都会虎视眈眈地盯着他们的防御阵地,一有机会就会发动进攻。而最好的防御就是进攻,如果在产品线上和新产品等方面不给对手进攻机会,则这样的防御就是比较可靠的。

例如,我国生产微波炉的著名企业格兰仕,其产品线包括从200元左右到2 000元以上的几乎所有微波炉产品,别人要想撼动它的市场地位比较困难。因为通过不断的新产品开发和研制,留给对手的产品空间几乎为零。如果有人试图攻击它任何一个档次的产品,都会面临格兰仕的全线反击。对于一般的竞争者来讲,这样做的风险是非常大的。因此,对市场领先者而言,尽可能弥补自己在产品线和其他方面的缺陷,让对手没有发动进攻的机会是保住市场份额最好,也是最合算的选择,因为这是代价最小的策略。

2)侧翼防御战略

市场领先者不仅应该保卫它的市场领域,而且应该建立一些侧翼或前哨阵地,以保护它的主要阵地。如果这些侧翼阵地遭到攻击,也可以作为反击对手的出击地。例如,企业可以在二级目标市场上投放一定数量的产品,一方面为未来进攻做准备,另一方面也为了观察对手的反应和了解对手的实力,以便将来采取有力的攻击手段。

3)先发制人战略

先发制人即在对手发动进攻以前,先行向对手进攻,以取得市场先机。例如,在对手采用降价手段夺取市场份额以前,先行降低本公司产品的价格,使竞争者从主动进攻变为被动跟进。一般来说,市场领先者对主要竞争者的市场份额变化都应该是比较敏感的,一旦突破某个数值,就应该引起警惕,准备采取措施了。

4)反击防御战略

反击防御可以是正面回击进攻者,也可以是从侧翼包抄,或者切断进攻者的后勤保障基地。对于市场领先者而言,他们拥有的资源一般情况下要比对手多,进攻者要想获得成功往往会采取攻其一点、扩展全面的做法,如以广告、价格、新产品等作为主要攻击手段,希望在短期内获得比较好的效果。但任何公司的资源都是有限的,当对手将主要资源用在某一方向上时，其他方面的防御必然会出现漏洞，使得市场领先者有机可乘。例如，我国的彩电行业，当许多厂商准备降价夺取长虹的市场份额时，长虹却在全国买断了几乎所有彩色显像管的供应权，使其他厂商或者买不到元器件，或者只能购买高价产品，这样，针对长虹的进攻也就不攻自破了。这种釜底抽薪的竞争策略在酒店市场的竞争中同样是非常有效的，策划者应给予高度关注。

5）收缩防御战略

当竞争者使用的资源非常多，用于某一个方向的攻击力度非常强时，市场领先者不应和对手拼消耗，适当的战略收缩是进行反击和防御的有效手段。例如，为了夺取公司的市场份额，对手采用大面积广告的方式来招徕消费者。如果跟进，势必需要花费大量的资金与之争夺，这样做的结果往往是两败俱伤，给其他竞争者创造市场机会。但如果首先收缩防御，只在主要市场上抵御对手的进攻，而在次要市场上收缩战线，这样，在一定范围内可能会损失一些客户，但对手的资源也是有限的，当他们感到力不从心时，我们再发动针对对手的反击战。这样做不但可能在短时期内夺回失去的市场份额，而且还可能有其他意外收获。因为对手的广告不仅宣传了自己的产品，同时也是对消费者进行产品教育的过程，这对于扩大产品的总容量是有好处的。

3. 扩大市场份额

扩大市场份额可供选择的策略为新产品开发、提高产品质量和增加营销费用等，所有这些措施都可以对竞争者形成巨大的市场压力，市场领先者可以利用这些压力抢夺对手的市场份额。研究表明，市场份额扩大的公司通常具有以下特征。

1）致力于产品线的开发，增加公司新产品的数量

新产品对于市场总是具有相对较大的吸引力，尤其是以年轻人作为主要消费群体的公司，产品的推陈出新和产品线的完整具有更重要的意义。因为这些客户的消费具有相当大的不确定性，消费的主要动机是追赶时代潮流。如果公司的产品不能满足他们这样的要求，他们会很快转换到其他公司。例如，诺基亚手机在很长一段时期内压制包括摩托罗拉、爱立信及三星等国际著名品牌手机，成为手机市场的领先者，最重要的原因就是源于其非常强的产品开发能力。而其市场地位最终为苹果所取代同样是因为其不具备苹果公司那样优秀的产品研发能力。因此，战略策划的基本点首先是在产品和产品线上。只有最大限度地满足消费者的各种要求才能长期保有自己的市场领先地位，这也是为什么大型跨国公司都非常重视研发的重要原因，因为只有旺盛的产品生命力才能支撑旺盛的企业生命力。

2）与竞争者相比提高了产品质量

质量是产品的生命，是消费者获得消费利益的基本保证，因此，产品质量的提高同样对扩大市场份额具有重大意义。因为，在市场容量相对稳定的情况下，消费者只会选择那些质量可靠，或者具有相当品牌价值的产品。公司提高质量的过程就是对竞争者市场进行挤压和夺取的过程。例如，日本的索尼公司之所以能够在电气市场长期占有主导地位，就是因为几乎全球都公认索尼是世界上质量最好的产品；而登喜路之所以能够在酒店行业长期保有自己的市场地位，同样是因为在所有的酒店品牌中其服务质量是一流的。

3）销售费用增长率比市场成长率高

这样的公司将资源大量用在营销方面，希望在短期或企业能够支撑的范围内迅速占有一定的市场份额。因而在市场指标方面，其市场成长率要低于销售费用增长率。但很显然，这

样的运作方式是不可能长久的,在达到一定的市场开拓目标后,企业应该逐步减少营销方面的投入,使营销费用保持在一个相对合理的水平。优秀公司的市场操作往往是在达到一定市场目标以后,即开始对营销费用进行控制,但在市场开拓阶段和主要目标为扩大市场份额时,必要的营销费用支出也是不可避免的。

4) 利用降价策略扩大市场份额

夺取竞争者市场份额最简单的办法就是降低产品的销售价格,这是最直接的,在市场发展的初级阶段也是最有效的。但这样做的代价是非常高的,有可能使企业为了扩大市场份额而陷入亏损经营或使整个行业都遭受损失,形成全行业亏损。20世纪末,我国彩电行业发生的价格大战即造成了这样的不良结果。因此,在运用价格手段扩大市场份额时,一定要慎之又慎,对营销策略的实施结果必须有相对准确的估计,否则不可以轻易使用。因为无论如何,利用降低产品价格的方式扩大市场份额的做法是不可能长久的,世界上还没有一家著名公司是仅仅依靠降低价格而取得市场领先地位的。降价只能作为扩大市场份额的临时措施,而不可作为公司的长久发展战略。因为这种措施不仅会减少公司利润,影响公司发展的后劲,而且最重要的是降价会严重影响公司的产品品牌形象和企业形象,对培育忠诚的消费者构成威胁。

二、市场挑战者策略

在行业中占有第二、第三或者第四位次的公司可称为市场居次者或市场挑战者。在市场竞争过程中,市场挑战者可以采用两种姿态:其一为攻击市场领先者或其主要竞争者,以夺取更多的市场份额;其二为参与竞争但不扰乱市场局面。究竟采用什么样的策略,需要根据企业的市场地位和当前的市场环境而定。但对于市场挑战者而言,最大的希望就是从挑战者变为领先者,因此,只要有市场机会出现,就应该对领先者发动攻击,在不断的市场磨炼中逐步壮大自己的力量,最终成为市场领先者。要达到这样的目标,以下策略的运用是至关重要的。

1. 确定战略目标和挑战对象

市场挑战者选择挑战对象与战略目标密切相关,进攻对象取决于战略目标。如果仅以夺取市场份额为目标,则最好以中小型企业为进攻对象,以减少自己的压力和增加自己的胜算,因为对中小型企业发动市场进攻所需要的资源毕竟要少一些。如果要削弱市场领先者的地位,并逐步取而代之,则以市场领先者为进攻对象。通常情况下,市场挑战者在对市场领先者发动主动进攻以前,都需要对外围进行必要的清理,以扫除进攻的障碍并扩大自己的进攻纵深。即首先要吃掉一些小企业,夺占其市场份额,以壮大自己的力量,积聚进攻的能量。因此,对于挑战者而言,选择什么样的对手就成为进行战略策划的首要问题。

2. 选择进攻战略

当一个挑战者试图进攻市场领先者,夺取更多的市场份额时,它可以选择的战略有以下五种。

1) 正面进攻

正面进攻就是集中全力向主要市场阵地发动进攻,即进攻对手的强项而不是弱项。在这种情况下,进攻者必须在产品、广告、渠道和价格等方面相对于竞争者拥有非常大的优势才有成功的可能,否则不可采取这种进攻策略。

正面进攻的胜负取决于双方力量的对比。一般情况下,这样的进攻对于挑战者而言只能在局部市场进行,即在局部市场集中优势兵力,攻击市场领先者相对比较弱的市场,在局部市场确立自己的领导地位。例如，我国20世纪90年代著名手机生产企业波导就是首先在新疆确立自己市场地位的。应该说，这种进攻具有极大的风险性，原因在于：一方面，市场领先者处于防御地位，从战场态势上讲处于有利地位，如果市场挑战者在兵力上，即市场资源上对市场领先者不能形成绝对优势，则这样的进攻往往会无功而返；另一方面，市场领先者如果不想放弃这个市场，从而调集其他市场的资源应对进攻者的挑战，则进攻者将会面临非常危险的处境。因此，这种进攻方式的采用需要全方位的科学论证，不能有丝毫大意，否则后果将是非常严重的。

在20世纪60年代，美国无线电公司和通用电气挑战IBM的计算机，艾克森公司和拉尼尔公司挑战IBM的办公自动化，都遭到失败，而且损失惨重，这都是因为在不具备绝对优势的情况下向市场领先者发动正面进攻带来的灾难。

正面进攻的另一种措施是投入大量研究与开发经费，研制新的工艺使产品成本降低，以降低价格的手段向对手发动进攻，这是持续实行正面进攻策略最可靠的基础。如果在产品的研发上可以取得突破性进展，则相当于手中掌握了一种足以战胜对手的新式武器。对于市场领先者而言，这是致命威胁，也是市场挑战者进行正面进攻最有力的武器。如果这种工艺或发明真的可以大幅度降低产品的生产成本或改变人们的消费观念，则不仅对市场领先者而且对整个行业都会产生巨大的影响力。例如，数字照相机的发明和市场推广最终使柯达这样的巨型企业退出了胶卷行业。但这样的机会往往是非常少见的。一方面，市场领先者往往是行业技术革新的先行者，他们掌握的产品核心技术比一般普通企业要更先进，产品的技术含量更高，除非新技术的运用会极大地冲击本身的市场，造成巨大损失，否则一般情况下，市场领先者总是新技术最早的运用者，不会给竞争者留下很大空间。另一方面，现代科学技术的飞速发展使得任何企业要想在某一行业进行革命性的技术变革，都必须依赖其他企业或机构的支持，否则很难完成，因为这需要大量的投入和各类人才的聚集，即使大型企业也很难独立承担这样的费用，需要企业甚至是国家之间的战略联盟才能做到。因此，正面进攻的策划需要多种要素的集合和策划者对市场非常准确的判断能力。

2) 侧翼进攻

侧翼进攻指集中自己的优势来攻击对手的弱点，这种进攻策略是市场挑战者取得成功最重要的方式。任何企业都是有弱点的，在市场运作中，市场领先者的弱点往往被它巨大的光环所掩盖，一般人看不到或是不认真研究，从而使市场领先者自身有时也处于麻痹状态，认为自己的市场是无懈可击的，这种自我陶醉的状况就为市场挑战者创造了机会。

例如，Dell在刚刚进入计算机市场时，在任何方面都不可能与IBM对抗，无论是技术、规模、品牌、资金还是人力资源，与IBM都不在一个层次。但它在十几年的市场经营中打败了这个计算机行业的老大，自己取而代之。原因就在于，Dell找到了IBM的弱点——生产成本高和市场销售方式单一，不能在款式和价格上满足消费者的需求。Dell利用了IBM的这些弱点，向IBM发动了全面进攻并且在较短的时间内取得了巨大的市场效果，占据了市场领先者的地位。应该说，这是市场竞争中运用侧翼进攻方式取得良好战果的典型案例，值得策划者去用心研究和学习。

除了找到市场领先者的弱点发动进攻以外，侧翼进攻还包括两个战略角度，即地理市场和细分市场，市场挑战者也可以在条件成熟的情况下，利用这两个市场向对手发动进攻。针对地理市场的进攻，通常是指向处在同一个地理区域内的竞争者发动进攻。常用的方法有两种：一是在竞争者所经营的市场范围内建立比竞争者更强有力的经销点，以"拦截"竞争者的顾客；另一个是在同一市场区域内，寻找竞争者没有覆盖的市场或是没有销售点覆盖的销售区域，占领这些区域并组织营销。针对细分市场的进攻是指，利用竞争者产品线的空缺或是营销组合定位单一而留下的空缺，冲入这些细分市场，迅速地用竞争者所空缺的产品品种或在其营销盲区用相应的营销组合加以弥补。但这两种方式对于市场挑战者而言，都是在进行局部市场的正面进攻，能否取得成功除了取决于自身对进攻的准备是否充分、战术运用是否得当以外，还要看对手的反应如何，如果对手反应非常激烈，则面临与对手拼消耗的市场局面，究竟鹿死谁手就不好判断了。

3）包围进攻

包围进攻指的是在对方的领域内，同时在多个方面发动进攻的做法。当对付可能会对单一方面的进攻迅速采取措施进行反击的竞争者时，包围进攻可以使被进攻者首尾难顾。该策略要求具备的条件是：竞争者留下的空白不止一处，因而进攻者可以提供比竞争者更多的价值，使消费者愿意接受或是择优采用；本企业确实具有比竞争者更多的资源优势，采用包围进攻的做法足以尽快地使攻击见效，而不会陷入"持久战"的泥潭中。由于这样的进攻方式对进攻者要求比较高，因而在现实的市场运作中，一般情况下，当大公司在试图吞并一个小公司市场时才会采用此方式。

4）迂回进攻

迂回进攻指尽量避免与竞争者形成直接冲突，在对方没有防备的地方或是不可能防备的地方发动进攻。这种方式运用的前提条件是：

（1）对竞争者的弱点非常清楚；

（2）对消费者的需求有非常深刻的理解；

（3）对自身资源要进行适合市场的整合。

美国西南航空公司夺取市场份额的过程即是这一战术运用的经典案例。美国西南航空公司一开始只是美国众多航空公司中一家很小的公司，要想在竞争异常激烈的美国航空市场占有一席之地原本是非常困难的，但公司领导在研究了美国各家航空公司的运作机制和对客户需求进行调研以后，终于找到了公司发展的有效途径。即在其他公司没有注意到的地方采取了有力措施，取得了良好的经营成效。具体为，首先研究旅客乘坐飞机的主要动机和注重的主要方面，其次根据这样的研究结果对公司的运作进行适合市场需求和降低公司运作成本的改造。表3-1 显示的即为公司对旅客乘坐飞机的主要动机和注重的主要方面进行研究的结果。

表3-1 旅客乘坐飞机的主要动机和注重的主要方面

主要动机	重要程度	注重的主要方面	重要程度
速度快	非常重要	安全	最重要
舒适	一般	价格	比较重要
价格	比较重要	尽快到达	非常重要
		行李转机服务	不重要
		买票方便	比较重要
		舒适	重要
		餐饮、娱乐	不重要

由表 3-1 可以看出：旅客乘坐飞机的主要目的是尽快到达目的地，价格对他们的影响也相对较大；对于是否乘坐飞机旅行，最关键的因素有安全、价格、能否尽快到达等；至于是否提供行李转机服务、买票是否方便、飞机上是否舒适，对旅客有一定的影响，但不是主要因素；而是否提供餐饮、飞机上有没有娱乐设施则基本上不在旅客的考虑范围之内。根据这样的研究，美国西南航空公司采取了与对手不同的运作方式，见表 3-2。

表 3-2　美国西南航空公司的运作方式

比竞争者强的方面	与竞争者一样的方面	比竞争者弱的方面
旅行时间短（门对门服务）		不提供餐饮服务
价格低廉		不提供行李转机服务
旅行生活愉快	安全	没有头等舱
		不确定座位
		不通过旅行社卖票

由于可以在比竞争者弱的方面降低公司的经营成本，同时这些因素对旅客的消费动机没有太大影响，因而公司可以将节省的资源用于为旅客提供门对门服务，使旅客尽快到达目的地。同时，节省的费用使公司具备了降低票价的资本，能够利用较低的价格尽可能多地吸引旅客，而乘坐率的上升又可以使公司获得规模效益从而进一步降低成本。这样，美国西南航空公司在不长的时间内就从一个名不见经传的小公司迅速占据了美国航空业第四的位置，在激烈的市场竞争中取得了惊人的经营业绩。

除了上述通过对消费者价值取向进行研究，采用避实击虚的办法获得市场认同以击败竞争者的方式以外，实施迂回进攻还有一些其他方法，具体如下。

（1）多种经营。市场挑战者多样化地经营无关联产品来同市场领先者竞争。在积聚一定的能量之后对主导产品市场再发动进攻，同时全方位树立自己的品牌形象，为今后的正面进攻做好准备。但这种策略的运用需要企业具备多方面的能力，能够在多种产品和多个行业显示自己的竞争优势，一般情况下，中小型企业很难做到这些。

（2）分销创新。指市场挑战者发现或发展一个新的渠道，用以同市场领先者进行竞争。在正面进攻不可能，或者是市场领先者非常强悍的情况下，可以采取断其"粮道"的做法，对对手的销售渠道发动进攻，使对手的产品不能货畅其流，达到间接削弱对手、增强自身的目的。

5）游击进攻

游击进攻是指采用"骚扰对方""拖垮对方"的方法进攻，这种策略适宜于实力较弱的或短期内没有足够财力向实力较强的企业发动进攻时采用。这种做法的特点是，进攻不在固定的地方，往往是"打一枪换一个地方"，如采用短期促销措施、有选择的降价、广告骚扰等。这种方式对于市场挑战者取得优势地位虽然没有太大帮助，但可以起到弱化市场领先者领导地位的作用。

市场挑战者的进攻战略是多种多样的，一个市场挑战者不可能同时运用所有这些战略，但也很难单靠一种战略取得成功。通常是设计出一套战略组合即整体战略，以改善自己的市场地位。现实中，由于市场领先者一般情况下在各个方面相对于市场挑战者都具有相当的优势，因此，市场挑战者策划进攻的方法更多地体现为在一个局部市场或细分市场针对市场领先者的策略。对于绝大多数企业而言，最常用的方法还是类似游击进攻的短期策略。但既然进入这个搏杀的场所，每个人都希望自己是最后的赢家。因而对于策划者而言，对于每种进攻策略的深入了解和灵活运用就有非常重要的意义。

但无论采用什么样的战略，对于挑战领先者而言，必须具备的起码条件为：一是拥有一种超过市场领先者的明显的、持久的竞争战略；二是在其他方面程度比较接近；三是要有应对市场领先者报复的办法。对于进攻者来讲，这三个方面的条件缺一不可，策划者应该根据客观条件为企业制定可行的和现实的方案，切忌在条件不成熟的情况下强力实施进攻方案，这样做的结果往往是非常可怕的。

三、市场追随者策略

市场追随者是指那些在产品、技术、价格、渠道和促销等大多数营销战略上模仿或跟随市场领先者，自觉维持和平共处局面的企业。市场追随者成功的关键在于能主动地细分和集中市场、有效地进行市场研究和开发、注重盈利而不是注重市场份额。这是因为，一般情况下，他们的市场地位要低于市场挑战者，在没有从追随者转化为挑战者、自己的力量还不足以对市场领先者造成威胁，只能在市场夹缝中生存的情况下，面对市场竞争，他们有三种战略可供选择。

1. 紧密追随战略

紧密追随战略即在尽可能多的细分市场和营销组合方面模仿市场领先者，自己不进行任何创新，这样做的结果虽然是市场份额有限，也不可能在较短的时间内创建自己的品牌，只能维持自己的生存，但相对来说，由于对市场领先者没有构成太大威胁，不会引起市场领先者的过分关注，因而是相对安全的。

此外，由于自己不进行产品和营销模式的创新，因而不会承担创新的风险，相反，如果策略得当，还可以享受到别人创新的成果。这对于大多数企业来说，也不失为一种比较稳妥的策略，但前提条件是，市场较为平稳，没有大的竞争者在市场上进行激烈的争夺，否则这些市场的追随者往往会被殃及而成为大企业争夺市场的牺牲品。例如，我国众多星级酒店之间的市场竞争，虽然目标不是小酒店，但首先退出市场的却正是这些实力较弱的小酒店。因此，市场追随者如果满足于这样的市场地位，迟早有一天会被大企业吃掉，唯一的出路还在于不断提升自己的竞争实力和改善自己的市场地位，从而获得持续的发展机会。

2. 距离追随战略

距离追随战略即市场追随者在市场的主要方面，如目标市场、产品创新、价格水平和分销渠道等方面追随市场领先者，但仍与市场领先者保持若干距离和差异。这种市场追随者可以通过兼并小企业而使自己发展壮大。这样做的目的在于：一方面，和市场领先者在产品或其他方面保持一定的差异有利于在细分市场巩固自己的市场地位，不会引起市场领先者的注意；另一方面，保持一定的差异性是未来进攻市场领先者的力量积聚过程，一旦时机成熟就可以对市场领先者或相对较大的竞争者发起挑战。

例如，HOLIDAY INN 在开发美国市场时，没有涉足星级酒店的客户群体，而是将自己的服务定位于收入水平一般的普通消费者，虽然采用了一些星级酒店的管理方法和市场开发模式，但由于主要的市场区别于星级酒店，因而没有引起美国各大酒店的注意，使其获得了难得的市场发展机遇，在很短的时间内就成为美国乃至世界经济型酒店的著名品牌。同样，丰田汽车公司在刚刚开始开发美国市场时，并没有涉足三大汽车公司利润最高的卡车和豪华轿车市场，而是专注于经济型轿车市场，从而避免了与三大汽车公司的直接冲突，为自己在美国市场迅速立足和日后发展壮大打下了坚实的基础。因此，对于很多中小型企业而言，距离追随战略是在市场竞争非常激烈的情况下首先需要考虑的战略选择。

3. 选择追随战略

选择追随战略即市场追随者在某些方面紧跟市场领先者，在某些方面又各行其是。也就是说，此时的市场追随者不是盲目跟随，而是择优跟随，在跟随的同时还要发挥自己的独创性，但不进行直接竞争。市场追随者保持这种若即若离的姿态同样是为了在将来发展成为市场挑战者，这样做的隐蔽性更强，但由于在许多方面可能与市场要求差别过大，从而可能造成成本比较高，积聚力量的时间要比上述两种方式长。

四、市场补缺者策略

市场补缺者是指精心服务于市场的某些细小部分，而不与市场上的主要企业竞争，只是通过专业化经营来占据对自己有利的市场空隙的企业。市场补缺者的主要战略是专业化市场营销。企业为了占据市场空隙，可在市场、顾客、产品或渠道等方面实行高度专业化。这样的企业也许不可能做得很大，但由于专业化造成的市场优势非常明显，或者是从事行业的利润非常微薄，不会引起大企业的兴趣，因而他们在市场上生存的时间往往比市场追随者甚至市场挑战者还长。当然，这样的企业同样也必须依靠正确的策略才能在市场上取得先机。一般来说，这些企业可以采用的战略选择如下。

1. 最终用户专业化

最终用户专业化即企业专门为某一类型的最终用户提供服务。例如，计算机产业有些小企业专门针对银行的业务系统提供服务和产品。就整个市场范围来说，这可能是一个非常大的市场，但就某个市场区域来讲，它的范围又非常小，而且要求的专业化程度非常高，产品不能复制，这样的市场对于巨型企业的操作会比较困难。因为一般情况下，这种针对某个企业的服务需要非常专业的人才和一定的社会关系，产品生产不能规模化，大型企业操作这样的市场成本太高。而中小型企业由于管理费用远低于大型企业，且操作方式比较灵活，占有这样的市场往往比较容易。

2. 顾客规模专业化

顾客规模专业化即企业专门为某一规模的顾客提供服务。比如，磁悬浮列车和地铁技术的市场就只局限于超大规模的城市和客流量非常大的机场，而且从设计到施工往往需要比较长的时间，需要耗费大量的资金，同时，这样的设施建成以后主要服务于一般民众，这就使得价格不能过高，否则市场区域就变得相对狭小，因而没有足够的市场规模是不可能操作的。事实上，这也是我国高铁技术领先于其他国家的重要原因，因为对于很多国外大型企业来说，即使能够掌握这样的技术，在本国操作的可能性也比较小，因为他们不具备基本的客户规模条件。

3. 特定顾客专业化

特定顾客专业化即企业专门向一个或几个大客户销售产品，这种企业不会有很高的知名度，也不可能仅仅依靠单项业务做成世界级企业，但这种企业的利润往往是非常可观的。原因在于，他们几乎没有营销费用和竞争者。例如，瑞典有一家企业专门做体育比赛的慢镜头,像这样的企业即使有竞争者,其竞争能力也不会太高,原因在于市场很小且专业化程度很高。

4. 地理市场专业化

地理市场专业化是指只在某一地区或地点内经营业务。比如我国餐饮行业的八大菜系,其经营范围只限定于我国的某些地区,这些企业在其他国家或地区的经营由于人们的饮食习惯不同而很难开展,同时不同菜系的专业化程度很高,很难复制,因而其经营范围相对狭窄。

5. 产品或产品线专业化

产品或产品线专业化是指只经营某一种产品或某一类产品。微软公司是世界上效益最好和最有影响力的企业之一,虽然它不属于市场补缺者的角色,但它的产品却非常具有独特性,别的企业很难模仿,因为软件生产的专业化程度实在是太高了。

6. 产品特色专业化

产品特色专业化是指专门经营某一类型的产品或特色产品。比如我国的茅台酒和五粮液即属于这种类型,依靠地理区位的优势和专业的酿造技术,其经营几乎在我国高档白酒市场没有对手,虽然也会受到诸如低档白酒等企业的攻击,但在相当长的时期内,这种专业化不会受到致命打击。

7. 客户订单专业化

客户订单专业化是指专门接客户订单要求定做的产品。比如某些高档服装的制作主要依靠客户的订单,一年内的数量也许很少,但由于价格非常高,足以维持公司的运作,这样的企业往往是依赖其极高的品牌价值和专业能力经营的。

8. 服务项目专业化

向大众提供一种或数种其他企业没有的服务,这些企业的经营往往是与当地的自然条件结合在一起的。比如大型滑雪场的经营即依赖于当地的自然条件,技术含量也许不是很高,但这样的条件并不是任何地方都具备的。

总之,作为市场补缺者,如果不能在专业化方面有所建树,是很难在市场中找到自己的位置的。上述专业化模式可以作为策划者的基本思路。同时,作为市场补缺者,要完成三个任务,即创造补缺市场、扩大补缺市场和保护补缺市场。这不仅是针对小型企业而言的,事实上,即使在某一方面实力非常强的公司,也需要在市场中不断弥补市场空隙,不断加强自己的市场地位。例如,著名的运动鞋生产商耐克公司,就在不断开发适合不同运动项目的特殊运动鞋,如登山鞋、旅游鞋、骑行鞋等,在扩展产品线、强化品牌和增加市场份额的同时,开辟了无数的补缺市场。

企业不管扮演哪一种角色,都不能只依靠一种战略要素来提升自己的市场地位,所有企业的成功均取决于设计出一套能随着时间推移而不断改进其地位的总体战略。这对企业尤其是企业的营销策划者提出了非常高的要求,因此,对策划手段和策划策略的了解和深入领会是一个优秀策划者最基本的素质。

五、加入竞争的障碍

市场竞争是企业实力、智慧、技巧和运作手段等多种因素的比拼,是营销策划能力和企业执行能力等多种能力的综合较量。能否在激烈的市场竞争中战胜对手,一方面依赖于企业的资源,另一方面也受政府政策、法律环境等外部因素的影响,策划者在掌握企业内部条件的同时,还必须对企业的外部环境进行分析和研究。尤其是对于投资某一个行业而言,这样的工作更为重要。因为并不是每个行业对任何企业来说都是可以进入的,一些行业的特殊性造成了企业加入竞争的障碍。换句话说,企业一旦进入这样的行业,其危险性是非常大的。

1. 规模效益限制了小公司进入

有些行业的市场需求量非常大,但同时要求企业的规模也必须非常大,企业的效益主要体现为单位产品所含固定成本较少,利润来源主要是销售量的增加。在这样的行业,企业的竞争地位主要是依靠规模来确立的。例如彩电行业和汽车行业,我国彩电行业的利润在21世纪初时每台只有10元钱,这对于一般企业而言是很难承受的,因而企业要维持庞大的费用开支只能依靠不断扩大市场规模和生产规模。这样的行业对于中小型企业来讲显然是不可以进入的,因为无论是市场份额还是企业规模,都需要相当长时间的积累,没有足够的资金和其他市场资源,要进入这样的市场是非常危险的。

2. 进入行业的资金需求非常大

有些行业的进入门槛非常高,需要大量的资金投入。例如芯片制造业,除了要具备非常专业化的人员和设备以外,要进入这样的行业,最小的投资也在数百亿元人民币,如此庞大的资本运作对于绝大多数企业而言显然是无力承担的。

3. 产品可替代性低,用户转换产品的成本很高

如果哪个企业试图在操作系统设计方面与微软竞争,它的代价一定是非常高的。原因在于,世界上几乎所有的计算机都在使用微软设计的计算机软件,而且这种产品具有非常强的独特性,如果用户转换软件,他的计算机将不可以与其他计算机兼容,几乎等于废物。也就是说,用户转换产品的代价是非常高的。因此,这样的行业对于绝大多数企业而言无疑也是禁区,即使你的设计超过微软,要想使用户接受你的产品也是非常困难的。

4. 品牌忠诚度和品牌效应使用户不愿意更换产品

如果在某一个行业,一种品牌可以拥有40%左右的市场份额,并且用户对这种产品的忠诚度非常高,则这一企业的市场地位往往是难以撼动的。就像饮料市场中的可口可乐和百事可乐,对于其他企业而言,只能做它们的补缺市场,要想在主产品市场上与它们一决雌雄,几乎可以说是以卵击石,成功的希望微乎其微。毕竟,要改变消费者的消费习惯和品牌观念是非常困难的。

5. 专有技术、专长、专利、地理优势

如果一个企业在专有技术、专长、专利、地理方面有独特优势,则任何企业要想在市场上与之竞争,其代价必然是惨重的。因为这些优势构成了这些企业的成本优势,是其他企业无法比拟的。例如,我国的茅台酒之所以非常有名,除了酿造技术精湛、企业管理措施得力等内在因素以外,还得益于当地特产的做酒原料是世界上其他任何地方都没有的,这样的地理优势最终形成了企业的竞争优势。

6. 无法利用现有销售渠道

进入一个新的行业即意味着必须有渠道销售你的产品,如果在进入这个行业以后,原来的销售渠道不能利用,则只能在新的领域开辟新的销售渠道,设计新的销售模式,寻找新的合作伙伴,建立新的合作或战略联盟等。所有这一切,对于企业来说,都需要花费金钱、精力和时间才能完成,而竞争者是不会给你那么多时间的,你的股东也不会允许你长时期投入没有效益的经营。因此,企业如果没有现成的销售渠道可以利用而进入自己不熟悉的行业,无疑也是非常危险的。

7. 政府严格控制的行业

虽然政府严格控制的行业一般情况下都是利润比较丰厚的,但对企业来说其风险依然是比较大的,这是因为这些行业受政府政策影响太大,一旦出现不利于企业经营的政策或法规或者是政府在一定时间内不再对这些行业进行控制,都会使企业面临非常尴尬的境地。

第三节 市场竞争策划的步骤

策划者对竞争策略的制定负有非常重大的责任,企业能否在与竞争者的争夺中取胜并获得相应的市场地位,很大程度上依赖于企业是否有正确的竞争战略指导企业的市场行为。因此,策划者在制定竞争战略时,除了要对市场进行分析,对竞争者进行研究以外,还需要掌握一些必要的分析方法和学会利用一些分析工具。

一、选择竞争分析参考工具

现实操作中,营销策划关于市场竞争使用最普遍的是 SWOT 分析法,即对竞争者和自己进行优势(S)、劣势(W)、机会(O)和威胁(T)四个方面的比较,从而找到战胜对手的方法。对于具体的企业而言,这样的分析还可以进一步细化,见表 3-3。

表 3-3 SWOT 分析法

竞争要素	加权值	自己公司		对手 A		对手 B	
		相对优势	得分	相对优势	得分	相对优势	得分
技术先进性							
产品可靠性							
服务质量							
宣传策略							
价格策略							
人才素质							
销售渠道							

每个企业在实际操作中所面临的市场环境与竞争者都会有非常大的差别,在对竞争环境进行分析时所采用的分析要素也是不尽相同的,但从一般意义上来讲,表 3-3 所列项目是最基本的,而且,由于每个企业所要达成的市场目标总是有差别的,因而要素权重也应该是不一样的,这些问题都需要在具体的策划过程中进行认真分析,但基本的分析方法是一样的。

某五星级酒店竞争力 SWOT 矩阵分析

1. S：优势分析

（1）品牌优势。品牌可以说是一家酒店的无形资产。该五星级酒店是国际知名品牌，历史悠久，经过长期的经营发展，已具备系统的管理模式及高品质的服务，拥有较高的品牌知名度。一直以来，酒店忠诚客会员计划的实施，吸引了众多入住过的客人成为其会员。其信誉度在酒店行业中较高，这也是酒店最有力的宣传。

（2）客源优势。酒店周边有较为丰富的旅游资源，每到节假日都会吸引来众多的旅游者。在平时的工作日，酒店也有一部分固定的协议公司的商务客人。不论是节假日，还是工作日，酒店都有一定的客源，营业不会出现过分淡季的时候。

2. W：劣势分析

（1）员工流动性大。目前该五星级酒店存在的一个很严重的问题就是员工流动性非常大，特别是酒店一线对客服务人员。人员的大量流失会大大增加酒店的培训管理成本，加大人才培养的难度。一方面，酒店需要在员工离职后立马招聘到合适的人员进行顶岗，因为时间上的限制可能招聘不到合适的人员。另一方面，如果招到合适的人员，在其刚入职的很长一段时间内需要进行酒店内部的系统培训，如果立马上岗，则会影响酒店的整体服务水平。

（2）地理位置偏。酒店远离市中心，虽然离旅游景区很近，但是周边商圈匮乏，离最近的商场开车需要近20分钟。入住该五星级酒店的客人在购物、饮食方面很受限制，只能在酒店消费，选择面十分狭窄。

3. O：机遇分析

（1）旅游业不断发展。由于第三产业不断发展，旅游业作为其中的朝阳产业有着勃勃生机。酒店所在城市拥有比较丰富的旅游资源，利用这些资源，近些年该市也在大力推崇和发展旅游业适应新的局势，这将会吸引越来越多的旅游者，为酒店业的发展也带来了很好的商机。

（2）旅游需求不断增大。现在已经不再是解决不了温饱问题的年代，人们的生活水平和经济收入已经足够可以支持他们在满足生活基本需求的同时去追求更高层次的精神上的需求。此外，国家逐步对法定节假日放假制度的完善，使得人们在有钱有闲的前提下，出门旅游的需求不断增长，这给酒店业也创造了大好的经营环境。

4. T：威胁分析

（1）竞争对手逐渐增多。城市旅游业的发展势必会带动酒店业的发展，在为酒店业创造良好经营环境的同时，也加速了酒店的扩张。该市酒店行业同时还存在多家与该五星级酒店实力不相上下的酒店，不同品牌的酒店展现出勃勃生机，这对该五星级酒店的经营发展造成了很大的影响。除同等的高星级酒店以外，还有一些中高端和中低端酒店也在不断扩大经营区域和数量，总体上拉低了各家酒店的市场占有率。

（2）差异化优势变小。由于酒店与酒店之间可以相互模仿，从服务模式到产品设计，再到营销模式等,这样酒店与酒店之间的服务和产品等的差异会越来越小,最后几乎同化乃至没有差异特色可言,也就失去其原有的差异化优势,竞争对手就很容易通过其他优势瓜分本酒店的客源,譬如价格、服务、礼遇等。

二、确立市场竞争的制高点

同打仗一样,任何市场竞争都体现为双方对市场制高点的争夺。对不同的产品和市场,这样的制高点是不一样的。例如,计算机市场的制高点在CPU和软件开发能力,一般商品的制高点在品牌,中间产品的制高点在产品的质量,大众化商品的制高点在营销模式和运作方式,超市的制高点在物流系统,而酒店营销的制高点则是酒店开发新产品的能力和服务水准等。

准确判定一个行业或局部市场的制高点是进行竞争策划的首要问题,可惜的是,策划者往往忽略这样的根本性问题而把精力过多地放在对具体问题的研究上,从而形成了本末倒置的格局,其实这也是营销策划水平不高,或对企业的长远发展没有多少帮助的症结所在。

一般情况下,策划者在竞争策划方案中很乐于强调品牌的重要性,这在多数商品的营销中本来也没有什么错误,但问题是,是否将品牌策划作为竞争策划的主要方面,即竞争的制高点,对于不同行业、不同产品、不同市场,甚至同一产品的不同时期都是不一样的。例如,如果产品是中间产品,则主要的客户是最终产品的制造商,而购买产品的顾客都是产品方面的专家,这时,产品的品牌对于专家来讲并没有多大价值。因为客户是否买你的产品,他们需要考证的主要因素是产品的价格和质量,而你与竞争者竞争的关键要素同样是价格和质量,如果你花费很大的精力去树立产品的品牌就得不偿失了。因此,找准攻击目标是进行竞争策划的关键。

三、避免价格竞争的战略思考

价格竞争是市场竞争中最常用的方法,也是杀伤力最大的方式,很多企业在刚刚介入一个新市场,或者准备夺取对手的市场份额时都会采用这种方式。但降价其实是一把双刃剑,而且是先伤己后伤人,如果运用得不好,极有可能得不偿失。即使能够取得竞争的胜利,经过长时间的降价销售,企业往往也会元气大伤。如果这时有新的竞争者介入,则苦战得来的战果还很可能拱手送给别人。因此,对于企业的策划者而言,如果不是万不得已,最好不要提出以降价为主要手段的竞争战略,而应该以其他方式取而代之。这些方法主要包括以下几个方面。

1. 创立自己的品牌,具备独有价值

一旦市场上有人挑起价格战,则一般情况下,就意味着向行业的所有对手发动进攻,所有企业都将面临两难的选择:如果不跟进,也就是不参与到价格竞争之中,则市场份额就会丧失,企业经营将无以为继;如果跟进,则面临企业利润下滑甚至亏损,资金周转可能出现问题等麻烦。

从根本上讲,要想避免这样的窘境,只有树立自己的品牌。如果你具备自己的独有价值,当竞争者发动价格战向你攻击时,你就可以立于不败之地。因为消费者注重的除了价格以外,还有产品的独特价值和品牌价值。在价格战中,如果不跟进,不参与,可能会损失一部分不太忠诚的客户,但对于品牌的忠诚者来说,除非对手的降价幅度超出了人们的想象力而进行亏本甩卖（这种情况现在比较少见，因为属于不正当竞争，政府不允许），否则一般不会轻易改变对某个品牌的忠诚态度。

价格竞争往往不能持续很长时间，因为无论什么样的企业都不可能长时期承受这样的压力。实际上，在价格竞争中"死掉"的，往往不是价格竞争始作俑者要消灭的对手，而是那些被波及的中小型企业。对于拥有自己品牌的企业来说，价格竞争结束以后，其市场份额往往不会受到太大影响，甚至可能有一定程度的增长。这是因为，中小型企业放弃的市场份额往往不会被某一家企业独占，而是被大企业瓜分。

此外，价格竞争结束以后，在价格战中分离的一部分消费者，又会重新回归对原来品牌的忠诚，而使发动价格战者无功而返。例如，1998年长虹发动了彩电行业的价格大战，战火波及几乎所有家电生产厂家，激烈的竞争造成了当年全行业亏损的局面。而在这场残酷的竞争中唯一保持清醒，没有发生亏损的企业就是海尔。因为有强大的品牌支撑，海尔没有参与价格竞争而是在服务和品牌上加大对消费者的吸引力度，因而在竞争中遭受的损失最小，而成为最后的赢家。

2. 以服务取代价格竞争

以服务取代价格竞争是海尔的竞争战略，在竞争激烈的轿车市场同样也有成功的经典案例。自我国2001年加入WTO以后，随着我国轿车生产能力的不断提高和国外生产厂商对国内市场的冲击，我国轿车的价格就开始呈现不断走低的趋势，在这个大趋势下，各厂商为了争夺市场份额纷纷采用降价手段。但上海桑塔纳轿车的降价幅度比其他轿车小，而且市场份额也没有多少损失。归其原因，最主要的是该车的服务网点遍布全国，维修非常方便，零部件的价格也非常低，使得客户拥有该车的成本非常低，从而吸引了很多消费者。

因此，价格对于消费者而言是考虑是否购买的重要因素，但有时并不是关键因素。在商品日益丰富、选择余地越来越大的市场上，消费者变得更加聪明，这就要求企业的策划者深入了解市场供求的关键因素和企业可以利用的有效资源，为企业做出适合市场情况的竞争策划方案，而不能总是跟着对手跑。

3. 技术差异化

技术上的差异也是避免价格竞争的有效手段，如果在产品技术上有发明甚至只是改进，且其效果能为消费者留下非常深刻的印象，能够吸引他们的目光，则这样的技术就可以使企业规避参与价格竞争带来的风险和损失。例如，农夫山泉就是在产品包装上进行了改进，并在广告宣传中发挥了自己的特点，使其在别的厂家进行价格竞争时不但没有损失市场份额，同时期的市场份额由于独特的技术和运作方式还得到了很大程度的提高。

4. 诉求概念

如果没有服务优势，没有品牌优势，没有技术优势，但又不想参与价格竞争，该怎么办呢？在这种情况下，只能采用概念诉求的办法为自己创造一个与其他产品有差异的概念，以取得消费者的认同。例如，乐百氏在其矿泉水的广告中，运用了27层净化的说法，从而使自己的产品形象区别于其他品牌，获得了消费者的认同。因此，作为策划者一定要牢记：差异化是树立产品形象的唯一途径，当我们在产品上实在找不到与其他产品的区别时，创造一个差别概念就成了唯一的选择，否则就只能参与残酷的价格竞争了。在这里，关键的问题是，创造的这种概念必须具有唯一性，是别人不能模仿的，只有这样，才能在市场上站稳脚跟。

5. 买断供应商

如果某一种产品的供应商有限或者产品具有非常强的地域限制，则厂商可以采用买断供应商的做法，达到避免价格竞争的目的。如美国一家咖啡生产企业销售的产品具有浓郁的香味，别的厂家无论采用什么方法都不能取得这样的效果，使得这种咖啡的售价是普通咖啡的两倍以上，而且从来不参与咖啡生产企业的价格竞争。原因就在于，这家企业买断了巴西某地生产的咖啡豆，而这种咖啡豆在全世界也只有巴西的这个地方可以生产，这种原材料的特殊性使得该企业生产的咖啡也具有了与其他类似产品的明显区别，从而使这种产品具有非常强的独特性，并且这种独特性是其他企业无法学到的，这种垄断原材料的做法同样可以作为策划者在进行竞争策划时的一种战略思路。

6. 规模杀价

如果企业具备足够的实力，并且试图垄断某一行业，就可以考虑规模杀价，然后保护的策略。格兰仕在竞争中即采用了这样的方法，它利用杀价扩大市场规模，利用市场规模扩大达到降低成本的目的，对市场上的微波炉进行了大范围的整合，终于坐到了市场领先者的位置。在完成了对市场的整合以后，格兰仕对不同档次的产品都规定了一个升降幅度，一旦有对手发动价格战，它就会在产品的各个档次上予以回击，使竞争者只能接受格兰仕制定的市场规则，而不敢轻易发动价格竞争。

这种操作方式的关键在于：一方面，对价格弹性系数要有精确把握，做到规模与效益的同步增长，否则无法规避降价带来的经济损失；另一方面，对竞争者的价格承受能力要有准确估计，因为这样做的目的在于抢夺对手的市场份额，如果对手可以坚持很长时间，甚至比我们的承受能力还要强，则这种进攻的结果只会是"偷鸡不着蚀把米"，因此，这种操作方式实际上对策划者的素质要求非常高。

7. 综合配置

现实的市场竞争中，没有哪一种策略是永远正确的，也没有哪一种方式是永远有效的，企业在竞争中采用的手段应该根据所处市场环境的不同，审时度势，灵活运用各种竞争方法对付不同的对手和应付不同的市场。对于价格竞争，这样的原则也同样适用，上述几种避免价格竞争的方式在实践中也可以综合使用，以达到企业的经营目的。

所谓四流企业杀价格，三流企业做服务，二流企业拼品牌，一流企业定规则。价格竞争虽然是市场竞争中最有力的武器，但由于对企业的杀伤力太大，在没有充分把握的情况下，不可以使用。

案例分享

凯宾斯基饭店：决不降价

凯宾斯基饭店在高星级饭店群体中属于典型的"后来居上者"。即使是后来者，面对白热化竞争，凯宾人也从来没有放弃过对五星级饭店高尚形象的执着追求。在众多知名饭店纷纷通过"降价"手段来寻求生存空间的大环境下，他们始终保持着稳定的价格政策，而没有一头扎进"先降价，后降服务"的恶性循环中去。

1992年，由德、中、韩三国合资兴建的凯宾斯基饭店正式在北京开业了。开业伊始，正值北京的高星级饭店群体形成之际。北京中国大饭店等现代化饭店相继落成，而北京王府饭店、北京饭店等老牌饭店也完成了硬件的改造，重新加入大竞争圈中，高档次饭店的供给迅速扩大。

有限的客源总量面临着陡然间猛增的接待规模，顿显匮乏，残酷的客源战在所难免。各大饭店纷纷施展出自己的看家本领，对准自己的优势客源区猛下功夫。有以行业背景为依托的，则通过行政手段来确保"肥水不流外人田"，如一些中央机关部门办的饭店；有背靠国际连锁集团的，如北京香格里拉饭店等；也有一些百年老店，如北京饭店，则把营销重点放在了"回头客"身上。实在是既无行业优势又无历史积累的饭店，就只有通过降价让利，通过拼设备、拼硬件来维持运营了。

凯宾斯基饭店则避实就虚，饶过大家都咬住不松口的国内旅游市场，先行一步进军商务客源市场，率先确定以接待商务客人和国际会议为主、辅以境外顾客源的营销体系，同时大量优价出租公寓写字楼，以此带动客房的出租，并明确以高支付高消费型客源为主攻方向，及时退出对中低档客源的争夺。这一点在当时的大气候下，的确需要足够的勇气和实力。

在这样的思想指导下，凯宾斯基饭店不但没有在淡季陷入无休止的价格战，反而保住了平均房价水平，并进一步在顾客心中树立了自己的形象，凸显了自己的至尊地位。

第四章

酒店产品品牌策划

  本章重点内容

1. 如何理解酒店产品策划在营销组合策划中的核心地位?
2. 新产品进入市场的时机应该如何选择?为什么?
3. 酒店产品品牌策划应该注意哪些问题?为什么?
4. 有关产品线扩展的策划应该注意哪些问题?为什么?
5. 如何利用消费者的滞感区间为企业创造更多的效益?

从理论上讲,产品是指企业向市场提供的,引起消费者注意、获取、使用或消费,以满足消费者欲望或需求的任何东西。从市场营销的角度出发,产品不仅包括有形产品,还包括服务业提供的无形产品。通常所说的产品不是表现为有形产品,就是表现为无形产品,或者上述两种形式的组合。就酒店产品而言,其更多表现为二者的结合。同一般物质产品一样,酒店产品同样是企业满足市场需求的手段和途径。在市场营销组合策略中,产品策略处于核心地位,它决定着价格、渠道和促销等策略的制定,是企业优势的主要体现。任何企业的经营都是以自己的产品满足消费者需求为前提的,企业的市场定位取决于产品的市场定位,因而,关于产品的营销策划是营销组合策划的基础。

酒店产品策划是指酒店对如何使自己的产品或产品组合适应消费者的需要所进行的动态化的谋划过程,是酒店产品在进入市场以前和在市场运作过程中不断进行开发和调整的过程。其具体内容包括:新产品开发策划、产品组合策划、产品品牌策划及产品生命周期策划等。

对于酒店的市场营销组合而言,酒店产品永远处于营销组合的核心地位,因为如果酒店不能为客户提供适合他们需求的产品,则再便宜的价格、再通畅的渠道或者再优秀的促销都不可能说服消费者购买酒店的产品。因此,酒店产品策划对于酒店的营销而言具有非常重大的现实意义,这集中表现为:第一,它能够保证企业的产品适销对路和利润的实现,通过产品策划,使酒店的经营有的放矢,以合适的产品适应消费需求;第二,它能够为企业减轻市场竞争压力,增强企业的竞争实力,因为酒店产品策划的目标就是通过产品的运作达到打击竞品的目的;第三,它能够提高酒店的营销水平,树立和优化酒店市场形象,强化酒店产品和产品的组合效果,从而最终提高客户满意度。

通常而言,产品从层次上可以划分为产品核心、产品形式和产品附加值三个部分。产品核心是产品使用价值的集中体现,其主要功能是满足消费者的使用需求;产品形式表现为产品的包装、推广方式和产品品牌等,其主要功能是满足消费者的心理需求;产品附加值体现为产品为消费者带来的附加利益,为消费者创造的惊喜,其主要功能是满足消费者的潜在需求。

随着社会经济的不断发展与人们生活水平的不断提高,产品策划的重点已经从过去注重产品的使用价值逐步转移到产品的形式与产品的附加值方面,因为卖方市场的重要特点就是产品的同质化,消费者很难仅仅依靠产品的性能、质量、外观等物理形态来判断一种产品的优劣,他们在消费中需要商家更多地引导,这样,产品的品牌和产品能否为消费者带来附加利益就成为市场竞争的焦点。

当然,作为一种特殊的产品形态,酒店向客户提供的产品与一般物质产品还是有所区别的,这表现为:

(1) 酒店提供的产品是在契约的有效期内,消费者对酒店设施设备具有使用权,其关系类似于租赁,而不是一般物质产品的所有权转让;

(2) 酒店要向客户提供帮助以满足其消费需求,其实这部分才是酒店产品的主体,因而酒店的服务质量在某种程度上决定了酒店产品的档次和价格;

(3) 酒店需要帮助客户满足心理上的需求,由于这种需求很大程度上表现为客户的潜在需求,因而酒店能否充分发掘客户的心理需求并在产品方面有所创新是酒店产品策划的关键所在。

第一节 酒店品牌

一、品牌的内涵

著名营销学大师菲利普·科特勒指出,品牌从本质上来说,是销售者向购买者长期提供的一组特定的特点、利益和服务。其目的是识别某个销售者或某群销售者的产品或劳务,并使之同竞争对手的产品和劳务区别开来。

品牌的核心要素是高质量、高知名度、高市场占有率、高经济效益的"四高"特征。从法学角度而言,品牌是一种知识产权;从经济学角度来看,品牌是一种无形资产。

二、酒店品牌的功能

从顾客角度界定,酒店品牌是指目标顾客在看到某一酒店商标所产生的一切联想,这些联想是由酒店的所有表现所引起的,包括酒店经营管理的视觉形象识别、酒店经营管理的理念识别、酒店经营管理的行为识别等。因此,酒店品牌建设需要关注使顾客产生的一切联想的细节。例如,万豪酒店品牌不但注意其商标名字的颜色、形状,而且注意关爱顾客、员工、社区、供应商、中间商等,即努力做到利用所有要素、在所有相关利益者之间建立良好的品牌形象。

从企业资产角度界定，酒店品牌是企业投资创建者拥有的无形资产。著名的品牌具有大量的忠诚顾客，可以获得超额利润，同时还可以开展输出管理与特许经营，获得品牌权益。

从企业经营管理角度界定，酒店品牌是指能产生品牌权益、具有竞争优势的酒店的盈利模式，它是由一系列品牌建设、维护、发展、利用的品牌价值支持系统构成的。

酒店集团的品牌资产能加强消费者对购买产品的认知，增加产品的附加值，促进消费者对其优先选择，尤其是酒店产品的质量差异日益缩小，集团品牌已经称为消费者选择的重要依据。实现酒店集团化，其目的是就是发挥品牌优势，借助品牌忠诚，提高集团的市场竞争力，扩大集团市场占有率，增强集团凝聚力。因此，集团品牌是酒店集团差异化战略的基础。

（1）识别功能。顾客记住品牌，能保持忠诚；厂家能掌握顾客的意见和要求；各厂家产品能区别开来。比如：国内品牌中，在广州一看到白天鹅宾馆、花园酒店人们就知道是高档酒店；南京的金陵酒店、北京的建国酒店忠诚顾客也非常多。

（2）市场分隔功能。厂家适应不同顾客的需要，开发多种产品推向特定的细分市场，不同的品牌就起到了分隔的作用。比如：北京东方君悦大酒店定位于高档酒店，而上海锦江之星则是定位于大众群体，对顾客起到分隔作用。

（3）促销功能。良好的品牌可以很快引起潜在消费者的关注，引发从众效应。国内许多地产公司借助国际品牌酒店，在很短的时间内不但开拓了酒店市场，同时也强化了所开发地产物业的形象。

（4）价值凝聚功能。现在是一个无形控制有形的时代。许多公司、酒店品牌的价值大大高于有形资产的价值。1989年美国假日公司将假日品牌以19.8亿美元的价格卖给巴斯公司，一个牌子价值近20亿美元。中国为全球许多知名公司代加工产品，但是品牌厂家给我们的加工费只占全部盈利的0.5%左右。

三、国际酒店品牌的成长模式

国际酒店集团的发展，一般是以建设成功的国际品牌酒店的盈利模式为基础，然后再进行大量的复制与扩张。按照建设或拥有国际品牌酒店盈利模式的不同方式，可以将国际酒店品牌与国际酒店集团的成长模式分为以下四种：

（1）首先投资创建好一家或一种品牌酒店的盈利模式，再复制扩展成世界酒店集团的成长模式。这方面的成功案例就是万豪国际酒店集团。

（2）首先利用不动产投资信托基金大量收购成功的品牌酒店，再复制扩展成世界酒店集团的成长模式。这方面的成功案例就是喜达屋酒店集团。

（3）利用联合推广营销方式建立联合营销酒店集团的成长模式。

（4）自己不拥有酒店，在设计一套酒店设施与服务质量标准和建设预订网络等基础上，推广一种品牌的特许经营系统。典型的案例是精选国际酒店集团（Choice Hotels International）和速8酒店集团等。

雅高名称的起源

雅高酒店集团（以下简称雅高集团）本部设在法国，成立于1967年，是全球规模最大的酒店及观光事业集团之一，为商业和休闲服务市场提供一系列大众化至豪华型酒店，在欧洲酒店市场处于行业主导地位。

1983年，雅高集团的前身——诺富特的规模扩大了一倍，集团遍布45个国家和地区，提供服务的领域较为广泛，包括酒店业、旅行业、公共餐饮业、集团餐饮业、购物中心和就餐券业，集团已经跻身于"巨头之列"。此时，诺富特既是酒店的品牌名称，也是集团的名称。集团雇用了3.5万名员工，拥有近400家酒店、50家餐厅、8家餐券发票点、5家购物中心，还有一些旅行社和旅游观光社。每年集团的登记上有近百万人次的住宿、200多万人次的就餐。要在单一的诺富特品牌之下纳入酒店业和餐饮业所有的品牌是不可能的，索菲特、短稻草等连锁店的品牌形象、定位等都截然不同，统一在诺富特品牌之下已经显得较为混乱。因此，集团的高层管理人员决定为公司更名。

作为一个全球性的跨国集团，必须拥有一个既简洁又新颖、既高度抽象又能涵盖公司所有业务的名称。该名称无论是在集团内部，还是在集团外部，都要体现出集团的新特征，这样也有利于集团品牌的传播和认知。于是，集团专门成立小组，这个小组由一家英国专业机构和集团的对外关系部组成。小组成员使用电脑找出600个备选名称，这些名称五花八门：花卉、神话、历史的，应有尽有，甚至是没有任何意义的几个音节，只是听起来悦耳或富有诗意。小组从其中筛选出50个，最后留下10个，在征求了董事们的意见之后，仅剩下2个名称——"雅高accor"和"曙光aurore"。可是后者的发音与英文horor（恐怖）接近。这两个双音词的优点在于打头的字母都是"A"，这样在按字母顺序排列的许多名录中，尤其是在巴黎交易所的显示牌上，就会很自然地排在前头。这两个名称都有一个徽记作为标志：雅高是红气球，曙光是大雁。

为了最终做出对企业更为贴切的选择，董事会大厅里挂起了一面大的画写板，请到总部来办事或在总部工作的同事们在他们喜欢的名称上打钩。这次广泛征求意见的结果是，"雅高"这一名称以压倒多数的优势得到采纳。同时"accor"一词在法语中有"和谐"的意思。另外，改用大雁作为徽记，是因为这些鸟既象征了公司的腾飞，又使人联想到旅行、迁徙和大千世界。

于是，这一著名的名称终于选定——诺富特-雅克。

（资料来源：戴斌. 饭店品牌建设. 北京：旅游教育出版社，2005.）

第二节 国际品牌酒店主要管理模式

一、全权委托

1. 概念

全权委托经营管理是目前酒店行业经营权及所有权分离形态下的主要合作方式。

全权委托管理适合酒店管理人才匮乏的欠发达地区和国家。在这种合作方式下，业主与管理公司签订全权委托经营管理合同，管理公司委派管理人员，业主派出业主代表共同对酒店进行全面经营管理。管理方以其管理优势和经验对酒店的日常事宜有自主权和决定权，可以快速提高酒店的经营水平。

在中国改革开放初期，全权委托是一种主要形式。一些世界知名品牌酒店管理公司在中国进行高端品牌的输出时，首先也是采取委托管理的模式，以保障其品牌的质量，如洲际酒店集团下的洲际、皇冠这两个品牌。国内现在许多酒店管理公司，也在借鉴全权委托经营的理念进行承包经营，以获取丰厚的利润。

2. 全权委托经营管理的主要特征

（1）全权委托是建立在管理合同之上的一种委托代理关系。酒店业主方作为委托人承担酒店实物投资和财务风险；酒店管理方不参与投资，作为代理人，原则上拥有酒店管理营运的主动决策权，其下派的酒店经理作为代理人负责酒店的日常经营业务。

（2）酒店业主方可通过管理方的专业管理技能和品牌知名度快速成功地立足于酒店市场，投资风险相对减小，投资回报相对有保障。

（3）对于酒店管理方，该模式能帮助酒店品牌的市场扩张，能主动掌控品牌质量和经营结果，没有资本投资的需要，管理费及其他收入有所保障并有可预测性。

（4）全权委托管理通过酒店业主与管理集团签署管理合同来约定双方的权利、义务和责任，以确保管理集团能以自己的管理风格、服务规范、质量标准和运营方式来向被管理的酒店输出专业技术、管理人才和管理模式。

（5）采用全权委托经营管理的模式具有品牌效益共享、并使受托管理酒店享受专业规范管理、营销网络支持、客源优势互补、营运系统支持、人力资源后援、团队资源支持等诸多服务。借助这些优势使业主的资产保值增值，对酒店长期稳定发展起到良好的基础建设作用。

（6）在合作期内，出于管理和财务监督的需要，有些业主会派出代表担任酒店副总经理及财务总监，以代表业主监督资产的保值增值，负责重大事项与业主的协调并参与日常经营管理。

（7）酒店管理公司派驻酒店的管理团队是由一名具有与项目相等星级酒店执业经验的专业人员，担任项目酒店的总经理或驻店总经理，并根据项目的情况与需求委派相关的具有同等档次酒店部门经理资历的人员，分别担任该酒店的部门经理，负责相关部门的经营、管理、培训和督导。

（8）酒店管理方作为被委托方，必须保证委托酒店本来的星级服务标准甚至更高，如尚无星级必须配合委托方为其实现预定的星级评定工作。酒店管理方必须为酒店建立完整的管理手册、操作程序、奖罚制度等日常管理手段。

3. 主要优势

（1）帮助业主酒店设计符合委托酒店的管理模式，建立一整套科学完善的而又可行的规章制度。

（2）为委托酒店培养和造就一批合格的酒店经营管理人才和有良好素质的员工队伍。

（3）把委托酒店纳入酒店管理集团的全球订房网络，为委托酒店建立完善的客源网络和销售队伍。

4. 全权委托的分类

（1）品牌酒店直接管理。包括每日经营管理、开业筹备、人员招聘、培训、品牌使用等。一般是指大型的酒店管理集团，旗下拥有独立的酒店品牌。

（2）第三方管理。包括每日经营管理、开业筹备、人员招聘、培训，但不包括使用管理公司品牌，但对那些寻求连锁加盟的酒店将提供管理品牌。第三方一般是指专业的酒店管理公司（专业管理团队），但公司本身并不具备酒店品牌和市场推广网络。

5. 主要问题

1）成本问题

全权委托管理的主要缺陷是管理集团派出的中高层管理人员的工资和福利成本（包括总经理、总监、部门经理等5~7人），一般都占到酒店工资和福利开支总额的10%~25%。

2）委托代理问题

现代企业制度中一项基本制度就是委托代理制，即所有者委托职业经理人去经营企业。所有者拥有剩余索取权和剩余控制权。职业经理人在委托人授权范围内对资产进行占有、支配、使用和处置等控制权。而在实际的经营过程中，由于委托人与代理人之间的信息不对称，就会出现委托代理问题，主要表现为代理人对委托人的剩余控制权和剩余索取权的侵蚀，主要表现为以下几点。

（1）"本土酒店人才"游离于经营管理核心层之外。

全权委托管理模式中，酒店业主方希望借助管理方酒店管理公司的管理经营培养自己的人才。但是，在酒店人事的选择和安排方面，管理方酒店管理公司拥有着选择和开除总经理和高级管理人员的权利，即使酒店业主方会被邀请参与酒店总经理和高级管理人员的面试，但是最终的决定权仍然属于酒店管理公司。虽然由于酒店项目经营的需要，诸如餐饮方面的本土化经营需求，本土的酒店管理人员会有所增加，但在日常的工作安排中仍然被排斥在经营管理核心层之外。酒店管理公司在对人事权的控制的同时还保持对酒店财务的控制，如酒店的财务总监人选必须由管理集团推荐并任免，并有权直接向酒店管理方汇报工作。这样，酒店管理方实际上就取得了酒店的实际控制权，而酒店的控制权往往又是跟剩余索取权紧密相关的。

（2）酒店职业经理人对剩余控制权的侵蚀。

全权委托模式下，酒店管理公司在酒店中享有实际的经营控制权。但是酒店经理人和其他酒店高级管理人员既不是财产的所有者，又不能获取剩余索取权。那么，在酒店业主方不能掌握全部信息的情况下，职业经理人就可能产生偷懒、为己谋私、过度在职消费、滥用权利等机会主义行为，以致侵蚀酒店业主方的剩余索取权，这样就产生了两权分立下代理方职业经理的道德问题。

为避免这种现象，酒店业主方采用按利润（或营业收入）的一定比例来支付管理公司管理费用，以激励酒店管理公司和其派出的职业经理团队。此时，酒店业主方与酒店管理公司都成了酒店剩余利润的索取者。在这种情况下，双方都会因对方的努力而获利，也都会因对方的偷懒而损失，双方在盈利分红问题上达到一致。但是，双方对经营过程中的成本认识分歧会很大。诸如对酒店的设备、实施维修的投入方法等难以达成协议。一方面，酒店业主方可能会对以上项目更加热情，但酒店管理公司则不然。结果是作为酒店管理公司不可能像经营自己的公司那样积极努力地对酒店的设备进行维修，把本该装修的计划推迟到合约结束后进行。因为从长期目标看,酒店业主方追求最高的投资回报率和资产增值,而酒店管理公司追求尽可能高的管理酬金、市场份额和品牌价值。此时,委托代理关系中的委托方,即酒店业主方长期投资回报目标与受委托方酒店管理公司短期收益目标相矛盾。

(3)酒店业主方承担高度的退出风险。

在全权委托形式下,国际酒店管理集团的运作原则有三个。第一,国外管理人员不受中国业主的干扰独立管理酒店。第二,所有的经营管理费用及可能的财务风险都由业主支付和承担。第三,经营者的行为受到绝对的保护,除非他具有欺诈或严重的失职行为,而且酒店管理公司在委托合同中从不承诺有关资本运作和还本付息的责任,一般只规定经营者在经营过程中至产生毛利润这一阶段之前应负的经营责任。

这些原则和做法使得业主只能通过预算计划及部分政策制定来限制经营者的经营行为,外方酒店管理公司掌握绝对的经营控制权。由于控制权方面的优势及高额的管理、激励费用回报的诱惑,经营者往往会选择一些高风险的投资项目或以高成本为代价换取营业收入的提高。这样业主在承担高昂的管理费和激励费用外,还要承担投资、还贷和其他方面的财务风险。特别是在全权委托这种缺乏监控经营者冒险违规行为的情况下,酒店可能会陷入财务危机甚至面临破产倒闭的危险。

二、带资经营

1. 概念

带资经营是以管理合同为主,适当带资管理的一种品牌酒店管理模式。管理合同产生了作为业主的委托人与作为代理人的品牌酒店管理公司直接的委托代理关系,而带资管理改变了酒店的股权结构。它是酒店全权委托管理模式在中国的一种延伸形式。

2. 带资经营特征

(1)酒店管理方不仅拥有酒店管理营运的主动决策权,而且参与全部或部分投资;

(2)酒店投资各方与管理方在合作初期就容易达成营运目标及盈利目标,合作基础相对稳固,利益相连;

(3)由于该模式需要有大量资金投入,对国际酒店集团来说,其发展速度会受到相对限制。

3. 优势和劣势

1)优势

带资经营模式下酒店管理公司资本的投入,改变了酒店的股权结构,从而间接影响了酒店的委托代理关系。这时酒店管理公司享有比单纯全权委托管理更多的酒店控制权,并且作为酒店的股东,会较多地站在酒店发展的角度制定策略。由于与酒店业主方利益的捆绑,酒店管理公司会避免管理合同形式下出现的杀鸡取卵、竭泽而渔的现象,同时也有效抵制了业主方的违约行为,而且能够更加积极有效地监督经理人的行为。

2)劣势

带资经营模式也存在股东之间利益的不一致性,并且酒店经理同时为委托方和代理方双方股东负责,故使得酒店的公司治理结构更加复杂。

对于酒店业主方来说,一旦让酒店管理方参与投资,对酒店品牌的重新选择和房地产再投资都将有一定的局限。

4. 分类

带资经营主要有三类，第一类是通过独资来进行直接经营。国际许多品牌酒店都是直营发展，通过打造旗舰店或形象店树立品牌形象，积累管理经营，最后进行多种经营方式的扩张。国外酒店品牌在中国进行直营的比较少。国内万达集团在与喜达屋集团合作多年以后，现在正在拓展这种直接经营模式。

第二类是控股经营，第三类是参股经营。通过控股或参股这些间接投资方式来获取酒店经营管理权是国外品牌对中国酒店市场进行扩张的一个重要方式。香格里拉酒店集团是在我国最早采用此方式的国际酒店管理集团。香格里拉酒店集团拥有杭州香格里拉 45% 的股权，1987 年北京香格里拉酒店落成，香格里拉集团占有北京香格里拉酒店 49% 股份。

品牌酒店是通过带资管理，对其下属系列酒店实行相同品牌标识、相同服务程序、相同预订网络、相同采购系统、相同组织结构、相同财务制度、相同政策标准、相同企业文化及相同经营理念的管理方式。

5. 主要问题

带资经营是国外酒店管理公司在中国进行高端品牌扩张的重要模式。国内某些区域，政府为了提升区域形象，对酒店管理方有具体外方品牌要求。这种情况下外方酒店管理公司更是处于强势状态，其管理模式就是外方为主，实行董事会领导下的总经理负责制这种直线管理模式。带资经营的酒店管理公司在所管的酒店中担任股东及管理层双重角色。所以那些被酒店管理公司外派的职业经理一方面需要对酒店管理公司负责，另一方面也要对中方酒店的董事会或股东负责。如果所管酒店与酒店管理公司目标利益不一致，可能会导致这些职业经理经营管理理念、管理行为的摇摆。在一些关键问题上他们会代表其受命的酒店管理公司的利益，牺牲中方酒店的利益，对酒店的经营管理造成很大风险，增加了中方酒店业主剩余索取权被侵蚀的机会。

三、特许经营

1. 概念

特许经营是指特许经营权拥有者以合同约定的形式，允许被特许经营者有偿使用其名称、商标、专有技术、产品及运作管理经验等从事经营活动的商业经营模式。特许经营有以下内涵。

（1）特许经营的参与方是特许人和受许人。特许人也称出让方，为接受品牌使用权的公司制定经营的标准程序和方法，提供技术、市场营销、人员培训、物资采购、经营管理等方面的帮助。特许人拥有商标、品牌、运营体系、支持体系、客户群体等资源。

受许人也称受让方或加盟者，在特许人的监督和指导下开展经营活动，在产权和财务上保持独立，不受特许人的控制。受许人被许可使用以上资源，并支付特许使用费，同时需要遵从特许人统一的运营体系规范。

（2）特许经营许可不是卖的，而是授予的，受许人不能转让这种权利。同时，受许人使用这种权利也有时间的限制，也有可能因为未能达到特许人的要求而退出这种特许经营。

（3）品牌增值是特许经营的核心，运营系统的完善是特许经营的基础，标准化是特许经营标志，培训是特许经营的重要手段。

（4）特许经营的模式不容许作为特许人的酒店集团直接参与受许人酒店的日常营运和

管理，而是帮助各个受许人酒店借助特许人酒店品牌的市场渗透力和广泛的传播能力，减少受许人酒店在市场推广及预订系统的开发方面的投资时间和资金，以及帮助受许人酒店迅速建立起专业的酒店内部营运系统，提供专业的培训。

2. 特许经营主要特征

酒店业主支付国际酒店集团特许经营费以换取该品牌的使用权，业主酒店享受该集团一系列的品牌推广服务，如市场推广、客房预订系统、酒店会员系统、采购系统等。

酒店业主在签约期间得到酒店集团在酒店服务与营运方面一系列的支持，以保证该酒店达到品牌的服务质量的标准和要求。签约酒店同时也被酒店集团要求严格遵守相关的服务标准和流程。

业主酒店自主经营签约的特许经营酒店，管理公司不往酒店派驻专门的酒店管理人员。

国际品牌酒店管理公司在中国的特许经营模式，早期一般只限于相对低端的品牌，以防止加盟者对其品牌的损害。随着中国酒店经营管理人才的成长，现在一些中高端品牌也开始实行特许经营模式。

3. 特许经营的优势

特许经营是一种有效的、低成本的集团扩张和品牌输出模式，特点是以品牌为核心，迅速扩张，并提供一致性的服务，其主要特点有：

（1）投资少，成本低，扩张迅速；

（2）随着特许经营酒店的增加，酒店集团品牌的影响力迅速提升；

（3）开发业务快，以最小的成本保护了未来的市场，保证了市场的占有率；

（4）通过特许经营权的转让，集团能够获取长期的经济收益，提高经济收入的安全系数。

4. 特许经营模式分类

按特许经营的授权方式，特许经营模式可以分为单体特许、区域开发特许、二级特许和代理特许几种形式。

1. 单体特许

单体特许是指特许者赋予被特许者在某个地点开设一家加盟店的权利。特许者与被特许者直接签订特许合同，被特许者亲自参与店铺的运营，被特许者的经济实力普遍较弱。目前，在该类被特许者中，相当一部分是在自己原有网点基础上加盟。单体特许适用于在较小的空间区域内发展特许网点。

（1）优点。特许者直接控制加盟者；没有区域独占；不会给特许者构成威胁。

（2）缺点。网点发展速度慢；总部支持管理加盟者的投入较大；限制了有实力的被特许者的加盟。

2. 区域开发特许

特许者赋予被特许者在规定区域、规定时间开设规定数量的加盟网点的权利。由区域开发商投资、建立、拥有和经营加盟网点；该被特许者不得再行转让特许权；开发商要为获得区域开发权交纳一笔费用；开发商要遵守开发计划。该种方式运用得最为普遍，适用于在一定的区域（如一个地区、一个省乃至一个国家）发展特许网络。特许者与区域开发商首先签署开发合同，赋予开发商在规定区域、时间的开发权；当每个加盟网点达到特许者要求时，由特许者与开发商分别就每个网点签订特许合同。

（1）优点。有助于开发商尽快实现规模效益；发挥开发商的投资开发能力。

（2）缺点。在开发合同规定的时间和区域内，特许者无法发展新的加盟者；对开发商的控制力较小。

3. 二级特许

特许者赋予被特许者在指定区域销售特许权的权利。二级特许者扮演着特许者的角色；对特许者有相当的影响力；要支付数目可观的特许费；它是开展跨国特许的主要方式之一。特许者与二级特许者签订授权合同；二级特许者与加盟者签订特许合同。

（1）优点。扩张速度快；特许者没有管理每个加盟者的任务和相应的经济负担；二级特许者可根据当地市场特点改进特许体系；

（2）缺点。把管理权和特许费的支配权交给了二级特许者；过分依赖二级特许者，特许合同的执行没有保证；特许收入分流。

4. 代理特许

特许代理商经特许者授权为特许者招募加盟者。特许代理商作为特许者的一个服务机构，代表特许者招募加盟者，为加盟者提供指导、培训、咨询、监督和支持。它是开展跨国特许的主要方式之一。特许者与特许代理商签订代理合同，特许者与加盟者签订特许合同，合同往往是跨国合同，特许代理商不构成特许合同的主体。

（1）优点。扩张速度快；减少了特许者开发特许网络的费用支出；对特许权的销售有较强的控制力；能够对被特许者实施有效控制而不会过分依赖代理商；能够方便地中止特许合同；可以直接收取特许费。

（2）缺点。特许者要对特许代理商的行为负责；要承担被加盟者起诉的风险；要承担汇率等其他风险。

四、策略联盟（联销经营）

1. 概念

酒店策略联盟是由众多的单体经营管理的酒店自愿付费参加并通过分享联合采购、联合促销、联合预订、联合培训、联合市场开发、联合技术开发等资源共享服务项目而形成的酒店联盟体，目的是增强在市场中的竞争力或有效地降低成本。

2. 策略联盟特征

（1）成员酒店可以自由选择是否使用酒店联盟集团统一标识。

（2）较低的固定会员费。

（3）此种模式一般出现在档次、市场、规模、风格相类似的系列酒店联合体中，较适合那种既想分享集团规模效益又不想改名换姓的单体酒店。

3. 优势

（1）成员酒店对联盟集团有一定的建议权，并可以参与联盟集团相关政策的制定。

（2）短期合同，合约到期后无须交纳额外费用。

（3）所有成员酒店在同一地区都拥有一定的固定保护区，避免同类产品的市场竞争。

4. 分类

（1）同档次、同规模、相同目标客源市场，不同区域的同类产品酒店之间的联盟体，如"世界小型豪华酒店联盟""世界一流酒店组织""超国界酒店联盟"等。联盟体主要提供信息技术资源支持,联盟的名号对消费者不具品牌含义,更加注重与销售有关的信息技术服务的提供。会员酒店以自身品牌加联盟名号形式加入该类联盟后自身品牌不会消亡,获得联盟有限的营销服务,同时自己承担较多营销。

(2) 单一品牌下会员酒店联盟。联盟酒店集团具有知识产权性质的品牌名称、注册商标、定型技术、经营方式、操作程序、预订系统及采购网络等。会员酒店加入联盟品牌后,主要是以联盟集团的品牌对外宣传推广,如最佳西方、国际青年旅舍等。联盟集团的品牌主要体现在统一和规范的服务品质,以及各区域成员酒店的相互推广,并以此形成稳固的客源市场。

(3) 多品牌会员酒店联盟。联盟体根据各单体酒店物业所在地的地理位置、周边环境、客源市场特征,以及酒店客房档次、提供的服务种类和餐饮配套等因素进行科学分类,确定单体酒店细分品牌的市场定位。多品牌会员酒店联盟分为以下两种模式:

① 不同档次会员酒店联盟。酒店联盟集团通过整合不同档次的独体酒店为不同档次的目标客源市场提供住宿服务,联盟集团通过长期的客源市场培育,逐渐形成低档、中档、高档酒店市场组合品牌,满足目标客户群在不同年龄阶段和不同经济状况时的旅游住宿需求。

② 相同目标客源市场会员酒店联盟。酒店联盟集团通过整合不同档次和类型的酒店,以相同的服务品质满足同一消费层次旅游者不同旅游目的(短期公务旅游、中长期公务旅游、私人自费旅游、家庭休闲度假旅游等)旅游住宿需求,以此锁定目标客户群体。

5. 发展趋势

随着互联网技术的快速发展,以网络营销推广为主的会员酒店联盟逐渐失去了优势。新的会员酒店联盟开始走向注重酒店管理体系的搭建和网络营销相结合的模式发展。一方面,通过细分市场管理品牌区别于一般的订房网络(GDS系统)和单纯以市场推广为主的会员酒店联盟,从而以更优良的服务锁定目标客户群体。另一方面,在原有网络营销推广的基础上,通过多层次、多品牌战略整合更多的独体酒店,面向更广阔的客源市场。

第三节 酒店产品品牌盈利模式策划

本章所谈及的盈利主要是酒店品牌管理公司借助其品牌扩张过程中的盈利。酒店业主作为投资方,其资本盈利模式在另外的章节进行介绍。

一、综合盈利模式

国际管理酒店公司在利用品牌扩张的过程中,根据不同的合作环境形成了多样的合作模式。早期的国际酒店集团通过投资酒店进行品牌培育,然后通过委托管理和特许经营进行大规模扩张,时至今日,他们的品牌影响力、旗舰店的形象力、技术资源的整合力、会员和渠道的控制能力等综合平台已经成为他们的生存平台,并与委托管理酒店之间形成了强力的纽带,也建立起防御竞争者的壁垒。

无论是委托经营、特许经营及带资经营,国际品牌酒店在管理合同中,基本都将自身的风险降到最低,让业主方建设硬件、酒店管理公司在收取只赚不赔的管理费的同时,搭售管理软件。如同我们购买电脑一样,我们花了几千元人民币只是购来一个硬件而已,然后需要不断地支出程序购买费用,来获得用户体验。酒店业主花了几个亿建造了一堆建筑,然后聘请国际酒店集团来安装程序，建造平台，酒店才能正式运行。在与品牌酒店管理公司合作过程中，许多业主连这些集团来管理的合同都搞不清。面对成沓的合同文本，只能委托律师去搞定。

在这份看不懂的合同背后，酒店业主成为酒店管理公司新的盈利源。每一位客人入住酒店，都成为管理公司渠道佣金或会员管理费的贡献者。

小胜靠人，大胜靠平台。未来酒店管理公司本质上的竞争，是公司运营平台的竞争，包括公司搭建的网络、系统、信息等技术系统，人才、运营模式等管理系统，品牌、渠道、会员等经营系统。在这个平台上，酒店管理公司的盈利模式已从单一的管理费收取变成管理费、系统费、采购平台、品牌使用、渠道佣金、会员管理费等综合收费平台。

综合运营平台孵化出综合收费平台，新型的盈利模式就这样浮出水面。策划、设计、工程、运营、供应等商业伙伴，相互联盟并形成良性生态圈，各司其职，利益共享，已成为品牌酒店管理公司新型盈利模式。

二、典型品牌管理模式的盈利路径

（一）全权委托管理

1. 利润贡献点

（1）直接收入。酒店开业前，管理公司按照每月每平方米一定的金额收取管理费。酒店开业后，管理公司按照酒店营业总收入的一定比例每月收取管理费，其中根据营业总收入百分比提取基本管理费，根据经营毛利的百分比提取奖励管理费。这两项是管理公司认可的直接收入。

各酒店向管理公司支付的管理费具体数额各不相同，一般为基本管理费占营业总收入的2%～4%，奖励管理费占营业毛利的4%～10%，基本和奖励管理费可以占到整个营业总收入的2.4%～5.5%。如此可见，全权委托管理方式的平均管理费用大致是总营业收入的4%左右。

（2）间接收入。市场营销费和根据预订客房情况收取的全球订房费用，根据营业总收入百分比提取。

（3）成本冲抵性收入。管理公司派出的管理人员工资、福利及其他相关费用在酒店日常经营开支中支付。

2. 利润的基本形态

（1）现金形式。主要体现在管理合同规定范围内的基本管理费、酒店管理公司外派管理人员的工资及其家属安排费用、按照营业费提成的激励费等。

（2）品牌增值。委托管理是酒店品牌管理公司实现其品牌扩张的一种重要方式，通过开展全球范围内的委托管理，扩大自身品牌的影响力，进一步提升自己的品牌价值。

（3）管理团队的培养。全权委托管理模式中，作为代理方的酒店管理公司看似在给酒店业主输出管理，其实，也同时给自己培养酒店管理人才，培养管理团队。这种类似杜鹃"借巢孵卵"形式，为酒店品牌管理公司赚取管理费、节约培训成本和降低风险提供了极大的方便。

（二）带资经营

1. 利润贡献点

带资经营中，其利润贡献点除全权委托模式下的基本管理费、奖励管理费外，股东还参与酒店年终盈利的提成与分红，同时对酒店物业享有剩值索取权。

2. 利润的基本形态

（1）资金。包括基本管理费、管理团队的工资、按照营业费提出的激励费，同时，也包括按照控股比例取得的分红。

（2）品牌增值。带资经营是酒店品牌管理公司实现其品牌扩张的一种重要方式，特别是通过参股，打造其高端品牌在全球范围内的影响力。

（3）管理团队的培养。与全权委托管理模式一样，在为酒店业主培养酒店管理人才的同时，也为自身品牌培养储备人才，为进一步的品牌扩张做准备。

（4）价值链收益。在带资经营过程中，由于酒店管理方的参股或控股，酒店管理方获得了更多的经营管理权，会在酒店的工程、采购及营销平台方面有更多的参与，从而延伸了盈利的价值链。

香格里拉酒店与锦江酒店

香格里拉从1984年在杭州开设第一家香格里拉酒店开始就实行带资管理，也是当时唯一采用此方式的国际酒店管理集团。香格里拉所到之处都成为当地标志性酒店。自2001年起香格里拉开始"两条腿走路"，输出管理和带资管理齐头并进，2011年已经扩展到80多家。

香格里拉在内地的大手笔与郭鹤年在内地投资是分不开的。20世纪80年代初香格里拉酒店集团看中内地市场开始全面布局。1984年在风景如画的西湖畔，杭州人耳熟能详的杭州酒店的招牌不见了，一家五星级酒店经过重新装修全新亮相。取而代之的名字是"杭州香格里拉"。这是香格里拉酒店集团第一次试水内地，他们选择的合作伙伴是浙江省旅游局，即现在的浙江旅游集团公司。香格里拉酒店集团拥有杭州香格里拉45%的股权，也正式开始了在内地带资管理。

（三）特许经营

1. 利润贡献点

（1）特许经营费。该费用的多少取决于管理公司的品牌，比如希尔顿酒店的申请费高达85 000美元，而某些经济型酒店管理公司却只需要1 000美元。

（2）每月费用（含订房网络费）。各公司的收费方式不同，主要有如下几种：每月固定费用；固定费用加上通过中央预订系统的费用，中央预订系统的费用按照每月按客房收入的百分比、酒店总收入的百分比、每房间销售价格的固定提成或总的可出租房间的固定提成。

从酒店业主的角度上考虑，以上各模式中的固定费用加上通过中央预订系统的费用更容易被业主所接受。因为，此种模式更能体现酒店管理公司中央预订系统的作用。在各种提成形式中，相对而言，以每月按客房收入的百分比计算的费用更加流行。

（3）市场费用。业主支付其酒店物业在全球范围、本地区的费用及酒店管理公司为所有成员酒店实施推广和促销的费用。

（4）培训费用。酒店管理公司维护其产品和服务质量品牌对各成员酒店实施培训的费用。该费用的收费标准视各酒店管理公司的培训等级和内容而定。

2. 利润的基本形态

（1）现金形式。首先是特许经营费及按照营业收入提成的销售网络平台费用。其次，特许经营模式中，特许方为了让受许方保证其品牌的质量，都会对受许方酒店进行系列的定期培训，这将会给培训方带来较稳定的现金收入。

（2）品牌增值。委托管理也是酒店品牌管理公司实现其品牌扩张的一种重要方式，通过开展全球范围内的委托管理，参与与其他品牌全球市场的竞争，提高自身品牌的知名度。

（四）策略联盟

1. 利润贡献点

（1）初始加盟费。会员酒店在申请入会时一次性向联盟酒店集团支付，作为联盟提供初始服务的费用；费用一般以加盟酒店的客房数来确定，如100个房间以下，或100间客房以上等，根据酒店品牌知名度的不同，费用不等。

（2）联盟会员费。根据会员酒店拥有的客房数，酒店联盟集团以每月或者每年按一定标准收取联盟会员费，收费标准有些是以每间客房每月收取固定的费用，一般在5～10美元/（间·月），也有按照会员酒店客房每月总收入的1%～3%收取（该方式一般都设定最低费用）。

（3）市场销售推广费。酒店联盟集团统一的市场宣传推广费用，包括广告费、宣传促销费等。收费方式有以每间客房每月收取固定的费用，一般在1～5美元/（间·月），也有按照会员酒店客房每月总收入的0.5%～2%收取（该方式一般都设定最低费用）。

（4）订房费。根据各会员酒店通过联盟 GDS 订房网络系统及相关链接订房系统实现的实际订房数量，按实收房费的一定比例计算收取，一般为5%～10%。

（5）其他费用。① 特别推广费：根据各推广项目实际情况及各成员酒店参加情况进行协商收取。② 年度会务费及其他活动费用：按各会员酒店的参加情况，按实际发生额分摊收取。

2. 利润的基本形态

采取策略联盟的酒店，其利润形式体现在两个方面：一方面体现在联盟平台上营销额的增加，另一方面体现在营销及采购过程中成本的降低。

案例分享

携程网

携程网是中国领先的在线票务服务公司，创立于1999年，总部设在中国上海。携程网自1998年创立以来,以稳定的业务发展和优异的盈利能力已经取得了行业老大的地位。其盈利模式是什么呢?

携程网作为中间商,就是通过获取中间利润的方式来获取利润的。携程网面向新浪、搜狐等网络用户整合了传统媒体新闻产品与资源,通过中间市场把供应商和消费者连接起来。作为一个独立的资源整合体,携程网一只手掌控着全国近数十万会员客户,另一只手,则与全国数千家酒店、所有的航空公司紧密相连。而许多企业通过携程网这个信息平台,建立了旅游需求方和酒店、旅行社和航空铁路等供给方的数据库。携程网一边笼络庞大的会员卡客户群体,一边向酒店和航空司获取更低的折扣,从而使得自己获取中间的佣金。

三、盈利模式误区

1. 搭售问题

国外酒店品牌管理输出过程中,基本都规定了采购条款,如酒店软件定制、广告牌定制、耗品采购等。这些采购是强制性的,而在价格上却没有优势,有的甚至比酒店单独采购还要贵,并且维护迟缓。

2. 财务监管缺失

据调查,在财务监管不规范的情况下,为了减少税务的成本和权益金的支出,酒店的经营者都会少报营业收入。除非在合作初始就按双方约定的计算机体系来追踪收入,否则很难真正掌握受许人的营业收入。这样,不负责酒店运营的一方,其该权益金或剩余价值索取权就是受到侵蚀。

案例分享

露华浓:不仅仅是香水

露华浓公司每年销售给全世界的消费者10亿美元以上的化妆品和香水。公司由于拥有许多成功的香水产品,在极不稳定和高度分裂、年销售额达40亿美元的香水市场中勇夺冠军。严格地讲,露华浓公司的产品也只不过是经过小心调配的天然及化工香料而已。但是公司知道,在卖香水时,卖的不仅是具有香味的液体,更是香味所能带给消费者的一切利益。

当然,香水的气味是决定产品的关键因素。香水市场的行家一致赞同:"没有香味就卖不出去",而大多数的新香味是由收取高薪的香水师开发出来的。香水师在50间左右的香水室中选择一间来调配各种成分,从而调配出独特的、迷人的气味。香水是装在又大又难看的油桶中从香水室中运出的,你很难想象这些就是令我们产生梦幻的香水原料。1盎司180美元的香水,制造成本可能不超过10美元。但对于购买香水的人来说,其意义绝不只是值几块钱的液体和悦人的香气。

其实,香水的魅力不仅来源于香气,事实上,公司在设计新的香水时,气味总是最后才考虑的。露华浓公司首先研究妇女们对于她们本身的态度和感觉,以及她们和别人的关系,然后开发和测试哪一个新的香水概念符合目前妇女的价值观、欲望和生活方式。当公司发现一个有前途的新概念时,便创造一种香味来配合这个概念。

在20世纪70年代初期，露华浓公司的营销研究发现，妇女们欲与男人一争高下，想提高自己的身份地位。针对这种70年代的新女性，公司推出了彩妮牌香水——第一种"生活型"香水，立刻受到了妇女们的欢迎，并且成了世界上最畅销的香水。

20世纪70年代晚期，公司研究发现，妇女的态度又有了极大转变。女性在有了彩妮所强调的男女平等观念后，又开始渴求表现她们温柔的一面。露华浓公司巧妙地将彩妮从"生活方式"的定位中撤除，而强调"温柔和浪漫"。于是他们又成功地推出一种新品牌——琼铎，并将琼铎的主题定位在浪漫上。

香水的品牌是一种重要的产品属性。露华浓公司就曾经使用彩妮、琼铎等品牌来创造及支持一种香水的市场定位，因此，香水绝不只是让你感觉气味芬芳而已。例如伦特公司出品的罗芙香水，当初选用这个名称，就是因为罗芙能给人一种任性、年轻、妩媚、温柔的形象，非常符合追求潮流的年轻女性这一目标市场，所以大获成功。

露华浓公司还必须注意其产品的包装，因为在消费者心目中，瓶子和包装代表香水的形象和特征。所用的瓶子要让人感到舒适、易于携带和使用，并且在商店中的陈列要美观大方，尤其重要的是，它们的风格样式必须与产品的形象、概念相一致。

所以，当一位女士购买香水时，她所买的不仅仅是具有香味的混合液体，她还购买了香水代表的形象和希望，购买了这种混合液体给她带来的满足感，所有这一切都是产品的一部分。因此，当公司出售香水时，它不只是在卖有形的产品，更是在卖一种生活方式、自我表现和独特性，成就、成功和地位，温柔、浪漫、热情和幻想，回忆、希望和美梦。

（资料来源：科特勒．营销管理．梅汝和，梅清豪，周安柱，译．10版．北京：中国人民大学出版社，2001．）

思考题

1. 根据以上案例，分析整体产品的概念应该如何理解。
2. 作为酒店的策划者，你认为酒店的产品应该包括哪些内容？为什么？
3. 你认为酒店产品的推广应该侧重于酒店整体产品的哪些方面？为什么？

第五章

酒店价格策划

本章重点内容

1. 如何理解价格策划是一门高风险艺术？
2. 酒店在采用降价策略夺占竞争者市场份额时应该注意哪些问题？为什么？
3. 若竞争者采用降价策略夺占本企业的市场份额，应该怎么办？为什么？
4. 通常而言，价格策划应该考虑哪些风险？为什么？
5. 如果某种产品的价格在未来一段时间内肯定会下降，应先于对手降价还是晚于对手降价？为什么？

在营销组合中，价格是影响销售收入最直接的因素。对企业而言，价格策划的结果可以说非常简单，无非就是提价、降价或者保持价格不变，但实际上，定价所涉及的运作过程与变数相当复杂，如何在消费者可以接受的范围内制定出对公司最有利、最能匹配公司经营目标与发展策略的价格，是一门需要谋略的高风险艺术。对企业来说，价格策略成功与否不仅可以决定企业的盈亏，而且还是企业长期发展战略的重要组成部分，对企业在市场上的生存与发展具有非同寻常的意义。尤其是对于酒店而言，灵活的价格策略和长远的价格战略规划不仅是酒店尽快收回投资的重要举措，同时也是拓展和维护市场份额的重要方法。这里尤其需要强调，作为酒店的价格策划，僵化的价格体制是需要首先避免的问题，道理很简单，对于酒店的经营来讲，其最大的成本是巨大的固定资产投资所形成的利息和折旧，最大的经营压力是如何在尽可能短的时间内收回投资，因此，如何降低客房的空置率是酒店经营面临的最大问题。因而在实际操作中，酒店是否拥有一套完整的、相对灵活的价格策略往往是酒店能否在激烈的市场竞争中获得优势地位的关键所在。

第一节　价格策划概述

一、价格策划的概念

价格策划是指企业在一定的环境条件下，为实现长期的营销目标，协调配合营销组合其他方面的策略，进行价格决策的全过程。这里需要特别强调的是，价格策划不是企业定价。企业定价是企业根据商品成本和市场供求情况，在经营目标的制约下制定商品销售价格的过程；价格策划包含定价过程，除此之外，价格策划还要运用各种有关的定价方法和定价策略等对企业的经营，尤其是企业的价格战略做出规划。从这个意义上讲，酒店的价格策划与一般企业的价格策划在本质上是没有区别的，只不过由于酒店的经营是物质产品与服务产品的高度融合，在实际操作中需要考虑的因素更多一些而已。对于任何一家酒店或者企业而言，价格策划的方式、方法及具体的实施过程都是千差万别的，但价格策划的一般原则还是需要策划者掌握的，这主要包括以下几个方面。

1. 目的性原则

任何策划方案都是在一定的目的驱使下进行的，价格策划当然也不例外。企业在进入市场和处在市场中生存的不同阶段时，面对不同的竞争者或为了适应某种政治或其他环境方面的要求，都会有不同的价格策略，这是服务于公司整体经营目标的。因而，价格策划方案只有和企业的战略与具体的经营目标相结合时才可能起作用。

2. 新奇性原则

要达到先发制人、出奇制胜的效果，就必须在制定价格策略时早做准备，事前保密，因为价格策略的实施往往关系到企业的利润和市场份额，以及竞争者的反应等。没有准备或准备不充分的价格策略不仅不会增加企业的利润和市场份额，反而会给企业带来无法挽回的损失，而价格策划的实施能否对消费者产生较大的影响力，很大程度上取决于这样的策划是否新奇，是否为消费者感兴趣而且愿意接受。

3. 适时性原则

适时性原则，简单地讲就是价格变化的时机要把握好。尽管对于不同的行业而言这样的时机是不一样的，但总的原则应该是服务于企业的整体战略和适应当地市场的具体情况。就酒店的营销而言，由于存在淡旺季和受到国家政策、经济发展水平、城市旅游规划及会展等多种因素的影响，价格的波动往往比一般物质产品要大得多，这就要求策划者对酒店的坏境要有认真细致的研究，在全面把握市场动态的情况下制定合理的价格策略。

4. 阈限性原则

阈限性原则是指在价格调整中要对产品的档次和调整的时间做出妥善的安排。一般而言，产品的价格调整有上限和下限，突破这个限制就会给企业的整体战略带来巨大的、通常是负面的影响。例如，一个星级酒店，即使生意再清淡，其价格也不可以降低到一般招待所的水平，因为这样做虽然能够暂时改善一下经营状况，但对酒店未来的经营及品牌的危害都是非常巨大的。因而战略价格策略和战术价格策略也应该在不同的时期采用不同的控制方法。

5. 动态性原则

价格的变化要根据市场的具体情况灵活运用，任何一种价格策略都必须符合当地、当时的市场状况，如果拘泥于一定的模式或规范，没有丝毫灵活性，则再好的价格策略也是没有意义的。

6. 整体性原则

整体性原则即注意充分了解与企业价格行为有关的政策法规，注意充分了解市场环境和本企业的资源条件，避免触犯政策法规和损害企业形象，个别市场价格策略的实施要与公司整体市场和整体战略紧密结合。

7. 前瞻性原则

前瞻性原则即对未来市场的变化和产品成本及经营费用有相对准确的预测，对竞争者的价格策略有相对准确的判断，只有这样才能在价格决策中掌握先机。同时，对国家产业政策的变化和调整也要有充分的估计。尤其是对于相对垄断的行业而言，这点尤为重要，因为国家的产业政策有可能使过去拥有的资源优势在极短的时间内丧失。

8. 有效沟通的原则

虽然在一般情况下，价格策略的变化是由公司高层决定的，在公布以前应该有相对好的保密性，但价格策略的执行者是基层员工，而且这样的价格变化往往会影响员工的切身利益。因而价格策略的制定与执行必须保持与员工的沟通，否则很可能由于执行的问题给企业带来不必要的损失或使企业的价格调整战略无法达到预计目标。

二、价格策划的程序

与一般企业一样，酒店在选择和决策价格策划时都要经过一个反复调研、评价、取舍和优选的过程，这个过程包括一系列步骤，每个步骤对价格策划的形成都具有非常现实的意义。

1. 价格策划的环境研究

价格策划的环境是指作用于企业生产经营活动的一切外界因素和力量的总和，包括经济环境、市场环境和企业经营环境等。对这些环境的认真分析和研究是制定价格策略的基础，相对于一般物质产品生产企业，由于酒店所面临的所有这些环境更加复杂，变化更为频繁，因此要求策划者对酒店环境的研究应更为细致化和经常化。

2. 价格策划目标的确定

价格策划目标通常是与价格策略紧密相关的，而且酒店在其经营的不同时期，价格策划的主要目标也不尽相同，一般而言，价格策划的主要目标及为实现这个目标所应采取的主要策略见表5-1。

表5-1 价格策划目标及实现目标的价格策略

价格策划目标	实现目标的价格策略
资本增值	根据商品供求情况，把希望实现的投资回报有针对性地分配到价格中，以确保资本增值
扩大当前利润	高价策略（条件：卖方市场，产品供不应求，竞争较弱，购买力强） 平价或低价策略（条件：促销得力，需求旺盛，生产能力强）
提高市场占有率	薄利多销策略（条件：生产能力强，产品需求富有弹性，市场容量大，成本低，质量提高）
提升企业及产品形象	单一高价策略（条件：名牌产品） 稀贵平贱价格策略（条件：名牌产品分档定价）
适应竞争和规避竞争	高价策略（条件：人无我有） 同价或略低策略（条件：人有我优）
生存	低价策略（条件：不低于成本）

同时，企业在确定价格策划目标时，还必须综合考虑以下几方面的因素。

1）价格目标受经营目标制约

现实操作中，企业在不同时期会确立不同的经营目标，例如，确立企业的市场地位、扩大企业的经营规模、尽快实现资产增值，甚至有时可能是体现企业的公共责任等。这样，企业的价格目标就一定不能超越这些具体的经营目标而擅自行事，任何价格目标的策划都必须服从于公司的整体战略。

2）以价格必达目标为主，兼顾价格期望目标

价格策略往往是在公司要达成某项经营目标或适应市场变化时采取的措施，由于直接关系到公司的利润和品牌形象等重大问题，这样的措施在具体实施时要非常慎重。无论是酒店还是生产普通产品的公司，在决定其价格目标时，一定要明确公司在市场竞争中需要完成的主要任务，亦即确定公司的主要价格目标，同时，在完成主要目标的情况下兼顾期望目标的实现。例如，是占有市场份额还是挤垮竞争者，必须明确哪一个目标是必须要达成的，哪一个目标是兼顾的，否则很可能在具体实施时出现问题。

3）定性目标与定量目标相结合

价格策划目标不仅要有定性指标，如在一定时间内成为市场的领先者，而且这样的目标必须量化。也就是说，成为领先者的市场份额必须达到多少是必须要量化的。因为只有量化的目标才是可以考核的，只有可以考核的目标才能激励员工的工作热情。亦即，只有量化的目标才是企业要达成的具体目标，否则，这样的目标就很可能流于形式而没有变为员工的行动指针。

3. 制定价格策划方案

价格策划方案是价格策划内容的具体体现，它一般包括成本和费用估计、需求测算、国家政策走向、竞争者的价格及产品分析等内容。一般而言，要制定一个适合市场情况的价格策划方案，必须具备下述条件：

（1）对于参与价格策划的人员而言，他们必须对自己公司产品的成本、费用结构、盈亏平衡点等具体的数据非常清楚；必须明确自己公司的技术优势、产品优势、市场优势、品牌优势及在这些方面的劣势；必须对价格策划所要达成的主要目标和期望目标有深刻的理解，这是进行价格策划的基础。

（2）需求测算。对具体市场的有效需求、潜在需求及总需求等要有明确的概念，这要求策划者除了在价格上有非常明确的估算以外，更重要的是在时间上要量化，即必须清楚什么时候、多长时间内价格策略是有效的，这往往很重要。原因很简单，在目前竞争非常激烈的市场，价格受多种因素的影响，而且很多因素是企业不能控制的，加之酒店的经营受淡旺季、国家与地区的政策影响较大，因而一种既定的价格策略往往会因为外部条件的变化而难以实施，这就要求价格策划的参与者不仅要对未来市场的走势有相对准确的估计，还应该为因市场变化而要求价格进行调整的各种可能性准备备选方案。

（3）对竞争者价格与产品的分析。对于价格策略的使用，除了必须明白自己公司的情况之外，还必须了解竞争者的情况，必须了解整个行业的技术发展趋势和市场变化趋势，所谓"知己知彼，百战不殆"。当然，这样做是有条件限制的，特别是对于竞争者价格策略的了解一般来说比较困难，因为作为竞争的主要手段，企业对价格策略的保密性要求往往是最高的，对产品成本和利润等有关价格构成的资料也是严禁外传的，策划者要想了解这些情况，通常情况下非常困难。因此，关于对竞争者价格策略的了解说起来容易，真正做到并不

那么简单,需要企业投入一些资源、花费一些工夫进行仔细研究。

除此以外,国家政策走向也是策划者必须关注的重点问题,尤其是酒店行业,因为受国家政策走向的影响较大,因而在实际操作中对这些问题的研究需要更为细致。例如,国家鼓励旅游业的发展会给酒店带来较好的发展机遇,而国家紧缩财政政策会抑制投资和经济增长速度,从而直接影响到酒店的市场拓展等。

4. 价格策划方案的选择

在价格策划方案制定出来以后,企业领导需要对方案进行审核,虽然每个企业的价格策划目标不同,审核标准也存在比较大的差异,但选择价格策划方案的原则还是有共同点的,这主要包括以下内容:

(1)企业效益与社会效益相结合。价格策划方案的选择必然涉及企业效益与社会效益的关系。企业效益与社会效益有时是一致的,但在很多情况下是相互矛盾的。当二者发生矛盾时,企业应以社会效益为主,兼顾企业效益。这样做的目的,一方面是避免企业与社会其他机构、民间组织或政府发生矛盾,引起不必要的纠纷,另一方面是要在公众当中树立良好的企业形象,为企业未来的发展争取一个良好的市场环境。对酒店而言,因为其提供的是服务类产品,因而酒店的社会声誉与社会责任感往往对客户有非常直接的影响,在网络技术高度发达的今天,一个没有社会责任感的企业很难在市场上长期立足。

(2)经营风险与科学预测相结合。价格策划方案的选择必然涉及企业经营风险,这是因为,在营销组合的所有要素当中,价格不仅是最敏感的,同时也是与企业利益关系最直接和最密切的。优秀的价格策划方案不仅可以在短时期内极大提升企业的利润,更重要的是可以为企业赢得市场地位。反之,价格策略的实施则有可能危及企业的形象,从而给企业的经营带来巨大风险。当然,风险与利润从来都是一对孪生姊妹,没有任何风险的价格策略同样对酒店的经营没有任何帮助,这就要求价格策略的制定者与策划者对企业的经营风险要有足够的认知,采用科学的预测方法对市场的未来走势给出相对准确的判断。对于企业家来说,在科学预测的基础上敢于冒适当的风险是成功的必要条件。

(3)方案构想与方案实施相结合。价格策划方案的最终目标是付诸实施,这就要求价格方案既要有可靠性,又要有可操作性。针对市场环境的可行性研究就是根据实际情况对方案在经济上的合理性及在操作上的可行性进行分析论证的过程,这不仅很有必要,同时也是提升企业员工素质和执行能力的手段。优秀价格策划方案的特点表现为:这种方案不仅在理论上可行,而且其实施的结果可以极大提升企业业绩。

5. 价格策划方案的实施

价格策划方案一旦确定,企业就面临方案的实施问题。由于价格策划方案的实施往往会对企业的经营带来非常直接的影响,因而方案实施过程中的监控和调整是非常重要的。对方案的制定者和策划者而言,一方面,要保持与方案实施者的联系,另一方面,要搜集方案实施后的信息。

(1)保持与方案实施者的联系。价格策划方案的实施者往往是企业的一线营销部门,价格策略能否极大地促进企业的发展,在实施过程中能否在一定程度上改善企业的市场地位,提升企业的产品形象和创建企业的品牌,关键在于价格方案的实施者能否充分领会方案的真实意图,能否在实施过程中坚决贯彻方案的各项措施,使每一步策划内容都执行到位。这个问题看似简单,但在实际操作中,价格策略不能完全发挥效力的原因往往是很多策略并没有执行到位。因而策划者在价格策略实施过程中至少应该做到以下几点：第一，及时通知基层实施单位，保证价格策略实施的时效性；第二，及时通知有关客户，保证价格策略实施的可靠性；第三，改变过去的明码标价，保证价格策略实施的公开性。

（2）价格信息反馈。在价格策划方案实施以后的一定时间内，需要调查方案的实施情况，这一方面是为了检验价格策划的实施效果，另一方面也是为未来的价格策划积累足够的素材和经验。一般而言，价格信息反馈的主要内容包括：第一，新价格实施后消费者的反应，这是最为重要的反馈信息；第二，与价格目标有关的各项数据，如市场份额、相对市场占有率及关键市场的成长率等；第三，新价格实施后的市场供求状况、竞争者动态等。所有这些信息都需要策划者认真分析与整理，以便在价格策划实施过程中及时调整自己的方案。

第二节　定价方法策划

定价方法是指企业为了在目标市场上实现定价目标，体现公司的营销战略而给产品制定一个基本价格或浮动范围的方法。在当今市场格局下，影响企业产品价格，尤其是酒店这样的服务型企业产品价格的因素非常多，但就定价方法的策划而言，在实际操作中主要考虑的因素是产品的成本、市场需求和竞争情况，虽然这些是最传统的定价模式，但对大多数企业而言还是比较适用的方法。根据定价采用的基本依据，企业定价方法一般可以分为三大类，即成本导向定价法、需求导向定价法和竞争导向定价法，具体如图 5-1 所示。

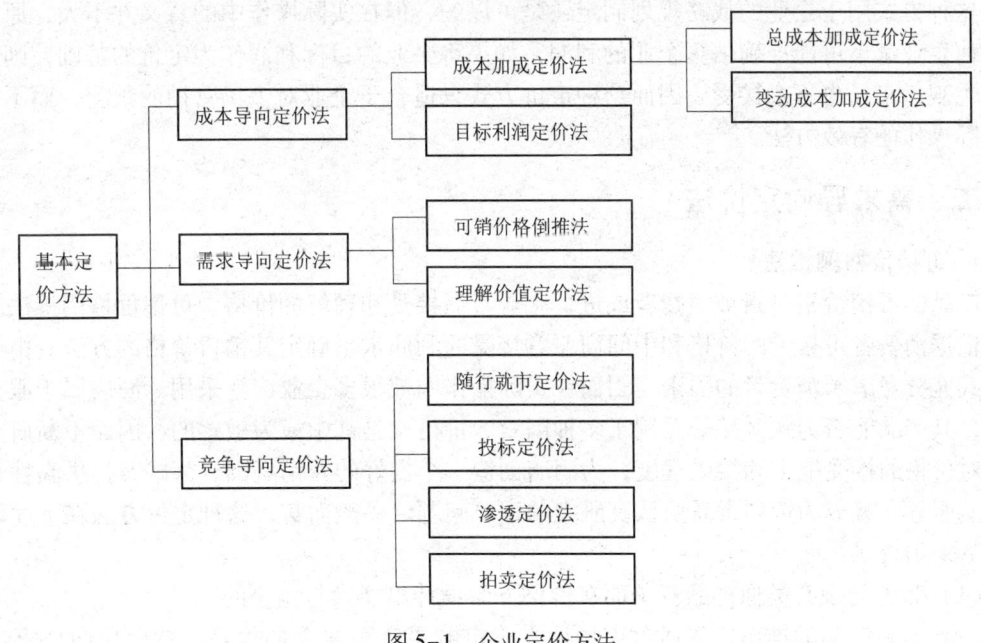

图 5-1　企业定价方法

一、成本导向定价法

1. 成本加成定价法

成本加成定价法是最古老的定价方式，虽然在当今市场条件下已基本上没有企业采用这种定价模式了，但作为策划者应该了解一些有关这种定价方式的相关知识。

1) 总成本加成定价法

总成本就是企业在生产产品或者提供服务时付出的全部成本或者费用，包括固定成本和可变成本两部分。总成本加成定价法即是指在单位产品成本上加一定比例的利润，再加上税金来构成单位产品的价格。

2) 变动成本加成定价法

变动成本加成定价法也叫边际贡献定价法，即在定价时只计算变动成本，而不计算固定成本，在变动成本的基础上加上预期的边际贡献，再加上税金。边际贡献等于边际收入减去边际成本，边际成本是企业每增加一单位产品所必须支付的成本，边际收入是指每增加一单位产品所获得的收入。计算公式为

单位产品售价=（单位产品变动成本+单位产品边际贡献）/（1-税率）

此方法是企业在供过于求的市场条件下，为了迅速开拓市场而经常采用的方法，在理论上是可行的，但由于每个企业，尤其是酒店这样的服务类企业，其边际成本与边际贡献的计算方法都不一样，且非常复杂，故精确估算企业的边际成本与边际贡献并不容易，因而这种方法更多用在理论分析方面，实际中的采用并不多。

2. 目标利润定价法

目标利润定价法是根据企业所要实现的目标利润来定价的一种方法，计算公式为

目标价格=（总成本+目标利润）/产量

这种方式用于企业的战略规划制定还是可以的，但在实际操作中的意义并不大，原因在于任何企业都不可能准确估算企业的利润，如果将企业的目标利润作为定价的基础，则未免过于主观，市场也不会接受，因而这种定价方式只适合于企业对市场营销的预测，而不能作为实际操作的有效方法。

二、需求导向定价法

1. 可销价格倒推法

产品的可销价格是指被消费者或进货企业习惯接受和理解的价格。可销价格倒推法就是企业根据消费者可接受的价格和中间商愿意接受的利润水平确定其销售价格的方法。由于这种方式充分考虑了消费者的因素，因而在实际操作中被很多企业广泛采用。酒店属于服务类企业，其产品能否为顾客接受受制于多种因素，价格又是其中最为敏感的，因而不断研究消费者对价格的接受能力和接受程度，为酒店创造一个良好的营销氛围，为顾客提供高性价比的优质服务，就成为策划者需要认真研究的重要问题。一般而言，这种定价方法在下述两种情况下采用较多：

（1）为了与现有类似产品竞争而在价格方面设计出能参与竞争的产品。

（2）对新产品的推出，先通过市场调查确定购买者可接受的价格，然后反向推算出厂价格。

例如，消费者对某种型号的电视机的可接受价格为2 500元，电视机零售商的经营毛利为20%，电视机批发商的批发毛利为5%，则电视机的出厂价格为

零售商可接受价格=消费者可接受价格×（1-20%）=2 500×（1-20%）=2 000（元）

批发商可接受价格=零售商可接受价格×（1-5%）=2 000×（1-5%）=1 900（元）

即电视机的出厂价应该是1 900元。对于酒店的营销而言，因为多数情况下并不涉及批发与零售环节，因而价格的制定相对简单，主要需要研究竞争者的价格及总体市场情况。但有些情况下，酒店为了扩大市场，赢得更多的客户，需要利用中间商或者旅行社推销自己的产品，这时就需要考虑支付给这些人的折扣问题，尤其是对于旅行社而言，一般需要考虑协议价，这样，在实际操作中同样需要精确计算酒店的"出场价格"。

2. 理解价值定价法

理解价值定价法是指企业根据买方对产品或服务项目价值的感觉，而不是根据卖方的成本来制定价格的定价方法。理解价值定价法实际上是企业利用市场营销组合中的非价格变数，如产品质量、服务、广告宣传等来影响消费者，使他们对产品的功能、质量、档次等属性有一个大致的"定位"，然后再根据消费者的"理解"，对产品进行定价。例如，某产品相关价值的定价见表5-2。

表5-2　某产品相关价值的定价

价格说明	价格/元
与竞争者产品相同的价格	90 000
更高耐用性方面的加价额	7 000
更高可靠性方面的加价额	6 000
更高服务质量方面的加价额	5 000
较长零件保修期的价格加成	2 000
总价值的价格	110 000
折扣	10 000
最终价格	100 000

由表5-2可以看出，公司对价格构成的每个组成部分都制定了一个价格或价值，从而形成总的定价（称为组成价值定价）。顾客在购买公司产品时尽管要比购买其他厂商的产品多付10 000元，但他还是觉得比应有的价值便宜了10 000元，这样，顾客还是愿意购买公司的产品。实际上，对于酒店的营销而言，由于每家酒店的设施、服务、品牌及客户关系等都存在非常大的差异，因而即使定价有时比竞争者高，实际上也还是有市场机会的，关键在于对客户需求的研究与理解是否到位。从这个意义上讲，制定一个哪怕是相对合理的价格实际上也不是非常容易的事情，需要综合考虑各方面的因素。

三、竞争导向定价法

在实际操作中，竞争导向定价法是包括大多数酒店在内的企业所采用的主要定价方法。这是因为，市场上的大多数企业都属于中小型企业，他们不具备对市场的绝对影响力，是市场价格的接收者而不是制定者，只能根据其竞争者或者市场主导者的价格制定自己产品的价格。当然，什么时候采用什么样的定价方法及效果如何就要依据企业的策划能力、执行能力等多种因素了。总体而言，这种定价法包括下述几种具体形式。

1. 随行就市定价法

随行就市定价法即按当时市场上通行的价格定价，这是最简单也是最无奈的一种方式，因为没有考虑企业的营销目标、成本及品牌等其他因素，只是根据市场目前的价格被动地跟着竞争者走。可惜的是，大多数企业由于不具备与竞争者抗衡的能力而只能采用这种定价法。

2. 投标定价法

投标定价法是买方引导卖方通过竞争成交的一种方法，常用于建筑工程等较大的项目。由于酒店的竞争日趋激烈，目前比较大型的会议接待或者会展等活动也会采用这种模式确定酒店。因而对于酒店的策划者而言，不仅需要了解自己与竞争者的成本费用结构，同时也需要掌握参与竞标的一般方法。

3. 渗透定价法

渗透定价法是以打进某市场或扩大市场占有率、巩固市场地位为目标的定价方法。其特点是价格偏低，低到什么程度完全根据市场形势，而不是成本。采取这种定价方法时，成本通常需要在较长的时间内才能收回。刚开业的酒店一般也会采用这种方式吸引客户的注意力，这一方面是为了扩大酒店的影响力，另一方面也试图通过种方式形成相对稳定的客源。

4. 拍卖定价法

拍卖定价法是商品所有者或委托代理人（如拍卖行）事先规定商品底价、加价幅度，在拍卖地点进行公开叫卖，根据不同买主的报价，选择一个最高价格作为成交价格的方法。

四、定价策略策划

在实际操作中，企业还需要考虑是否利用灵活多变的定价策略修订或调整产品的基础价格，这样做的目的在于适应市场变化和实现营销目标。通常而言，再优秀的价格策略也需要根据市场的不同情况做出相应的调整。修订价格的策略一般有以下几种。

1. 新产品定价策略

新产品定价对企业而言往往比较困难，这是因为，一方面，市场上没有同类型产品作为参考，另一方面，企业对消费者是否能够接受新产品，尤其是是否能够接受新产品的定价没有把握，即具有很大的不确定性。这种不确定性意味着企业需要承担很大的定价风险，一旦定价环节出现失误，则很多前期的营销努力将化为泡影，甚至可能断送新产品的市场前景，这就是新产品定价必须非常谨慎的根本原因所在。

一般来说，对于新产品的定价，策划者可以考虑以下几种方式。

1）撇脂定价策略

这是一种高价格策略，即在新产品上市初期，价格定得高，以便在较短时间内获得较大利润。但前提是：第一，这种产品在短期内为卖方市场，产品严重供不应求，并且人们对这种产品的需求迫切；第二，具有独特技术，竞争者跟进速度较慢，企业在一定时期内占据市场的主导地位；第三，市场对产品的认可度非常高，基本上不需要市场教育过程。如果能够采用撇脂定价策略开发市场，对企业而言往往意味着非常好的市场机遇，它们不仅可以在比较短的时间内获得比较好的收益，还可以利用这种市场机遇为新产品创建品牌，因而这样的市场机遇是绝对不能错过的。例如，我国20世纪90年代初期的家电产品市场和酒店市场就属于这种情况。

2）渗透定价策略

渗透定价策略是一种低价策略，即在新产品投入市场时，以较低的价格吸引消费者，从而在较短的时间内确立自己的市场地位。这也是目前大多数新产品在开发市场时所采用的主要定价策略。而且，对于多数企业而言，渗透定价策略通常是一种长期策略。这是因为，无论是酒店产品还是一般物质产品，竞争者模仿新产品的周期都在缩短，一种新产品很难在较长时间内保持其独特性，上市时间不长就会面临激烈的市场竞争。因而采用这种策略的前提条件为：第一，市场容量大，可以采用薄利多销的方式降低产品的营销费用和生产成本；第二，产品生命周期长，市场后劲大，一种新产品的开发往往需要投入巨额研发费用，即使像酒店这样的服务类企业，要研发一种新产品通常也需要投入大量的资源，因而产品生命周期的长短往往在很大程度上决定了新产品能否为企业带来足够多的利润以弥补前提投入，尤其是在价格相对低廉的情况下；第三，企业的生产能力能够满足市场需要，由于价格较低，企业获取利润的主要方式在于以足够的销量保证成本费用的降低，因而企业的生产能力能否满足市场需求成为采用这种策略必须首先考虑的，如果企业的生产能力不足，则不仅产品的成本高，企业没有利润，市场也会因为企业不能提供足够的产品而最终放弃对这种新产品的选择。

3）满意定价策略

满意定价策略是一种折中价格策略，它吸取了上述两种定价策略的长处，采取比撇脂价格低、比渗透价格高的适中价格。这种策略同样存在上述两种策略的风险：相对较高的价格会使企业失去市场份额，使新产品刚一上市就受到竞争者产品的挤压；而相对较低的产品价格，如果不能在短时期内迅速扩大销量就不可能降低成本，从而使企业的利润较低甚至亏损。因而这种策略在理论上是没有问题的，但在实际操作中往往不具备可行性，策划者在为新产品制定价格策略时还应该主要考虑前两种方式。

2. 产品组合定价策略

企业生产或酒店经营多种产品时，各产品之间往往具有相互关联性，对此企业可用产品组合定价策略达到营销目标。具体形式如下。

1）替代产品定价策略

性能和使用价值相似的产品为替代产品，企业如果能够灵活安排其所生产和经营的替代产品的价格比例，就有利于推陈出新，扩大销售量，调整产品结构。一般而言，替代产品定价策略主要包括以下三种基本做法：

（1）降低一种产品的价格，不改变另一种替代产品的价格，以扩大前者的销售量，降低后者的销售量。企业利用这种效应可以调整产品结构，发展自己的优势产品或者利润水平较高的产品。

（2）提高一种产品的价格，不改变另一种替代品的价格，以淘汰前者，将社会需求转移到后者。企业利用这种效应也可以达到在不减少收益的前提下调整产品结构的目的。

（3）降低一种产品的价格，提高另一种替代产品的价格，扩大前者的销售量，突出后者的豪华或者高档特色。企业利用这种效应可以在不影响收益的前提下，为新产品创造声望，带动其他产品的销售。

2）互补产品定价策略

互补产品是指需要配套使用的产品。在互补产品系列中，往往有一个在连带消费关系中起主导作用的产品或服务项目。互补产品定价策略就是降低起主导作用的产品或服务项目的价格，以扩大该产品的销售，从而达到促进系列产品销售的总体营销目标。例如，降低照相机的价格,使照相机的销售量增加,胶卷的需求量会自然增加,企业就能获得更多的利润;同理,如果降低客房的价格,使客房的出租率上升,同样可以带动酒店餐饮、娱乐或者旅游等项目的发展。

3) 副产品定价策略

企业在生产过程中,利用边角废料制造副产品,对原材料加以综合利用,这是目前企业获得额外利润和增强竞争力的重要手段。这是因为,如果不生产这些副产品,则处理边角废料不仅要花费资源,而且还会影响主产品的生产和销售,这就要求企业要为副产品寻找市场,为副产品制定合理的价格。一般来说,对副产品,能补偿生产和储运副产品所耗费用且略有盈利就是比较合理的价格。

3. 产品大类定价策略

产品大类定价策略是指同时对一组产品或系列产品统筹考虑、统一定价,这不仅可以简化企业的操作流程,同时也可以让客户更好地了解企业的产品,方便客户购买,所以这种定价策略又叫"一揽子"定价策略,具体方式如下。

1) 分级定价策略

企业把生产的产品分成几个档次或类型,然后按档次或类型定价。如家具生产厂家将自己的产品分为大众型、高雅型、豪华型等,酒店的定价往往也是依据不同的星级确定基本价格的。这样,既便于满足不同顾客的消费需要,又使定价简单、合理。运用分级定价策略的关键是,分级要符合目标市场的需要,级差要适当,同时要考虑当地的收入水平和地区的经济发展层次,否则达不到好的经营效果。

2) 配套定价策略

企业把相关的多种产品搭配成套,按套定价,一起出卖,如家具组合、礼品组合、散件套装等。成套定价和销售,使消费者感到比单件购买便宜,并且方便,从而可促进销售,同时也能保证企业在总体上获利。目前市场上很多旅游公司推出的大多数产品即采用了这种配套定价策略,即顾客在支付的总价中包含住宿、交通、餐饮甚至门票等多项内容,实施这种策略的关键在于一定要对自己产品组合的成本有非常精确的计算,总体利润水平一定要满足公司的发展要求。

4. 任选商品定价策略

任选商品是相对于主要商品而言的。许多企业在经营主要商品时,还经营某些与主要商品密切相关的任选商品。如饭店除了出售体现其特色的饭菜以外,还提供饮料、酒水或者其他非酒店制作的产品等,就饭店的营销而言,饭菜是主要商品,而饮料等则是其任选商品。策划者可以根据市场状况和消费特点采用任选商品定价策略达成企业目标。例如,如果主要商品是一般商品,则将主要商品的价格定得较低以吸引客户,将任选商品的价格定得较高以获取利润。若主要商品是企业传统的特色产品,则将主要商品的价格定得较高,以获取利润,将任选商品的价格定得较低,以吸引顾客。

5. 地理定价策略

地理定价策略的实质就是根据买主所在的地域,考察物流费用由谁承担的一种定价策略。根据买卖双方承担物流费用的情况,该策略又分为以下几种:

(1) 产地价格策略。由卖方规定出厂价格或产地价格,由买方负担全部物流费用。这种定价策略价格单一,适合于各个地区的客户。

（2）目的地交货价格策略。在国际贸易中，目的地交货价格又分为目的地船上交货价格、目的地码头交货价格、买方指定地点交货价格。这种价格包括合同规定的物流费用（如装船、理舱、运输、保管）、一切手续费、保险费等。

（3）统一交货价格策略。由卖方将货物送到买方所在地，无论物流费用多少，对所有客户都按一个价格收取货款。这种方法与邮政服务相类似，所以又称为邮政定价法。当物流费用占变动成本的比例较小时，卖方乐意采用这种方式，同时也使买主认为运送商品是一项免费的附加服务，对巩固卖主的市场地位有利。

（4）分区送货价格策略。卖主将市场划分为几个大的区域，以每个区域与卖主距离的远近分别定价，使各分区内的价格保持一致。

（5）津贴运费价格策略。卖主将商品按出厂价统一规定出售，为了扩大商品销售的覆盖面，对远距离、物流费用大的用户，给予部分或全部津贴。

（6）基点价格策略。企业设定一个或若干定价基点，即单一基点或复数基点，以基点与购买地点之间的运费加上基点价格，作为交货价格。不管企业从其所属的哪一个生产地点发货，买方承担的运费都从其距离最近的基点起算。基点价格使价格结构缺乏弹性，竞争者不易加入，避免了价格竞争，买方可任意向任何基点购买，卖方也可推销其产品到较远的市场，有利于扩大市场份额。

6. 价格折扣与折让策略

在交易过程中，把一部分价值转让给购买者，以此来争取更多顾客的价格策略即为价格折扣与折让策略。具体分为现金折扣、数量折扣、职能折扣、季节折扣和折让。

1）现金折扣

现金折扣也称为付款期限折扣，即对现款交易或近期付款的顾客给予价格折扣。买方如果在卖方规定的付款期以前若干天内付款，卖方就给予买方一定的折扣，目的是鼓励提前付款，以尽快收回货款，加速资金周转。

2）数量折扣

数量折扣是指卖方为了鼓励买方大量购买，或集中购买其一家的产品，根据购买者所购买的数量给予一定的折扣。这种策略又分为以下两种。第一，累计数量折扣，即规定在一定时间内，如果购买总量超过一定数额，则按总量给予一定的折扣。例如，一个客户在一年中累计进货超过1 000件，每次购货时按基本价格结算货款，到年终，企业按全部价款的5%返还给该客户。第二，非累计数量折扣，即规定顾客每次购买达到一定数量或购买多种产品达到一定的金额所给予的价格折扣。例如，根据每次交易的成交量，按不同的价格折扣销售，购买100件以上按基本价格的95%收款，购买500件以上按基本价格的90%收款，购买1 000件以上按基本价格的85%收款。

3）职能折扣

职能折扣也称功能折扣，即厂商根据各类中间商在市场营销中所担负的不同职能，如储存、分销和记账等，给予不同的价格折扣。如给批发商的折扣较大，给零售商的折扣较小，从而使批发商乐于大批进货，并有可能进行批转业务。

4）季节折扣

季节折扣是指出售者向非时令性商品的购买者提供的一种优惠价格。例如，冬天是空调销售的淡季，空调生产企业为了减少资金积压，合理安排生产，每台空调按10%的折扣卖给购买者。

5）折让

折让分为两种。一种是推广折让，即对于中间商为商品销售所做的各种促销工作，如刊登地方性广告、布置专门的橱窗等，生产者给予中间商的减价报酬。另一种是运费折让，即对远距离的顾客，减价以弥补其全部或部分运费，目的是吸引远方的顾客以扩大市场范围。

对酒店经营而言，这种折扣更多体现为与相关企业的协作关系，一般而言，如果酒店与旅游公司有合作协议，则执行的价格通常就是折扣价，因为旅游公司通常会为酒店带来较大的业务量，而酒店会按照协议价格给予旅游公司较大的折扣，这不仅可以提升酒店的客房出租率和餐厅的使用效率，更重要的是，通过这种操作可以在一定程度上提升其知名度。

7. 心理定价策略

这是运用心理学原理，根据不同类型顾客购买商品的心理动机来制定价格，引导消费者购买的价格策略。心理定价策略的运用往往需要具备较高的操作水准，对消费者的消费心理进行不间断的认真研究是这种策略成功的关键所在。现实中，这种策略的运用主要包括以下几种模式：

（1）尾数定价策略。也称作非整数定价策略，即给产品定一个以零头数结尾的非整数价格。这是因为，消费者一般认为整数定价是概括性定价，定价不准确，而尾数定价可使消费者产生一种减少一位数的感觉，同时，消费者还会觉得企业定价认真、一丝不苟、经过了精确的计算。

（2）整数定价策略。这种策略与第一种正好相反，即企业在定价时，采用凑整的方法制定整数价格，这种策略一般情况下适用于高档产品，这是因为，购买高档产品的顾客通常具有比较强的消费能力，不太在乎价格，同时，整数价格还会给人一种产品价值不菲的感觉，也有利于消费者向其他人炫耀自己购买的产品。

（3）声望定价策略。声望定价策略即针对消费者"价高质必优"的心理，对消费者心目中有信誉的产品制定较高的价格。采用这种策略的关键在于，企业的产品一定要有比较强的市场影响力，品牌效应巨大，足以影响消费者的购买行为。例如，香格里拉、希尔顿、凯悦等著名酒店的品牌本身就具有非常高的价值，如果这些酒店的定价过低反而会影响到企业的声誉。

（4）招徕定价策略。招徕定价策略是指企业针对消费者求廉的消费心理，将一些商品价格定得低于常价，以利于招徕顾客。这些低价商品通常是牺牲品，其目的在于吸引顾客在大量购买这些特价商品时还购买其他正常价格的商品。例如，美国的超市每天都会推出几种特价商品，这些商品的价格确实低于进货成本，商家的销售也是亏损的，但顾客只要在商场里购买其他商品，商家就有利可图。酒店的营销同样可以采用类似的定价策略达到企业的营销目标。

（5）习惯定价策略。习惯定价策略是指企业依赖长期被消费者接受和承认的、已成习惯的价格来定价的一种策略。这通常是指那些消费者经常购买的商品，如方便饮料、大众面包等，由于消费者对这些商品过于熟悉，企业如果要在价格方面采取不同的策略往往会引发消费者的反感而放弃购买，因而对于这类商品，企业必须依照习惯价格定价。

8. 差价策略

差价策略是指相同产品以不同价格出售的策略，其目的是通过形成数个局部市场以扩大销售，增加利润，具体操作方式如下：

（1）地理差价策略。即企业以不同的价格在不同地区营销同一种产品，以形成同一产品在不同空间的横向价格策略组合。差价的原因不仅是因为运输和中转费用存在差别，而且由于不同地区市场具有不同的爱好和习惯，具有不相同的需求曲线和需求弹性。

（2）时间差价策略。即对相同的产品，按需求时间不同而制定不同的价格。这只能在不同时间需求的紧迫性差别很大时才能采用。例如，保龄球馆在每天的不同时间收费不同，酒店在白天的价格比晚上要低等都属于这种定价方式。

（3）用途差价策略。即根据产品的不同用途制定有差别的价格。例如，奥运会专用饮料要比同等质量的其他品牌饮料价格高一些。实行这种策略的目的是增加产品的新用途以开拓更大的市场，同时，由于这种产品所赞助的项目一般而言是公众所熟知的，因而相对较高的价格也比较容易为消费者所接受。

（4）质量差价策略。即对不同质量的产品制定不同的价格，但这个价格相对它们各自的成本不成比例，以凸显某种产品的高档和奢华。例如，迪拜的帆船酒店是目前世界上收费最高的酒店，但由于其独特的地理位置和豪华的设施，以及优质的服务是其他酒店所不具备的，因而尽管价格惊人，但仍然有众多的世界名人下榻。

（5）式样差别策略。即对不同式样的产品制定不同的价格，这个价格相对它们各自的成本不成比例，以凸显某种商品的时效性。

（6）顾客差价策略。即对同一产品或服务的不同顾客制定不同的价格。例如，铁路对大学生收取半费，某些部门对本企业或本系统的员工在消费本企业或本系统产品时给予一定的折让等。

第三节　变动价格策划

产品变动价格策划是指企业根据客观环境和市场形势的变化而对有关产品价格进行调整的策略。从导致企业产品价格变动的原因和调整价格发动者角度出发，产品价格变动分为主动的价格调整和被动的价格调整两大类，相应地也就形成了两类价格调整策略。

一、企业主动调整价格

企业主动调整价格即企业在市场竞争中对某些商品的供求状况已有预测，为了先发制人，取得竞争的主动权而主动降价或提价的行为。现实操作中，企业无论是主动提价还是主动降价都是非常危险的，这是因为价格是所有市场要素中最为敏感的，提价的结果往往意味着市场份额的损失，而降价的结果不仅会降低单位产品的利润，更严重的是会给企业的品牌和产品质量声誉带来负面影响。因此，作为策划者，一定要对企业的价格变动原因有非常认真细致的研究，并对市场的反应作出比较准确的估计，否则不可轻易提出这样的策划方案。总体而言，变动价格策划的要点主要包括下述内容。

1. 降价策划

降价策划需要首先分析的是引发企业降价的动机，因为降价意味着单位产品的利润会降低，而企业能否通过降价达成自己的营销目标存在非常大的不确定性，消费者会认为降价的原因是产品质量下降或者企业能够提供的服务减少而拒绝购买降价产品，因而企业在采用这种手段对市场进行开发时,需要对降价的原因非常清楚。

一般而言,企业降价的主要动机包括以下几个方面:

(1) 企业的生产能力过剩,产品出现积压。当市场供过于求,企业库存积压严重,需要扩大销售,但采用其他非价格竞争手段,如增加销售力量、改良产品、加强促销等都不能达到扩大销售目的时,企业就会考虑降价促销。

(2) 企业遇到激烈的市场竞争,市场占有率逐渐下降。这恐怕是企业采用降价策略最直接和最现实的原因。当企业的市场份额不断萎缩,销售额不断下降时,企业就会面临非常大的市场风险,如果采用其他方式不能有效改善企业的市场状况,降价往往会成为唯一的选择。

(3) 产品进入成长期或成熟期后,平均成本随销售量增加而下降,企业希望通过降价增加销售来获得更多利润。这是诸多降价原因中最为积极的一种,因为通过降价不仅可以扩大市场份额,增强企业的品牌知名度,同时还可以提升企业的整体利润水平,为企业未来的发展打下坚实的基础。

(4) 本企业或其他企业有新的同类产品上市,对老产品形成威胁。这可能是最迫不得已的降价原因,因为新产品最终取代老产品是亘古不变的市场法则,作为企业,这时应该当机立断,即使会出现较大的亏损也应该采用降价措施尽快完成老产品的销售,否则老产品在未来的市场营销中不仅不会给企业带来任何利益,还可能成为企业甩不掉的包袱。

2. 降价的方式与技巧

既然在很多情况下降价是企业不得已而采用的营销手段,而且降价对市场会产生负面影响,那么企业在采用这种方式达成自己的营销目标时就需要对降价的具体方式进行研究,而不是在所有的市场或者对所有的产品都采用直接降价的办法,以最大限度地消除降价给企业带来的不利影响。

(1) 价格不变,增加服务项目。在价格不变的情况下,企业增加运费支出,提供送货上门、免费安装、调试、维修及为顾客提供保险等服务,由于企业增加了支出而价格没有发生变化,相当于企业产品的降价。但相比直接降价,这种方式比较隐晦,同时会给消费者留下比较好和比较深刻的印象,有利于产品品牌的创建和维护企业声誉。

(2) 价格不变,提高产品的质量或性能。这种方式虽然有利于维护产品形象和企业声誉,但比较难以操作,因为一方面消费者的认同度可能比较低,另一方面要想让消费者了解产品的性能还需要大量的广告或者促销方面的投入,企业的营销费用会增加。

(3) 价格不变,加大各种折扣。这是目前市场普遍采用的降价模式,但正因为很多企业采用,因而在实际操作中,其独特性已经被逐步淡化而成为企业产品降价的同义语。

(4) 价格不变,馈赠礼品。这种方式的特点与问题等同于折扣,除非企业馈赠的礼品具有较高的价值,否则很难吸引消费者,但价值过高的馈赠礼品无疑会加大企业的营销费用,因而是否采用这种方式还要看具体的市场情况及企业的营销目标。

(5) 直接降价。如果企业想在市场上形成非常大的轰动效应,在短时间内迅速占有一定比例的市场份额或者打击竞争者,采用直接降价往往是非常有效的,但这种方式的缺点是不仅会牺牲企业的利润(至少是单位产品的利润会降低),而且一旦操作有误,降价以后的产品不为消费者所接受,就会给企业带来巨大损害。

3. 提价策划

提价策划即企业为了适应市场环境和自身内部条件的变化,而把原有的产品价格提高。一般而言,如果产品价格上升,直接损失的一定是产品的市场份额。当然,有的情况是,产品价格上升以后市场份额不降反升,但这只是极个别的情况,多数情况下,提价后的商品,其市场份额会下降。若提价策划方案付诸实施后,企业损失了大量的市场份额但却没有达成其营销目标,则对企业的危害就非常巨大了。正因如此,提价策划同样可以考验策划者对市场的认知程度和策划水准。

通常情况下,提价策划时需要分析的主要问题包括以下几个方面:

1) 企业主动提高产品价格的原因

(1) 产品品牌声誉提高,建立了质量信誉,对相当数量的消费者具有吸引力,即使产品提价也不会损失很多市场份额,或者消费者对产品价格不是特别敏感,这是提价策略实施最充足与最合理的理由。

(2) 新产品采取渗透定价方式进入市场,并经过一段时间的市场运作,企业对市场已经有一定程度的控制能力,相信在提价以后市场的反应不会非常强烈。

(3) 产品供不应求,企业通过提价抑制超前需求,这当然是企业求之不得的提价原因,虽然在目前市场上绝大多数产品并不具备这样的条件,但倘若有这样的市场机会,绝对不可轻易错过。

(4) 产品成本上升,企业通过提价转嫁负担。这通常是企业提价的主要原因,也是不得已而为之,如果企业不能通过提价的方式保持一定的利润水平就可能存在生存危机。

2) 企业提高价格的策略

(1) 直接提价,即直接提高产品价格。从理论上讲,这种方式一定会影响企业的市场份额,因为任何消费者都不愿接受过高的价格。但在现实操作中也不尽然,如果企业对市场有准确的把握,对消费者的消费心理有充分的了解,则提价不仅不会损失市场份额,反而会在增加企业利润的同时大幅增加企业的市场份额。例如,柯达公司在了解了日本的消费者对商品的普遍态度是重质多于重价后,于20世纪80年代中期以高出富士胶卷50%的价格在日本市场销售柯达胶卷,经过几年的努力,终于在日本市场上成为与富士平起平坐的企业,销售量也直线上升,因为日本消费者认为价格更高的柯达胶卷在质量上优于富士胶卷。

当然,这种策略的采用蕴含着极大的市场风险,如果消费者不接受,则不仅在短时间内会损失大量的市场份额,而且会给竞争者乘虚而入的绝佳市场机会。同时,企业要想再用低价策略开发市场也会非常困难,因为产品形象一旦在消费者心目中形成,是很难在短时间内消除的。因此,在采用这一方式时,要注意一些技术性问题。第一,要掌握好涨价幅度,不要危及自己的市场地位。如果是差别较大的产品,且对消费者吸引力强,需求价格弹性小,涨价幅度可以大一些;反之,涨价幅度应该小一点。如果是成本上升,而且该行业竞争激烈,则产品涨价幅度一般不宜超过成本上升幅度。实行渗透定价的产品涨价幅度,应以不损害已经建立的市场地位为前提。第二,要根据各类产品的不同情况选择适当的涨价时机,提高市场的接受能力。例如,把涨价放在通货膨胀时期,而且涨价幅度低于通货膨胀率,消费者就比较容易接受。第三,涨价时,企业应通过各种方式与消费者沟通,如提高产品质量、适当增加产品分量、赠送一些小礼品等,并通过广告宣传,向顾客说明原因,在消费者心目中树立良好的产品形象,使消费者认为应该涨价,以求得消费者的理解和接受。

（2）间接提价，即企业采取一些方法使产品价格保持不变，但实际价格却隐性提升。这些方法主要有：第一，压缩产品分量而价格不变；第二，使用便宜的材料或配件做替代品；第三，减少或改变产品的功能来降低成本；第四，改变或减少服务项目来降低成本；第五，使用价格较为低廉的包装材料，以降低总成本；第六，缩小产品的尺寸、规格；第七，创造新的、更为经济的品牌或无品牌产品。

二、企业被动调整价格

对于大多数企业而言，价格调整往往是被动的，也就是说是在竞争者率先调价之后，企业被迫在价格方面做出的反应，这是因为大多数企业是市场的追随者，他们对于市场没有绝对的影响力，只能追随市场主导者的价格策略。在这种情况下，任何企业调整价格都应该先认真研究竞争者价格变动的意图和可能持续的时间，分析这种变动对自己的市场可能产生的影响，从而对自己是否应该调整价格做出反应和决策。

1. 对竞争者价格变动的分析

当竞争者降价时，作为企业的策划者或者企业的主导者，首先需要冷静思考和仔细评估各种与价格相关的因素，分析竞争者降价的主要动机及对市场可能产生的种种影响，谋定而后动。这样，才能根据市场的变化找到自己的应对策略，现实操作中，对竞争者价格变动的分析主要包括评估和观察。

1）评估

评估即对竞争者的降价意图要有准确的评估，这是进行价格策略调整最重要的依据。评估的主要内容包括以下几个方面：

第一，意图评估。竞争者究竟是蓄意攻击，希望抢夺更大的市场占有率，还是在竞争中失败，不得已而降价？抑或是山穷水尽，降价求售？如果竞争者的降价攻击性很强，对自己的市场份额形成了巨大威胁，企业就应该迅速做出反应。但如果竞争者是由于其他原因而导致其不得已而降价，就应该保持冷静，不急于降价，因为竞争者的这种降价行为通常不会持续很长时间，对市场的影响力也不会很大。

第二，观察竞争者的降价幅度。降价幅度的大小通常会反映出竞争者意图的强烈程度，也会对企业的销售情况造成大小不一的影响。一般而言，对小幅度的降价犹可观望，而对大幅度降价则必须速谋对策。

第三，消费者对价格的敏感程度。对不同产品而言，消费者对价格的敏感程度是不同的，如果消费者对价格非常敏感，降价对销量和市场份额的影响巨大，企业就必须立即做出反应。反之，则可暂时驻足观望。

第四，市场地位。企业在衡量降价竞争者和本企业的市场地位后，据此做出反应。一般来说，如果市场领先者降价，企业应当跟进，如果是第二品牌对第一品牌发动攻击，则要小心防守，至于第三位以后的品牌所发动的进攻，除非恰逢时机和师出有名，并且会引起消费者的注目，或者来势汹汹，会引发市场震撼，否则都应该静观其变。

第五，产品替代性。如果降价者的产品与本企业的产品有较强的替代性，则应及时做出反应，反之可以静观其变。

2）观察

企业在评估以上诸多因素后，就可以决定是否跟进了。如果要静观其变，则可以从下述四个角度进行观察。

第一，消费者的反应。消费者反应的强烈程度通常是价格策略调整是否实施的重要参考指标。例如，长虹电视机做出降价决策后，受到市场的热烈追捧，这时作为电视机生产厂家就必须做出反应，否则在很短时间内，企业就会面临大量市场份额损失的风险，但如果情况正好相反，消费者对价格变化相对冷漠，就应该观察一下市场情况再做决策。

第二，销售状况。企业本身业绩受影响的程度是最重要的决策依据，如果深受影响，则基本上没有选择的余地，只能跟进竞争者的降价策略，但如果销量没有下降或者下降较少，则可以继续观察。

第三，同业反应。当有人发动价格战时，同行业的各厂家会有不同的反应，如不予跟进、率先跟进和随后跟进等，这些策略应该是各有利弊的，企业需要根据自己的资源状况和营销目标做出决策，因为选择得正确与否直接关系到企业的切身利益。

第四，渠道反应。当有的厂家降价以后，本企业的经销商也会做出不同的反应，因为竞争者降价直接影响到他们的市场份额和经营效益，如果渠道成员反应强烈，企业就应该考虑跟进，以保护自己的销售渠道，反之，则应进一步观察。

2. 对竞争者价格变动的对策

竞争者的调价策略也分为调高价格策略和调低价格策略。一般情况下，对调高价格策略的反应和对策比较容易，方法主要有跟进提价和价格不变，因为这样做通常不会影响企业的市场份额，同时，较高的价格也会提升企业的经营利润。而对调低价格策略的反应和对策比较复杂，需要慎重对待。一般而言，应对竞争者降价策略的方法可以分为下述五种类型，但究竟采用什么手段，还需要依据企业的资源状况、市场条件及营销目标等多种因素进行决策。

1) 维持价格不变

这一策略主要是在差别产品市场上运用。在差别产品市场，由于顾客要考虑产品品质、服务水平、品牌声誉等多种因素，因而会抵消顾客对价格的敏感程度。这种情况下，即使企业不降价，竞争者也不可能通过降价的方式夺取企业较多的市场份额，或者只是能够夺取较差的市场，不会从根本上撼动企业的市场地位。另外，如果竞争者的降价是短期行为，目标不明确，对企业的销售不会造成明显损害，也可以考虑采用这种策略。

2) 相应降价

这一策略主要用于同质产品市场。在同质产品市场，由于产品没有差别，顾客只是按技术规格购买，这样，如果竞争者降价，大部分顾客会转向最低价销售者，企业不予降价就会失去太多的市场份额，所以只能跟进竞争者的降价策略。采用相应降价策略时，同样可以根据竞争者的降价幅度和企业的营销目标做出不同的选择，这主要包括：推出折价券、降价幅度为竞争者的一半、降价到竞争者水平或为了反击竞争者降价幅度超过其水平等。

3) 提高顾客的理解质量

竞争者降价最重要的目的一定是吸引消费者和提升企业的市场份额，但任何企业的产品与其他企业相比都不可能是完全相同的。例如，同样是三星级酒店，也可能提供差异很大的服务，即使是一般物质产品，其整体产品的差异也是非常巨大的。因为产品中不仅包含服务，同时也包含品牌、质量和其他因素，因此，从理论上讲，每一个企业生产的产品在市场上都应该具有不同的价格，只是这种差异需要企业对消费者进行不断的教育才可能在市场上体现出来。如果企业不想参与价格竞争，力图以更优质的产品和更好的服务保持自己的市场份额，就应该提高产品质量和加强与消费者的信息沟通，以便使顾客认为支付的每一块钱都是物有所值的，价格相对于质量还是廉价的，以稳定其购买信心。当然，这样做毫无疑问会增加企业的营销费用，因而同样需要策划者在降价与维持价格不变之间作出平衡，找到使企业利润达到最大化的最佳途径。

4）提高价格的同时改进质量

提高价格的同时改进质量，即在竞争者降价时，企业不仅不降低自己的产品价格，而且通过改进工艺流程推出质量更高的产品以更高的价格应对竞争者的进攻。这样做的风险无疑非常大，因为消费者通常会选择价格较低的产品。因此，要想实现这样的市场目标，企业不仅需要支付大量的营销费用向消费者解释产品提价的原因，而且通常情况下还需要有著名品牌的支撑，或者企业需要引入一个著名品牌对进攻性品牌进行回击，这在实际操作中的难度相当大。

5）推出低价进攻性产品

企业维持受到攻击产品的价格不变，同时增加低价产品品种，或者另外创立一个廉价品牌与对手争夺市场。当丧失的特定细分市场对价格十分敏感时，就可以采取这种方式，因为该市场不会对更高质量的产品做出反应。

案例分享

酒店西餐厅的价格营销

酒店西餐厅位于商务中心区，毗邻众多的商业场所。周边的消费人群属于高收入人群，经济能力强，这对西餐厅来说是一个很大的市场。酒店西餐厅的地理位置非常便利，开车到市中心只需5分钟，开车前往火车站只需15分钟，开车前往机场也仅需30分钟。酒店西餐厅周边具备娱乐场所及购物中心。

酒店西餐厅为了吸引更多的顾客，与美团进行合作，美团新用户可在美团价格的基础上再享受减价优惠。在美团新用户立减活动期间，酒店西餐厅经理调取了相关数据来了解本次活动的效果。根据报表数据分析发现，平均一周里，周一和周二美团消费用户较少，周五和周六是美团用户占比最高的两天。在附近餐饮竞争压力较大的情况下，周末消费用户增加本是一件值得高兴的事情。但是酒店西餐厅经理在对比餐厅收入之后，却怎么也高兴不起来。因为他发现虽然周末期间美团消费用户多，但是收入却不乐观，反倒是在周一和周二美团消费用户数量少的这两天里，西餐厅的收益率变高了。

思考题

1. 是什么原因导致非周末的收益率高于周末？
2. 如果酒店西餐厅依然需要和美团进行合作，如何帮助餐厅解决周末收益率较低的问题？

第四节　价格策划中的风险防范

如前所述，价格策略是所有营销策略当中实施风险最大的，因此，充分认识企业价格方案实施过程中的风险，并采取合理措施，尽可能减少风险损失，扩大企业在风险性经营活动中的收益，是价格策划的重要内容之一。

价格行为风险是指企业实施某种价格方案，采取某种价格措施后，由于这一方案或措施的失误而导致损失的可能性。不同企业的不同价格行为都可能导致不同的风险，而这些风险对于企业的营销而言往往是致命的，稍有不慎就会给企业的经营带来巨大损失。归纳起来，价格行为风险主要有以下几种情形。

1. 市场拒绝

市场拒绝即降低价格策略难以被市场接受，特别是难以被潜在消费者接受，从而使企业难以达到其规模效益所必需的产销规模。这种结果对企业来说是灾难性的，因为降价的初衷一般为牺牲当前的企业利润，扩大产品的市场总容量，以达到通过规模扩大而降低经营成本的目的，如果市场不接受，则企业面临的将是产品大量积压和市场销售不畅的双重压力，一般情况下企业是难以承受的。因此，这样的策划对于策划者的市场研究水平，尤其是针对消费者的价格弹性指数的研究水平有非常高的要求。酒店的经营尤其如此，很多酒店在实际操作中试图通过降价的方式吸引客人，但不同客人对酒店的设施和服务水平往往具有不同的要求，大幅降价会使客人对酒店的服务和设施产生怀疑，尤其是从来没有消费过该酒店产品的客人会以为酒店的设施和服务不能满足其要求而放弃对酒店的选择，这样，酒店不仅会损失大量利润，而且其品牌和形象也会受到威胁，给酒店未来的经营带来巨大的负面影响。

2. 影响整体

影响整体即定价不当或价格调整影响到公司其他产品的发展和公司整体利益。如果因为公司某一类或者是某一种产品的价格在定价和调整过程中，对公司其他产品的价格形成自相竞争状态，从而对公司整体利益形成不良影响，则这种策略的风险也很大。例如，相似产品的降价会使竞争者面临市场压力，但如果公司其他产品也被卷入竞争，则结果很可能是公司整体利润下降。

3. 价格僵化

价格僵化即价格一成不变，不能适应不断变化的市场条件。价格是营销组合中最活跃的因素，也是营销人员在市场操作中最常用的竞争手段，如果定价机制僵化，不能适应市场要求，则对企业来说就意味着或者是失去市场份额，或者是失去盈利机会，无论哪一种结果对任何企业来讲都是不能接受的。

4. 危及形象

危及形象即定价不当，危及企业形象。价格的高低在某种意义上不仅仅是产品价值的外在表现形式，更多情况下也代表了一个企业的形象和一种产品的形象，因此，盲目挑起或者参与价格竞争是非常危险的。例如，假如希尔顿为了开发中国市场而将自己的客房价格定为每晚200元人民币，则基本可以肯定，希尔顿在中国不可能赚到利润，因为它将失去所有高端客户；如果五粮液的价格降低到几十元一瓶，则不仅意味着这种产品本身出了问题，而且五粮液作为一种企业形象也会遭到巨大损害，消费者在今后将不会再把它当作是白酒行业的领袖，这种产品也会在一夜之间从高档消费者群体中彻底消失。因而充分理解企业形象与价格之间的关系是策划者制定价格策略的必要前提。

5. 招致报复

招致报复即价格定位不当，引起本企业不希望出现的竞争者的报复。例如，如果一家以生产低档酒为主的企业在推出一种新酒时采用高价策略，并且这种策略的矛头直指市场领先者，对市场领先者提出挑战，则除非有非常充足的理由让消费者相信这种定价是合理的，并且准备好与领先者进行一场"战争"，否则，这种毫无理由的挑衅行为必将遭到市场领先者的反击和报复。由于市场领先者通常拥有更多的资源和更强的竞争力，因而这种竞争的结果往往是企业在遭受巨大压力的情况下，不得已而放弃这种产品或被迫调整价格，无论哪一种结果对企业而言，都是非常痛苦的。因此，中小型企业在市场操作中最明智的选择是不断积蓄力量，培养自己的竞争力，而不是试图挑战市场领先者的地位妄想一夜暴富。

6. 触犯法律

触犯法律即企业价格行为与有关政策法律相抵触，违法了国内有关的价格管理规定，或是在国际贸易中构成倾销行为等。每个国家由于市场管理方式不同，因而对营销活动的管理法规，尤其是相关的价格法规也存在比较大的差异，对于价格欺诈行为和不正当价格竞争行为等通常采用相对严厉的处罚措施，这就要求策划者在设计相关策略时，充分考虑和认真研究这些法规对价格策略的影响，否则就可能给企业的经营带来不利影响。

7. 实施混乱

实施混乱即内部员工对企业价格政策未能充分理解，在执行价格政策过程中，出现了相互矛盾的情形，引起公众不满。由于价格是所有营销要素中最为敏感的，直接关系到消费者的切身利益，因而价格策略的实施需要全体员工充分认识到价格策略对企业发展的重要意义，在实际操作中严格按照公司的规定完成策略的实施工作。任何在实施价格策略过程中的混乱状况都可能导致价格策略实施的失败，从这个意义上讲，价格策略不仅需要高水平的策划，同样也需要不折不扣的执行力保证其成功实施。

总之，价格行为风险涉及企业在市场运作中几乎所有的环节，策划者应该准确把握价格策划的相关原则，尤其是要进一步强化企业对市场环境的分析和预测，并且在实际操作中选择合适的价格规定方式，这样才能最大限度地化解价格行为风险。

第五节　价格策划常见问题分析

同产品策划一样，策划者在价格策划过程中同样会遇到各种各样的问题，这些问题虽然在不同的企业有不同的表现形式，但从策划思路和策划方法上来讲还是有共同之处的，对这些共性问题的研究和探讨，有助于我们在进行价格策略方面的策划时少走弯路，或者至少可以节省大量策划资源。

一、降价问题评析

企业是否采用降价策略开发市场，往往是策划者在具体操作中面临的主要问题，而对这一问题的研究，很多策划者总是习惯于对成本、竞争者、企业资源及市场环境等相关问题进行分析，以决定是否应该采用降价措施。虽然从一般的策划角度讲这是没有问题的，但策划的效果往往不是很好,这是因为,他们忽略了价格策略实施的效果分析,或者在分析过程中没有考虑价格策略实施过程中相关企业的市场地位,而这些往往是企业在进行价格策略策划时需要首先进行评估的重要内容,换句话说,只有在对实施效果进行充分论证的基础上才可能进行价格策划(见表5-3)。

表5-3 价格策划

如果你是市场领先者	如果你不是市场领先者
问题 降价能否扩大需求(总需求和本公司产品需求)? 降价能否将竞争者逼出市场? 降价后的净收益如何? 降价是否影响服务水平? 对手会在多长时间内反应? 对手可以坚持多长时间(假设亏损)?	问题 对手是否跟进降价? 产品和营销战略与对手有无差异? 有没有能力后来居上,后发制人? 是否有成本优势? 企业的资源在对手降价以后能否支持与对手在市场上竞争?能支持多长时间? 企业的长期战略目标是什么?

二、提价与降价的时机选择

企业在与对手竞争时如果使用价格竞争手段,则面临提价与降价时机的选择问题。一般情况下,如果价格是必须要降低的,则选择先于对手降价的做法,因为这样做可以先发制人,首先对消费者产生影响力,在最短时间内吸引大量消费者,分流竞争者的客户。通常情况下,如果对手随后的价格降低幅度没有超过我们,则一开始转向本企业的客户会有相当大一部分留下来成为我们的新客户,对手要想再次夺回这些失去的阵地,则要么降价幅度超过我们,要么采用别的营销策略,总之必须付出代价,而且所付的代价要比我们大,这就是先入为主对消费者的影响力。

反之,如果某一种商品是必然要提价的,一般情况下,采用后于对手提价的办法比较好,因为先提价虽然可以立刻见到额外的收益,但失去的是客户。企业在别人提价后没有立刻跟进,就可以利用这段时间大量吸引竞争者的客源,等市场价格基本稳定之后再提价。这时,由于市场价格处于同一水平,对于在提价过程中转移到本企业的客户而言没有太大区别,至少可以留下他们中的一部分,无形之中扩大了本企业的市场份额。这种看似简单的方法在实际操作中往往非常有用,策划者应该在实践中不断总结这些细小的策划技巧,以提高自己的策划水平。

三、降价与渠道

企业降低产品价格的动机很复杂,市场效果也会有很大区别,但无论什么结果,对渠道成员的影响都是巨大的,因为企业无论是提价还是降价都会关系到他们的切身利益,因此,厂商在实施其价格策略,尤其是降价策略以前需要考虑下述问题:

(1)厂商降价以后,渠道成员现有库存怎么办?

(2)厂商降价是否意味着渠道成员利润的降低?如果是,厂商有没有补救的措施?如果没有,渠道成员还有多少会继续经营厂商的产品?如果渠道出现问题,厂商是否做好了应变的准备?

(3) 厂商降价以后,渠道成员的总销售额是否会下降?有多少渠道成员会因为这个原因转而经营竞争者的产品?厂商对这种变化是否有足够的估计和应对措施?

对于这些问题的回答,如果有一个或者几个是否定的,策划者就要非常小心了。因为价格策略一旦实施就会给渠道带来非常大的震动,若不能有效补偿渠道成员的损失,必定会直接影响企业产品的未来销售。这样,即使价格策略在某一段时间内奏效,从长远来看,也很可能是失败的,因为失去渠道支撑的企业在未来的市场上是立不住脚的,这将直接危害企业的长远发展。

四、降价与用户

通常情况下,降低产品价格的直接目的是对用户产生更大的吸引力,激励他们更多地购买公司的产品,但在实际操作中,这种目的并不总能达到,当客户对下述问题有不同看法时,厂商的降价目的就未必能够达到了。

(1) 用户希望再次降价,"买涨不买落"是人们普遍存在的消费心理,有时降价的结果不但不能促进消费者大量购买商品,而且可能使现有销售业绩下滑,原因就在于客户希望等到更低的价格。

(2) 用户对降价的原因产生怀疑,比如降价是否意味着产品的质量下降,或者厂商提供的服务将会减少等。

(3) 用户对降价产品的未来信心不足,他们会担心,这种产品的降价只是因为有新的产品问世,而且新产品上市以后,这种产品的拥有成本会很高。例如,随着能源价格的不断攀升,人们对高能耗汽车的拥有成本会逐步提高,如果这种产品降价,则消费者就有理由相信,一种新的低能耗车会很快替代这种产品,而且这种担心会极大降低低价产品对他们的吸引力。

价格策略是企业营销过程中最敏感和对企业业绩影响最大的策划,策划者应给予极大的关注,其中,对消费者心理和竞争者价格策略的研究,以及对整个市场产品价格走势的准确估计,是确定价格策略的基础。

案例分享

以"价"取胜的日本丰田公司

在企业竞争中,价格竞争是非常重要的手段,但也是企业竞争中的一步"险棋",走不好,则会两败俱伤,大伤元气,甚至会自毁财路、自断前程。美国市场上有一种名为"雨戈"的汽车就曾因低价竞争不奏效,导致企业陷入困境。而丰田公司则较好地利用了低价策略,赢得了汽车市场竞争的胜利。丰田的低价策略,是以降低成本为前提的,并没有放松对质量的严格把关,因此才能在低价竞争中取胜。

进入20世纪90年代以后,多年美日贸易的巨额逆差导致美元大幅度下跌,日元急剧升值。这样一来,日本汽车廉价的优势不仅荡然无存,甚至每辆车要比美国车贵1 000~2 000

美元。于是，美国汽车的市场占有率开始稳步回升，日本汽车则连年下降，丰田公司在国内国外的市场份额也在逐步减少。为了再度取得竞争优势，丰田开始致力于技术改造以降低成本，之前他们几乎不折不扣地执行"凌志"（现叫"雷克萨斯"）的广告词"不懈地追求完美"，根本不对那些有关降低成本的方案加以考虑。他们对待引擎部件就像对待艺术品，耗费了很多零件和其他材料，因此，降低成本就要从减少这些多余的成分做起。

他们使用更少的材料重新安排了引擎舱，将方向盘的类型由原来的22种减少到6种。所有这些工作使得一辆汽车的平均成本大约降低了10%，在材料和生产成本方面每年节约16亿日元。

在降低成本的同时，他们不忘追求创新，让顾客明白丰田的低价决不等于低质。所以他们订立的目标是：开发与奔驰质量相同的新型汽车，但具有更为优越的价值，让购买丰田的人认为他们做出了明智的选择，而不是为了显示地位大量花钱。

在广告宣传上，丰田将其雷克萨斯车的图片和奔驰放在一起，并加以大标题："用36 000美元就可以买到价值73 000美元的汽车，这是一个千载难逢的机会。"让人们从心理上接受雷克萨斯与奔驰在质量和性能上是没有区别的，只是价格降低了，以刺激、引导消费者的购买欲望。

在广告宣传的同时，丰田还利用实验来说明其质量的可靠性。他们给每一位潜在顾客发一盘录像带，内容主要是表明雷克萨斯车在发动时非常平稳，没有震动感，这收到了很好的效果，一些人十分愿意到销售现场亲自试车，并有了购买欲望。

这里不难发现，低价策略的成功不仅仅是降低价格带来的，更多的还有怎样较好地降低成本，怎样在广告宣传中对"低价高质"加以说明，让顾客相信价格低是产品的一个优势，并非由于缺陷，这些比降低价格本身更重要。

成本的降低是实施降低价格策略的前提，只有在低成本的条件下才能施以低价格，倘若成本一直居高不下，低价竞争也就无从谈起。低成本有几种来源，或者是规模化生产带来的，或者是技术革新，加大了技术含量重新组合一些功能带来的，但主要来源于技术革新，因为只有技术创新才能为企业带来长久收益，这种在技术上的突破和创新不仅可以降低成本，而且可以保证公司产品的高质量。丰田公司走的即是技术创新之路。

应该说，丰田在价值创造上的确是个行家，它不仅考虑了价格，还同时考虑到质量问题，并且有效地将二者结合在一起，为消费者提供了一种他们理想中的汽车模式：具有奔驰的质量，具有丰田的风格。更重要的是，他们在营销中赢得了消费者的认同与信赖。

（资料来源：科特勒．营销管理．梅汝和，梅清豪，周安柱，译．10版．北京：中国人民大学出版社，2001.)

思考题

1. 丰田公司真的是采用降低价格的方式进行开发的吗？为什么？
2. 酒店营销能否借助丰田公司以"价"取胜的方式赢得市场？为什么？
3. 根据以上案例，分析价格的实质是什么，为什么？

第六章

酒店分销渠道策划

本章重点内容

1. 如何理解酒店与渠道成员之间的关系？为什么？
2. 酒店的渠道应该如何设计？为什么？
3. 为什么很多企业采用垂直分销渠道系统对渠道进行管理？
4. 渠道成员的选择条件包括哪些？为什么？
5. 如何理解目前市场条件下渠道模式的发展趋势？为什么？

分销渠道策划是企业市场营销策划的重要组成部分，在现代企业市场营销过程中，渠道已经成为企业最重要的资源之一，渠道成员在客观上已经成了企业的一个组成部分。事实上，很多产品之所以在市场营销中没有获得很好的效果就是因为渠道成员的效率过低或者渠道设计不合理，这就要求策划者在渠道策划方面不仅要注重对本企业资源和外部环境的研究，同时还要对渠道成员的经营目标、资源状况，以及国家的相关渠道法规等问题进行探讨，只有这样才能设计出企业与渠道共赢甚至多赢的渠道模式。

第一节 分销渠道网络设计策划

分销渠道网络设计策划是指企业为实现销售目标，对各种备选渠道结构进行评估和选择，从而开发新型分销渠道或改进现有分销渠道的过程。不同的企业和不同的产品，虽然在分销渠道设计上有区别，但在设计思路上却有共同特点。

一、分销渠道的基本构架

1. 分销渠道的层级结构

分销渠道的层级结构是指一个渠道系统中包含的层次数量，也就是通常所说的渠道长度。每个中间机构只要在产品及其所有权向最终买主转移的过程中承担若干工作，就是渠道中的一级，中间机构的级数越多，表明渠道越长，反之则越短。由于生产者和最终消费者都担负了某些工作，因而他们也是渠道的组成部分，如图6-1所示。

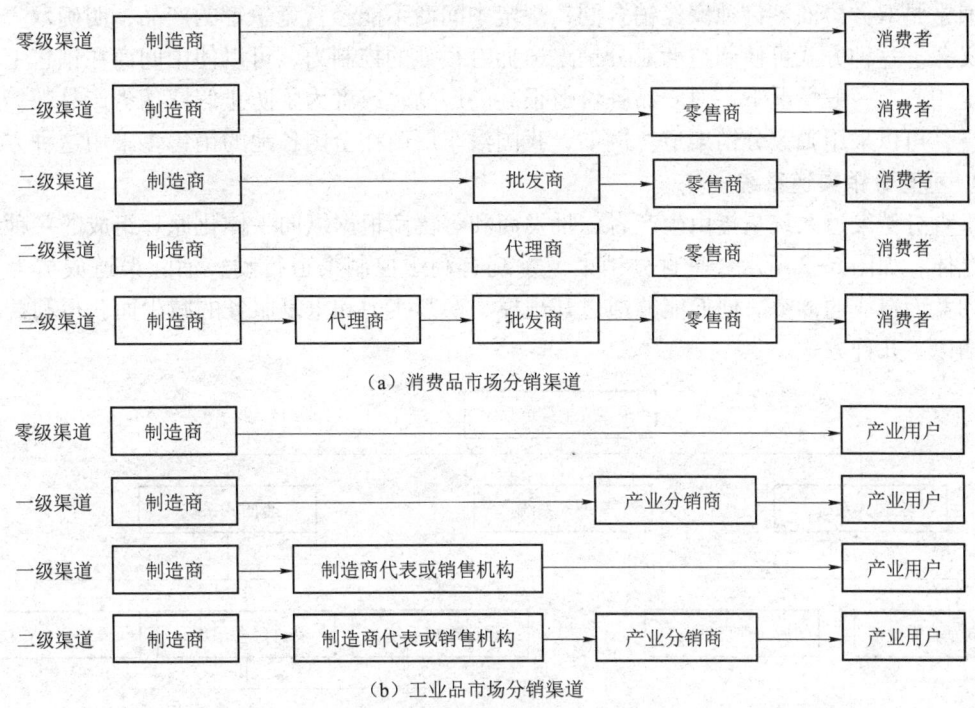

图 6-1 分销渠道的层级结构图

依据分销渠道中含有中间机构数目的多少，可以将分销渠道划分为零级渠道、一级渠道、二级渠道、三级渠道等。依据分销渠道级数目的多少，可以将分销渠道划分为长分销渠道和短分销渠道。依据产品是否通过中间机构到达消费者手中，可将分销渠道划分为直接渠道和间接渠道。由于消费品市场和工业品市场有差别，分销渠道又可以划分为消费品市场分销渠道与工业品市场分销渠道两大类型。

2. 分销渠道的宽度结构

分销渠道的宽度结构是指分销渠道中同一个层次选用中间商的数目，多者为宽，少者为窄。根据同一层次中间商数目的多少，可以有三种形式的渠道宽度结构，即密集型分销渠道、选择型分销渠道和独家分销渠道。

1) 密集型分销渠道

密集型分销渠道是一种比较宽的渠道模式。制造商尽量增加批发商、代理商和零售商的数目，使产品能够被更广泛地分销出去。消费品中的便利品和产业用品中的办公用品等产品适合这种渠道设计结构，其最大特点为市场的覆盖面非常宽。

2) 选择型分销渠道

选择型分销渠道即制造商在某一市场仅仅选择几个有良好声誉、对产品的性能特点有充分了解的中间商来经销企业的产品。这样，既能保证较为广泛的产品扩散能力，又能拥有对产品的较大控制力。消费品中的选购品（如照相机、女装）、特殊产品和工业品中的零部件等适用于这种销售模式。

3) 独家分销渠道

独家分销渠道即制造商在某一地区的某一经销层次上选用唯一的一家中间商来分销产

品。通常是双方协商签订独家经销合同,规定中间商不能经营竞争者的产品,明确双方的权利和义务。这种方式可使制造商对分销渠道拥有很强的控制力,可以使中间商在销售上更积极、更用心。一般情况下,对于品牌价值很高的产品,或者为了防止假冒伪劣产品败坏企业的声誉,可以采用独家分销渠道。例如,我国汽车厂商在全国各地的销售多采用这种方式。

3. 垂直分销渠道系统

垂直分销渠道系统是指由生产者、批发商和零售商根据纵向一体化原理组成的一种统一的联合体,如图 6-2 所示。垂直分销渠道系统有利于控制渠道行动,消除渠道成员为追求各自利益而造成的冲突。他们能够通过其规模、谈判实力和重复服务的减少而获得利益。具体包括以下几种方式。

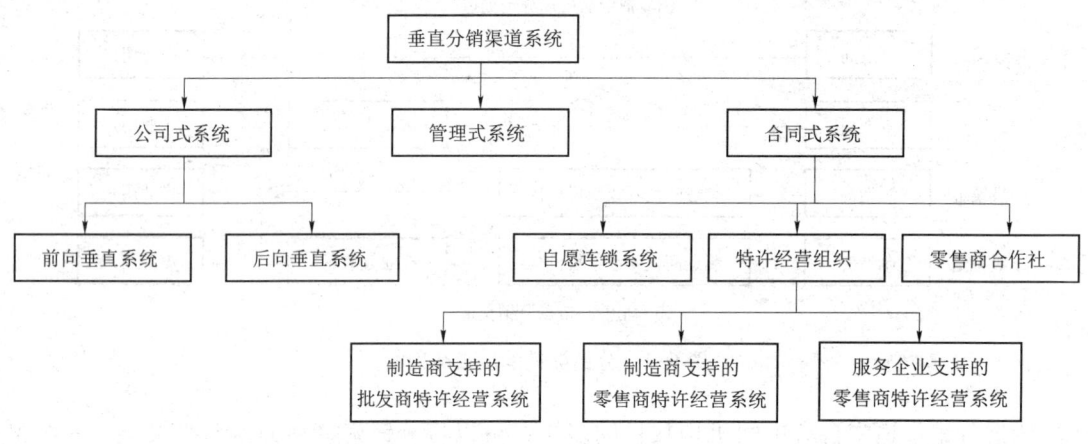

图 6-2　垂直分销渠道系统

1) 公司式系统

公司式系统是指一家公司拥有和统一管理若干个工厂、批发机构、零售机构等,控制分销渠道的若干层次,甚至控制整个分销渠道,综合经营生产、批发和零售业务。简而言之,生产及分销各个阶段在单一所有权下组合,这种方式虽然在运作系统和组织上都非常紧凑,容易实行统一的市场营销策略,但由于这样的系统包含生产和销售两个环节的机构和企业,而产业和商业的运作模式和管理方法又有很大区别,使得这样的系统对管理者的素质要求非常高。另外,由于可能发生企业的合并行为,对管理者的资源要求也比较高,没有相当的实力,要想实现这样的管理结构是不可能的。具体来说,它又分为前向垂直系统和后向垂直系统。

(1) 前向垂直系统,是指大工业企业拥有和统一管理若干个生产单位和商业机构,采取工商一体化的经营方式。

(2) 后向垂直系统,即大零售商拥有和统一管理若干个批发机构、工厂等,采取工商一体化的经营方式,综合经营零售、批发、加工生产等业务。

2) 管理式系统

管理式系统是指享有盛誉的大制造商为了实现其战略计划,在销售促进、库存管理、定价、商品陈列、购销业务等问题上与中间商协调一致,或予以帮助和指导,从而与中间商建立协作关系的系统。

管理式系统不是通过共同所有权或合同来约束不同成员行为的，而是通过渠道中实力雄厚的渠道成员的影响力来发挥作用的。一般而言，实力雄厚的制造商，如宝洁、联合利华等公司都能得到批发商和零售商的大力支持和协作。中国的著名品牌如海尔、长虹、康佳等在销售其产品时也能获得批发商和零售中心的认可。虽然这种方式没有明确双方的权利和义务，但在实践中，这种相对松散的组合却是著名品牌销售其产品的主要模式。对于厂商来说，他们不需要花费太多的渠道建设费用就可以拥有一个庞大的销售网络，从成本上讲是非常合算的，但前提条件是他们的品牌力量非常强大，并且需要在其他方面对品牌进行不间断的强化，一旦竞争者的影响力超过他们，就会面临全线危机，因而这种方式同样需要对市场有非常好的控制能力，尤其是必须具备很强的品牌经营能力。

3）合同式系统

合同式系统是指分销系统中不同层次的独立制造商和经销商为了实现其单独经营难以达到的经营效果和利润，通过签订某种协议而结成的联合体。这种系统通常包括下述三种形式：

（1）自愿连锁系统。这是由一家批发商带头与若干独立的零售商签订自愿连锁合同而组成的自愿连锁系统。通常是由批发商先制定一个方案，然后根据这一方案，使独立零售商的销售活动标准化，并获得采购成本降低的好处，这样，就使得这个群体能够有效地和其他连锁组织竞争。

（2）特许经营组织。根据特许经营者和被特许经营者的市场地位，特许经营组织又可以分为三种。第一，制造商支持的批发商特许经营系统，即制造商将特许经营权授予批发商，如可口可乐公司授权各地瓶装厂（批发商）购买其浓缩汁，然后由瓶装商充碳酸气、装瓶，再把它们出售给本地的零售商。第二，制造商支持的零售商特许经营系统，即制造商将特许经营权授予零售商。如福特等汽车公司特许经销商出售它的汽车，这些经销商虽然是独立的企业，但同意遵守各项销售与服务规定；再如，石油公司特许成千上万的加油站出售其品牌的汽油。第三，服务企业支持的零售商特许经营系统，如麦当劳、汉堡王和肯德基等。目前，特许经营形式在酒店经营过程中已成为一种非常重要的形式，例如，希尔顿等酒店品牌也是以这种方式在全球拓展其业务空间的，而如家、七天、莫泰等品牌酒店在我国也采用这种方式开发市场，并取得了很好的经营效果。

（3）零售商合作社。这是由一群独立的、中小零售商组成的，为了和大零售商竞争而联合经营的批发机构。各个参加联合经营的中小零售商要交纳一定的股金，各个成员通过这种联营组织，以共同名义统一采购一部分货物，统一进行广告宣传活动及共同培训员工等，有时还进行某些生产活动，成员之间根据购买量按比例分配利润。非成员零售商也可以通过合作组织采购，但是不能分享利润。

4. 水平分销渠道系统

水平分销渠道系统是指分销渠道内同一层次的若干企业采取横向联合的方式，合资或合作开辟新的营销机会，组成新的渠道系统。例如，银行在各大商场设置的自动提款机即为银行与商场的合作方式，既满足了顾客取款的要求，又扩大了商场的销售。

5. 多渠道分销系统

多渠道分销系统是指一个公司建立两条或两条以上的分销渠道，以达到企业尽快拓展市场的目的。例如，计算机公司可以直接向购买者出售个人计算机产品，还可以通过大众化电器商场和计算机专卖店出售其产品，这样就有三条分销渠道；而酒店的销售行为可以发生在酒店的前厅，也可以利用旅行社将自己的产品出售给顾客，同时还可以采用网上订购房间的模式销售自己的产品。

由于绝大多数行业目前都处于竞争非常激烈的时期，任何企业甚至任何行业的营销活动如果拘泥于一种销售模式，采用一条渠道销售自己的产品，则不能有效拓展市场空间，这就要求策划者在为企业进行渠道方面的策划时，对所有渠道模式都要非常熟悉，并熟谙各种模式的优点和缺点，这样才能为企业设计出符合其资源条件和营销目标的渠道模式。

二、分销渠道设计的原则

分销渠道的效率直接关系到企业能否以较低的成本完成自己的销售任务，而且渠道成员多数情况下并不是企业的职能机构，亦即企业与渠道成员是合作关系而非上下级关系。这样，在与渠道成员的关系方面就需要企业的策划者与实施者具有较高的渠道管理技巧和较强的策划实施能力，其中，能否准确地把握渠道设计的基本原则，能否按照渠道设计的基本原则体现企业的营销目标就显得非常关键了。

一般而言，分销渠道设计应该把握的基本原则主要包括以下几个方面：

1. 经济性原则

经济性原则是指从成本与收益的角度对不同的分销渠道进行评价，找到最适合企业经营目标和资源条件的分销模式，通过分销网络使企业的利益达到最大化。对策划者而言，要达到这样的目标，首先要推算每一种分销渠道的成本水平。例如，是采用本公司的销售人员还是采用销售代理商销售产品，企业的选择是：销售量在1 000单位以下时宜采用销售代理商，因为销售代理商已经建立了健全的网络，容易与客户接触，单位产品均摊的分销费用比较低；但是，如果销售量超过1 000单位，则适合采用本公司销售人员模式，即自己组建销售队伍，因为，大规模的销售足以为企业带来良好的利润回报。这给我们一个普遍性的启示：大企业适合采用自己组建销售队伍和分销网络模式，小企业一般采用销售代理商模式为好。

2. 目标差异性原则

目标差异性原则是指制造商使用销售代理商推销其产品时，必然会遇到中间商目标和制造商目标不相一致的情况。一旦这种情况存在，则中间商往往不能有效地配合制造商的整体营销策略，道理很简单，二者是合作关系而非一个整体，中间商绝对不会以损害自身利益为代价而销售制造商的产品。因此，制造商在分销渠道设计过程中需要评价这种差异的程度究竟有多大，这种背离是否会影响到企业的长远目标和利益。如果中间商是在积极合作的前提下追求自身利益的最大化，则可以接受，但如果中间商与制造商的目标相去甚远，甚至相抵触，则应及时调整渠道成员。

3. 适应性原则

分销渠道的设计要本着适应环境和企业总体发展规划的要求，灵活应变。分销渠道的设计方案要能够体现适应性特征，特别是与销售机构签订的销售合同，有效执行期限不宜过长，要为企业灵活变动分销渠道留有余地。

4. 维护声誉原则

企业的声誉往往会直接影响企业对分销渠道的选择，要达到通过正确选择分销渠道而提高企业声誉的目的,企业首先要精心选择经销商,拒绝与声誉差的经销商建立业务关系,同时,要适当激励在渠道建设方面对企业贡献大的经销商。

5. 企业战略目标原则

企业采用什么样的渠道销售产品,同企业近期和远期的经营目标也是息息相关的,具体见表6-1。

表 6-1　渠道选择与企业经营目标的关系

经营目标	通路长度		通路深度		通路宽度		中间商应提供的服务		制造商应提供的服务	
	直接	间接	密集	独家	一条	多条	充分	有限	多	少
保证销量最大	放弃	选择	选择	放弃	放弃	选择	选择	放弃	选择	放弃
保证成本最低	放弃	选择	放弃	选择	选择	选择	放弃	选择	放弃	选择
保证信誉最好	选择	放弃	放弃	选择	选择	放弃	选择	放弃	选择	放弃
保证控制最严	选择	放弃	放弃	选择	选择	放弃	放弃	选择	选择	放弃

注:"通路长度"是指产品在到达消费者之前需要经过几个环节;"通路深度"是指产品在每种通路类型中选择的中间商数目;"通路宽度"是指产品需要经过几种类型的通路到达消费者。

三、影响企业分销渠道设计的因素

1. 顾客因素

顾客是产品的最终消费者或者中间购买者,任何企业的渠道设计都需要将顾客因素放在首位加以研究,因为这既是企业设计分销模式的出发点,也是分销模式最终成形的落脚点。策划者在考虑顾客因素对分销模式设计的影响时,主要从顾客的性质、顾客的地理分布和顾客的购买习惯三个方面来考虑。

1) 顾客的性质

假如消费者购买产品次数多,而一次购买产品的数量较少,则分销模式的设计适合采用间接分销渠道或较长的分销渠道。这是因为,通常这样的产品需要更为广阔的销售区域吸引大量的客户购买,而且,一般而言,这类产品的价格都相对较低,例如,日用消费品的销售采用这种模式为好。假如客户购买产品的次数较少而一次购买的数量较大,则这种产品适合采用直接分销渠道或较短的分销渠道。这是因为,通常而言,这些用户购买的都是工业产品,而且这些产品的价格都相对较高,比较适合企业集中自己的营销资源主攻少数大客户,而不需要采用较长的渠道模式。

2) 顾客的地理分布

如果产品的最终消费者在地理区域上分布比较分散,且地域广阔,则这种产品的销售比较适合采用间接或较长的分销渠道,将产品有效地分销出去。例如,宝洁公司的产品是分布于全球市场的,因而其在每个国家都有自己的分销网络。如果产品的最终消费者和用户分布比较集中,分布在有限的几个区域,则适合采用直接或较短的分销渠道。例如,中集集团生产的集装箱,其主要用户为全球主要的轮船运输公司,因而这样的企业也就无须对分销网络进行建设,其产品的销售主要依赖于与客户建立的长期业务关系,销售渠道的作用极为有限。

　　3）顾客的购买习惯

　　顾客在购买一些价格低而又经常消费和使用的商品时，一般注重方便性，企业应该通过较长而广泛的分销渠道将产品分销出去，保证及时供应；而顾客在购买单位价格高又有鲜明特点和品牌形象的产品时，注重的是产品的质量服务，对这类产品的分销，一般要采用短而集中的分销渠道。

2. 产品因素

　　毫无疑问，产品一定会影响到渠道设计，事实上，渠道的长短在很大程度上也取决于产品的性质，不同的产品会直接或间接地影响到渠道设计的模式（见表6-2）。

表6-2　产品特性与渠道模式设计

相关因素	产品特点	渠道特点
单价	高	短
	低	长
易腐易毁性	高	短
	低	长
体积/重量	大	短
	小	长
标准化程度	高	长
	低	短
技术和复杂性	高	短
	低	长
时尚性	高	短
	低	长
新颖程度	高	短
	低	长

3. 中间商因素

　　中间商是顾客与制造商之间的桥梁，如果中间商能够较好地与制造商配合，并广泛地联系客户，制造商就可以将很多销售职能交给中间商，宜采用较长的分销渠道；如果中间商不能有效贯彻制造商的意图，则制造商只好担负更多的销售职能，此时宜采用较短的分销渠道。

4. 竞争因素

　　企业设计分销渠道还要考虑竞争者的渠道情况，一般而言，同类产品总是采用几乎相同的渠道模式来推广产品，但由于各企业的实力差距巨大，在实际操作中也需要根据具体的市场状况做出合理的渠道安排。其中，是否采用与竞争者相同的分销渠道设计模式是需要首先考虑的问题。这是因为，如果采用与竞争者不同的分销渠道，则有利于避开强大的对手，独辟蹊径，获得渠道优势，但这往往需要巨大的资金投入，或者需要更为密切的渠道成员之间的合作；而采用与竞争者相同的渠道模式，则不仅要求企业的产品及其资金实力足以与竞争者抗衡，而且在实际操作中还需要为渠道成员提供比竞争者所能提供的更多的现实利益。

5. 企业本身因素

企业的实力及其控制渠道的能力也会影响分销渠道的选择。如果制造商实力雄厚，产品的类别广泛，又有强烈的控制渠道欲望，一般可以采用短的、直接的分销渠道。这样，一方面企业有实力达到渠道的要求，另一方面也可以稳固地控制渠道的运作。相反，如果企业力量有限，控制渠道的欲望较低，则可以采用间接、较长的分销渠道，这样做有利于企业集中力量从事生产活动。

6. 环境因素

企业外部的环境因素同样会影响分销渠道的选择。例如，在经济萧条时，制造商一般希望采用比较经济的方式将产品输送到市场，此时采用较短和直接的分销渠道可以免除一些不必要的服务费用，降低成本支出；而在经济繁荣期，制造商则希望通过更广泛的渠道网络在尽可能多的地域销售自己的产品，以达到提升整体利润和创建产品品牌的目的。此外，政策法律、人文环境，甚至政治制度等因素同样也会影响到渠道设计。例如，我国禁止多层次传销的渠道安排，如果企业触犯了这条法律，将受到制裁。

总之，影响渠道设计的因素非常多，也非常复杂，策划者在为企业进行渠道策划时，对这些因素都应该进行全面的分析和评估。

四、渠道设计的程序

渠道设计的程序如图 6-3 所示。

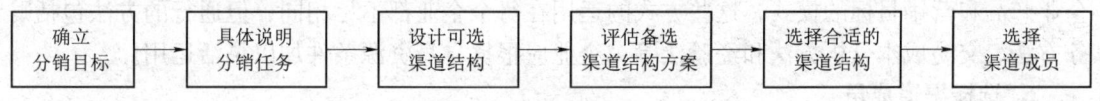

图 6-3　渠道设计的程序

1. 确立分销目标

确立分销目标是渠道设计的首要任务，这是因为任何渠道设计的最终目的都必须服务于企业的长期经营战略和短期营销目标，因此，渠道设计者首先要做好以下三项工作：

（1）熟悉营销组合领域的目标、公司的营销策略及公司为实现整体经营战略目标而制定的经营规划和战略流程，这是进行分销渠道设计的基础。

（2）制定分销目标并明确地表述出来，对每一个分销目标的实现不仅要量化，说明经销商承担的主要营销任务，还必须在分销渠道设计中体现完成这些目标的具体措施和监督流程。

（3）检查所制定的分销目标是否与经营目标、策略及公司其他整体目标、策略相一致，如果发现分销目标与经营目标相抵触，则需要根据经营目标的要求对分销目标进行重新审议和修订。

2. 具体说明分销任务

分销目标确定之后，渠道的设计者还必须详细说明分销职责或任务，亦即分销任务的分解，具体内容体现在企业与经销商的合同或者协议之中，这通常是非常必要的，因为如果企业的分销任务不能分解到渠道成员而转化为渠道成员的具体行动，则这样的目标就是虚假的,即使定了也不会有人认真执行和贯彻。

3. 设计可选渠道结构

在具体说明为达到分销目标而执行的分销任务之后,渠道设计者应该考虑完成这些任务可供选择的方案,也就是设计可能的渠道结构。

通常而言,在开发备选的渠道结构时,要考虑三个方面的因素:第一,渠道级数;第二,各渠道等级的密度;第三,各等级渠道成员的类型。通过对以上三个方面的分析,渠道设计者可以得到可供选择的渠道结构数目。理论上可供选择的渠道结构数目一定很大。例如,对于有三个等级、三种密度和三种不同中间商类型的渠道组织数目是:$3×3×3=27$,然而,实际上可供选择的渠道结构很少超过12个,通常的渠道结构也远远少于12个。这是因为渠道结构的复杂度会增加渠道的管理难度,过度复杂的渠道结构同样会降低渠道效率。

4. 评估备选渠道结构方案

在拟出若干可供选择的方案之后,渠道设计者下一步的工作就是评估备选方案。在评估时,渠道设计者要考虑影响渠道结构的许多因素,并对这些可能影响到渠道效率的各种因素进行认真分析。实际操作中,影响渠道结构的选择因素主要包括六个方面:顾客、产品、中间商、竞争、企业本身和市场环境,优秀的渠道设计方案必须在综合考虑上述因素的情况下,使渠道的运作效率达到最大化。

5. 选择合适的渠道结构

每一种渠道结构都有不同的优势和劣势,因而选择最佳渠道的确切方法是不存在的,但策划者可以运用一些手段或方法来大致估算和比较备选渠道结构的优劣,从中找到最适合本企业产品和营销目标的模式,这些方式的运用在每个企业都不尽相同,但通行的方法包括财务方法、交易成本分析方法和经验法等,企业应根据自身资源条件加以灵活运用。

6. 选择渠道成员

渠道成员的选择就是从众多相同类型的分销成员中选出适合公司渠道结构的、能有效帮助企业完成其销售目标的分销伙伴的过程。渠道成员的选择意义重大,如果选择不当,可能导致巨大的投资损失;如果选择得好,则可以锦上添花。一般来讲,制造商选择渠道成员需要经历三个基本阶段:获得潜在渠道成员名单,了解并评估潜在的渠道成员,谈判和获得渠道成员。

如果企业确定了其产品销售策略,选择间接渠道进入市场,下一步即应做出选择中间商的决策,包括批发中间商和零售中间商。中间商选择得是否得当,直接关系着生产企业的市场营销效果。选择中间商首先要广泛搜集有关中间商的业务经营、资信、市场范围、服务水平等方面的信息,确定审核和比较的标准。选定了中间商后还要努力说服对方接受你的产品,因为并不是所有的中间商都对你的商品感兴趣。投资规模大,并有名牌产品的生产企业完成决策并付诸实施通常不太困难,而对那些刚刚兴建的中小企业来说就不是一件容易的事情了。一般情况下,选择中间商时必须考虑以下条件。

(1) 中间商所能覆盖和影响的市场范围。市场是选择中间商最关键的因素,策划者首先要考虑预选中间商的经营范围所包括的地区与公司产品的预计销售地区是否一致,例如,产品销售在东北地区,中间商的经营范围就必须包括这个地区。其次,中间商的销售对象是不是生产厂商所希望的潜在顾客,这是个最根本的条件,因为生产厂商都希望中间商能打入自己业已确定的目标市场,并最终说服消费者购买自己的产品。

(2) 中间商的产品政策。中间商承销的产品种类及其组合情况是中间商产品政策的具体体现。选择中间商时一要看中间商有多少"产品线"（供应来源），二要看各种经销产品的组合关系是竞争产品还是促销产品。一般认为，应该避免选用经销竞争产品的中间商，即中间商经销的产品与本企业的产品是同类产品，例如大多数旅游公司既是酒店产品的购买者，也是酒店产品的经销商，如果在某一区域范围内旅游公司代理了过多的酒店产品，则酒店选择这样的公司作为经销商的风险就会比较大，因为这样的经销商讨价还价能力过强，会极大影响企业的利润。当然，如果酒店的竞争力非常强就另当别论了，因为经销商同样需要为客户提供优质产品和优良服务，如果企业的竞争力足够强，则经销商会选择摒弃竞争者的产品，或者将本企业的产品作为其主打产品推向市场，因而经销商的产品政策在很大程度上会影响渠道设计的模式。

(3) 中间商的地理区位优势。区位优势即位置优势。选择零售中间商最理想的区位应该是顾客流量较大的地点；批发中间商的选择则要考虑它所处的位置是否有利于产品的批量储存与运输，通常以交通枢纽为宜；而酒店经销商的选择则应更加注重经销商所在地理区域的经济发展水平和人均收入等财务指标，原因在于经济繁荣地区通常对酒店的需求量比较大，而收入水平较高的地区对旅游产品的需求量比较大，这些都会直接或间接地影响酒店的营销运作。

(4) 中间商的产品知识。许多中间商规模巨大，而且被有名牌产品的生产企业选中，往往是因为他们有专门的销售某种产品的经验，这些经验不仅对经销商而言是开拓市场的法宝，对生产企业而言也是一笔巨大的财富，因为他们至少可以省下对经销商进行产品培训的巨额费用。这些中间商一旦接手公司的产品，通常会在比较短的时间内为公司产品打开销路，因此，生产企业应根据产品的特征选择有经验的中间商推销其产品。同样，对于酒店的营销渠道设计也是一样的道理，如果渠道成员对酒店产品非常熟悉，对酒店行业的发展及竞争态势非常了解，那么他们在为本酒店推销产品时就会有意识或无意识地将这些有关酒店产品方面的知识运用到产品推广过程，从而使酒店的产品更容易为消费者所接受。

(5) 预期合作程度。中间商与生产企业合作得好会积极主动地推销企业的产品，这对双方都有益处。有些中间商希望生产企业也参与促销，扩大市场需求，并相信这样会获得更高的利润，生产企业应根据产品销售的需要确定与中间商合作的具体方式，然后再选择最理想的中间商。对酒店的营销而言，目前可以选择的经销商主要包括酒店业务批发商、酒店业务零售商和酒店协会等组织，这些组织通常因为其业务与酒店的经营有着非常直接的关系而会与酒店积极合作。但同一般的经销商一样，这些组织同样会对酒店的产品及品牌等各种经营资源进行考察和比较，同样会根据其自身能力和经营目标选择合作伙伴，因而，对于酒店的营销，在选择这些经销商时同样应该依据自己的经营战略选择与其合作程度较高的经销商作为自己的合作伙伴。

(6) 中间商的财务状况及管理水平。中间商能否按时结算货款，能否按时支付酒店的房间服务费用和餐饮费用等，有时也包括按时支付预付货款或者租房定金，不仅取决于中间商财力的大小，更重要的是取决于中间商的销售能力和企业销售管理是否规范和高效，因而中间商的财务状况和管理水平直接关系着中间商营销的成败，而这些都与生产企业的发展休戚相关。因为这同样关系着生产企业或者酒店能否按时收到货款和房租，以维持企业的正常运转，因此，生产企业和酒店在选择合作伙伴时对中间商这两方面的条件进行考察非常必要。

（7）中间商的促销政策和技术。采用何种方式推销商品及是否有能力运用多种促销手段开发市场，直接影响到中间商的销售规模，进而影响到企业的市场拓展，亦即中间商的促销政策和促销技术在很大程度上决定了一种产品在市场上的营销效果，因而生产企业或酒店在选择自己的合作伙伴时同样需要对这些问题进行研究。因为产品的性质不同，决定了促销的方式也应该有所区别。例如，有些产品采用广告促销比较合适，而有些产品则适合通过销售人员推销或者促销活动，有些产品需要有效的储存，选择适当的时机推向市场，而有些产品则应快速运输到市场。其中，除了要考虑中间商是否愿意承担一定的促销费用及是否有必要的物质、技术基础和相应的人才以外，还需要考虑企业产品在市场的定位、品牌及营销目标等多种因素。因此，生产企业和酒店在选择中间商以前必须对其所能完成的某种产品销售的市场营销政策和营销技术进行全面评价。

（8）中间商的综合服务能力。现代商业经营服务项目甚多，选择中间商要看其综合服务能力如何，有些产品需要中间商向顾客提供售后服务，有些在销售中要提供技术指导或财务帮助（如赊购或分期付款），有些产品则需要专门的运输存储设备。酒店的营销虽然从总体上讲对中间商的综合服务能力要求较低，但最基本的酒店预订功能是必须具备的。此外，由于酒店产品的服务性质，要求中间商对酒店的设施和服务水平非常熟悉，酒店通常还需要对中间商的员工给予适当的培训才能使其完全了解产品的功能。因此，合适的中间商所能提供的综合服务项目与服务能力应与企业产品销售所需要的服务要求相一致，这同样是考核中间商的重要指标。

第二节　分销渠道管理策划

分销渠道管理策划是指企业为实现分销目标而对现有渠道进行管理，以确保渠道成员之间、酒店或厂商和渠道成员之间相互协调和通力合作的一切活动。从分销渠道管理的内容看，包括明确分销渠道管理目标、分销渠道价格管理、销售终端管理、激励渠道成员、产品生命周期渠道管理、渠道冲突管理、评估中间商，以及调整分销渠道等。分销渠道管理策划即是针对这些管理内容而制定的营销策略，如图6-4所示。

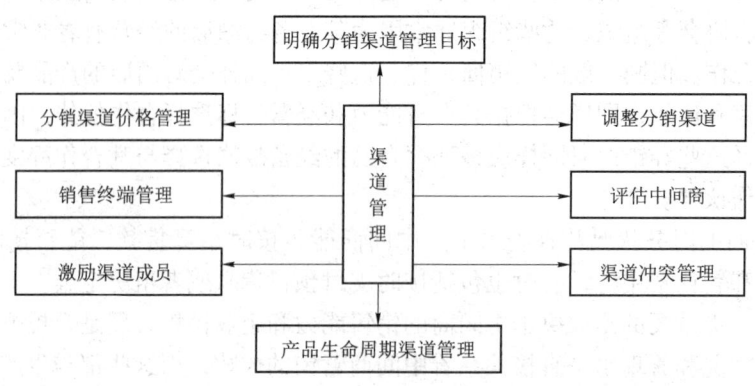

图6-4　分销渠道管理策划的内容

一、明确分销渠道管理目标

根据酒店与厂商的营销战略规划,分销渠道管理的目标体系一般包括基本目标、二级目标和高级目标。基本目标是首先保证酒店产品在销售过程中有足够和通畅的通路,保证货畅其流,完成酒店的销售任务;二级目标是保证酒店产品价格相对稳定,即维护和确保合理的价格体系,确保酒店每个层次的价格都能最大限度地服务于企业的经营目标,杜绝和限制任何有可能引起价格混乱的行为;高级目标则是促使酒店市场营销效率达到最大化,即最大限度地提升酒店产品的销售量和市场占有率。

二、分销渠道价格管理

一般来讲,对于多级渠道结构而言,厂商和酒店多采用级差价格体系,即在销售网络内部实行级差价格体系,构建级差利润分配结构,使每一层次、每一环节的经销商都能通过销售产品取得相应的利润。级差价格体系是指在将销售网络内的经销商分为总经销商、二级批发商、三级批发商及零售商的基础上,由制造商销售网络管理者制定的包括总经销价、出厂价、批发价、团体批发价和零售价在内的综合价格体系。在实际操作中,设计级差价格体系应该注意以下几点:

(1) 为保障总经销商的利润,厂商应要求总经销商在各地按出厂价出货,总经销商的利润应包含在出厂价当中。这样,厂商就可以在各种场合公布出厂价,不会引起由于总经销商与厂商报价不一而导致的市场混乱,而厂商给予总经销商的价格要严格保密。

(2) 为保障二级批发商的利润,总经销商对外应实行四种价格,即对二级批发商执行出厂价,对零售商执行批发价,对团体消费者执行团体批发价(高于正常对商业单位的批发价),对个人消费者执行零售价。这样就可以保障渠道成员获得相应的利润。

(3) 为保障零售商的利润,总经销商和二级批发商在对团体消费者和个人消费者销售时,要严格按照团体批发价和零售价销售,确保零售商在相同的价格水平上也有利可图。

三、销售终端管理

销售终端即零售商,酒店产品的零售商管理相对简单,这是因为,一般而言酒店零售商不存在铺货与产品展示问题,只是在确有需要的时候需要带顾客参观酒店的各种设施。但制造商对销售终端的管理则需要在铺货和商品展示两个方面都做出比较好的规划。

1. 认真铺货,直面零售店

铺货也称为铺市,是指制造商与经销商之间相互协作,在短期内开拓区域市场的一种渠道营销活动。具体来讲,铺货过程包括以下活动:制造商的销售代表跟随或驾驶本企业的货车,装载本厂的产品和促销赠送品,与经销商代表一起,按预定的拜访路线,拜访与该经销商有交易往来的所有销售终端成员(包括超市、商场、杂货店等),有时也包括拜访下线的经销商。拜访的目的是:凭借经销商与零售商的长期合作关系,由销售代表积极主动地向零售商介绍公司的背景及产品的情况,使零售商同意进货。同时张贴广告,赠送促销品,并通过实际观察和口头交流,使零售商了解企业和竞争企业的情况。这对于制造商而言往往非常重要,尤其是对于开发新市场的制造商而言,铺货是需要首先完成的营销工作,这是因为:

(1) 铺货可以快速开拓市场,通过铺货,公司可以集中人力、物力和财力,快速高效地在目标市场开拓批发商、零售商和消费者业务。

（2）铺货是提高营销效率的重要手段，通过一次铺货过程中的多种经营方式，如通过营销人员口头介绍、商家试用产品、张贴广告、赠送促销品等方式，可以给中间商留下深刻印象。

（3）营销费用相对低廉，一般而言，铺货活动多数针对公司推出的新产品，包括全新的产品，也包括老产品的新规格或新款式等改良产品等。

因此，铺货一般不会持续很长时间，只要使新产品顺利地进入市场，铺货活动就宣告结束，制造商不会面临营销费用过大的经营压力。

实际操作中，铺货应该迅速地将新产品铺进市场的每一个角落，以便在广告活动展开后，消费者能方便地买到该产品。同时，对新产品而言，铺货就是抢滩登陆，就是"挤货"，因为产品一旦铺进商店，该商店便可能成为产品的永久阵地。同时，由于铺货占用了零售商有限的资金，降低了销售终端对竞品进货的可能性，因而铺货就成为零售终端管理非常重要的一环。为了确保铺货成功，策划者在进行铺货之前应该对铺货所采用的主要手段、竞争者的铺货模式及市场的反应等做深入细致的分析工作，并在此基础上制定出周密的铺货计划，确定铺货路线，还必须对铺货的业务人员进行适当的培训，以便铺货工作顺利进行。

2. 科学地进行商品展示，有力推动销售

商品展示又称作商品陈列，是指通过管理商品在销售场所的展示和陈列方法而达到推动商品销售的一种途径。对于酒店经销商而言，这种展示通常体现为酒店的宣传图片或者POP广告的摆放位置。

商品展示不是一般意义上的商品摆设，而是强调通过对商品展示的管理来增强商品的销售，提升销售量。为了做到这一点，商品展示应促使消费者"停、看、买"，以促进销售。作为酒店和生产厂商而言，商品展示的策划内容主要包括：第一，争取有利的商品展示位置，这是最关键，也是最重要的，如果顾客可以在第一时间看到你的产品，通常会留下比较深刻的印象，购买的可能性自然也会比较大；第二，扩大商品展示的空间；第三，确保展示空间包括所有规格、种类的产品；第四，确保展示空间的商品没有缺货、断货的情况发生；第五，通过合理和有创意的商品展示，以及POP广告等吸引消费者，制造有利于产品销售的售点气氛，刺激消费者的购买欲望。

有些酒店的策划者不甚重视酒店产品的铺货与展示，认为只有物质产品才可能采用这种方式扩大产品的销量。实际上，在市场竞争日趋激烈的今天，任何一种营销模式都不容忽视，只要对产品的营销有帮助，无论什么形式都应该认真加以研究。例如，许多酒店将自己的产品展示在互联网上，实际上也是产品展示和铺货的形式，只是实际操作过程中需要研究哪一种形式对酒店产品的促销力度最大，同时也是营销费用相对较少的。对策划者而言，掌握甚至精通各种营销渠道模式应该是基本功，而对这些渠道模式能否加以娴熟地运用，达成酒店的营销目标，则在一定程度上体现了酒店策划者的策划水平。

四、激励渠道成员

酒店经销商与酒店不是类属关系，因而从管理方式来讲，对渠道成员的激励方法与对酒店本身的员工有比较大的区别。具体而言，激励渠道成员是指企业为促进渠道成员完成分销目标而采取的各种激励措施，而且这些激励措施主要是针对酒店中间商的。当然，为了促进酒店产品的销售，对酒店营销人员同样也存在如何激励的问题。具体而言，激励中间商的形式可以分为直接激励和间接激励。

1. 直接激励

直接激励是指给予物质或现金奖励来肯定经销商在销售量和市场规范操作方面的成绩。在实际操作中，厂商和酒店多采用返利的形式来奖励经销商。根据返利的目标，返利可以分为过程返利和销量返利两种形式。过程返利是一种直接管理销售过程的激励方式，其目的是通过考察市场运作的规范性确保市场的健康培育。通常情况下，厂商和酒店在实行过程返利过程中将考察中间商以下几个方面的操作：铺货率、售点气氛、开户率、产品进货、安全库存、指定销售区域、规范价格、专销、积极配送、守约付款等。销量返利旨在提高销售量和利润。事实上，销量返利就是为了直接刺激经销商的进货力度和酒店产品的推广能力。在实际操作中，销量返利通常包括以下几种方式：

（1）销售竞赛，即对于在规定区域内和时间内销售量居于前列的经销商，给予丰厚的奖励，这是酒店利用中间商的渠道进行产品推广最重要的激励形式之一，因为如此操作不仅会刺激中间商更多地推广酒店的产品，更重要的是这种方式可以吸引更多的经销商参与酒店产品的推销工作，从而达到打击竞品的目的。

（2）等级进货奖励，即对于进货达到不同等级数量的经销商，给予一定金额的返利。如年累计进货达到 10 000 件，每件返利 0.5 元等，这种方式通常是指一般物质产品的营销，但同样也可以应用于酒店产品。例如，每年为酒店创造 10 000 元的业务量，即奖励 500 元，创造 20 000 元的业务量，则奖励 1 500 元等，以此刺激中间商销售更多的酒店产品。

（3）定额返利，这种形式比较简单，即若经销商达到一定的进货数量，或者中间商为酒店创造了一定数量的销售额，即给予一定的奖励。

返利是促进经销商积极促销酒店产品的有效措施，但实施过程中需要酒店对中间商具有较强的控制能力，否则很容易给酒店的经营造成不必要的损失。例如，假如给予中间商的返利过大，中间商有可能为了获得返利而随意降低酒店产品的价格或者对消费者进行虚假的广告宣传等，这都会不同程度地影响到酒店对市场的控制能力与酒店的声誉。因此，返利最好采用物质奖励或服务奖励的形式，如奖励生活用品、参加旅游或奖励一些经营设备等，这样做不仅可以提高经销商的产品销售积极性，同时，如果是以本酒店产品作为奖励，也可以降低酒店的营销费用。

2. 间接激励

简而言之，间接激励就是通过帮助经销商进行销售管理，以提高销售的效率和效果来激发中间商的积极性。其做法多种多样，例如，帮助经销商建立进销存报表，建立安全库存数量和先进的库存管理模式等。酒店产品的间接激励则主要体现为针对中间商员工进行的各种培训，在提升中间商营销水平的同时促销酒店产品。而针对零售商提供的间接激励，则是帮助零售商进行零售终端管理，实际操作中，酒店还可以通过帮助经销商创建和管理其客户网络等形式来提升中间商的业务素质。

总之，对经销商的有效激励是提高酒店产品销售量和销售利润的有效方式，渠道成员虽然不是酒店的员工，但他们绝对是酒店的利益攸关方，在当今市场营销过程中，只有充分利用市场的各种资源才能获得一定的市场地位和市场份额，因而如何对中间商进行激励，以更好地发挥他们的销售能力与创造性同样是策划者需要研究的重要课题。

五、渠道冲突管理

厂商与酒店在营销过程中不仅需要正确选择经销商,而且需要在双方合作过程中正确处理由此产生的各种冲突和矛盾,这些冲突有可能产生于酒店与中间商之间,也有可能产生于酒店的中间商之间,这对于酒店的营销而言是非常关键和非常重要的。道理很简单,如果这些冲突不加以妥善处理,就会直接影响到酒店产品的市场份额与营销效果。策划者在进行渠道设计时需要首先对这些冲突的各个方面有所估计,做到未雨绸缪。

1. 冲突产生的原因

渠道成员由于各自的经营目标或经营目的不同,在实际操作中会产生冲突,产生这些冲突的主要原因可以概括为:

(1) 酒店与中间商的营销目标不一致,例如,酒店可能希望通过降低价格而达到提高市场占有率的长期目标,而中间商则追求高回报的短期利益。

(2) 酒店不明确中间商的作用与权利,例如,当酒店的分销网络既有自己的销售队伍又有分销商时,就存在市场区域、销售信用等方面的冲突。

(3) 酒店与分销商感觉上的差异,例如,酒店对经济前景看好,因而希望分销商加大营销力度,而分销商则对经济前景持悲观态度,尽可能减少酒店产品的营销费用。

(4) 双方沟通不力,这主要表现在双方没有沟通或沟通不及时,以至于失去解决冲突的机会,或者沟通受到"噪声"的干扰,致使渠道成员之间产生误解。

(5) 中间商对酒店过分依赖,有研究表明,渠道成员之间的相互依赖程度越大,发生冲突的可能性越大,因为彼此之间的利益相关度高而经营目标不一致。

2. 渠道冲突的表现形式

(1) 根据渠道冲突涉及对象的范畴,渠道冲突分为以下四种类型。

① 同质冲突:在一个宏观环境中,一家企业的分销渠道与另一家企业的分销渠道在同一层级上的冲突。例如,同为五星级酒店的两家企业利用相同的渠道推广自己的产品,这就使得中间商在推广产品时有较大的选择余地,而酒店与中间商之间就可能产生冲突,因为中间商可能不会充分利用自己的资源推广其产品。

② 水平性冲突:某一酒店的渠道系统中在同一层级上的不同中间商之间的竞争。例如,某些经销商为了牟取利润而违反销售合同,将酒店产品在其他区域低价销售,以致冲击其他区域经销商的合法权益。

③ 垂直性冲突:发生在某一酒店的渠道系统中不同层级渠道成员之间的竞争。例如,酒店产品总代理与酒店产品分销商之间的冲突。

④ 多渠道冲突:如果一家酒店建立了两个以上相互竞争的渠道系统,而面对的是同一市场,则渠道成员之间的竞争就会比较激烈,这虽然有利于酒店利用他们之间的竞争关系降低自己的营销费用,但这种方式同样会因为渠道成员之间的冲突而导致营销效率下降,甚至直接威胁到酒店实现自己的营销目标。

(2) 根据是否阻碍或促进酒店的渠道管理和分销目标的实现,可以区分为良性渠道冲突和恶性渠道冲突。

渠道冲突对酒店而言并不是有百害而无一利的,良性渠道冲突不仅可以增加酒店产品的销量,而且在某种程度上还可以使渠道更具效率,从而更有利于酒店控制渠道成员和实现自己的营销目标。一般而言，良性渠道冲突表现为：第一，适当的压力或冲突可能会加强系统的联合，提高系统的稳定性；第二，系统发生变化时，系统中不可避免地会发生冲突，但这种冲突产生的压力将促进业绩提高。由于上述两种情形不仅不会导致渠道系统瓦解，反而可能提升渠道系统的效率，因而称为良性渠道冲突。当然，这种良性渠道冲突一方面取决于策划者对渠道模式的设计比较合理，能够利用渠道冲突加强渠道的各种功能，利用渠道成员之间的竞争提高其竞争能力；另一方面，良性渠道冲突同样需要酒店对渠道的控制能力比较强，否则这种所谓的良性渠道冲突就有可能转化为恶性渠道冲突。

与之相反，当系统中出现相互交叉的工作，渠道成员的资源部分浪费及渠道成员们利用各自的资源来增加冲突而非解决冲突时，便是恶性渠道冲突。例如，越区销售就是一种典型的恶性渠道冲突。恶性渠道冲突往往会给整个渠道系统带来巨大损失，极大地降低酒店的营销效率。因而渠道模式的设计首先需要考虑的就是如何避免和化解这些冲突，因为一旦这些冲突变为现实就会直接威胁酒店的切身利益，无论采用什么方式进行补救，酒店都需要付出非常惨重的代价。

总之，形成渠道冲突的原因多种多样，而且冲突并非全部是恶性的、有害的。因此，分销渠道的设计与管理目标不是去规避所有的冲突，而是要避免恶性渠道冲突。同时，对于良性渠道冲突要加以利用，如果能化冲突中的压力为发展的动力，对酒店而言就达到了渠道管理的最高境界。当然，这其中渠道模式的策划就成为最为关键的问题，要求策划者对各种渠道模式及各种模式可能产生的问题必须非常熟悉。

六、评估中间商

为了更好地达成酒店的营销目标，酒店在渠道管理过程中还必须定期评估中间商的业绩，了解中间商的活动是否符合酒店的分销目标，是否符合酒店的利润计划，以实现酒店的经营目标。通常而言，对于中间商的评估需要解决下述问题。

1. 评估的标准

中间商的工作业绩是对中间商进行评估的最重要的指标，如果中间商的工作业绩不能满足酒店要求，即使在其他方面很优秀，也必须考虑重新选择。具体而言，对中间商工作业绩的评估内容主要包括：

（1）销售量：最基本的指标，因为其不仅直接关系到酒店的营销业绩，更重要的是直接关系到酒店的市场影响力和市场份额。

（2）市场目标：主要考核中间商是否具有市场开拓能力及市场占有率的提高情况，这不仅直接关系到酒店的业绩，同样也需要中间商有比较强的应对竞争者的能力。

（3）财务状况：主要考核中间商是否有拖欠酒店款项的情况，实际上体现了中间商对客户的控制能力及自身的财务管理能力。

（4）酒店产品促销情况：考核中间商是否主动开展酒店产品的促销活动，以及促销能力和效果，及时了解这些信息不仅可以了解中间商的营销能力，同时可以获得竞争者的相关信息，尤其是竞争者应对市场竞争的能力。

（5）服务水平：主要考核中间商为客户提供服务的项目及水平能否达到酒店的要求，能否为客户提供高质量的服务而达到拓展或者至少维持市场份额的目的。

（6）其他：主要考核中间商对特殊事件的处理能力，如客户投诉及适应相关法规的能力等。

2. 与酒店的合作情况

酒店与中间商的合作是否愉快，是否能达成双赢目标往往是中间商管理的重要内容之一，而酒店能否利用中间商的资源拓展自己的市场空间，战胜自己的竞争者，同样是酒店对经销商管理是否成功的重要标志。因此，中间商与酒店的合作情况也就成为对中间商进行评估的重要指标之一。因为每家酒店在不同的时期对中间商的要求不尽相同，因而实际操作中对中间商的考核标准也就存在比较大的差异，但一般而言，下述内容都会作为考核指标。

（1）中间商对酒店提出的分销要求是否能够理解到位，这往往非常重要，因为如果中间商与酒店对市场的看法差异过大，或者二者之间的营销目标差异过大，就很可能造成前述的渠道冲突，从而最终损害双方的根本利益。

（2）中间商对酒店整体营销规划的理解及执行情况。通常而言，酒店不会将自己的营销计划全盘告知经销商，因此在营销计划的实施过程中很容易被中间商误解，使其在市场操作方面与酒店的营销目标相背离，这也是双方产生冲突最重要和最直接的原因，因而优秀的策划者或者酒店的管理者通常会在这个方面与中间商进行比较好的沟通，以最大限度地让中间商理解自己的经营意图。但如果中间商知道酒店的营销目标而拒绝配合，则酒店就应该考虑是否要更换经销商了，因为在这种情况下渠道的效率损失几乎是不可避免的。

（3）中间商是否积极参与酒店的培训。这对于酒店类服务产品而言往往是至关重要的，因为中间商的业务员可能对酒店的服务、设施及品牌等都非常陌生，不经过一定程度的培训就无法向客户宣传酒店产品，而且，相对于一般物质产品而言，酒店市场的变化会随着季节、经济景气度、重大事件，甚至人们的收入水平等因素而不断发生变化，而中间商对这些情况的了解远没有酒店的自身体会深刻，因而中间商是否积极参与酒店的培训，实际上也在某种程度上反映了中间商对酒店产品推广的忠诚度。

（4）中间商的综合发展能力。酒店业务的好坏不仅需要酒店营销与策划者的努力，同时也需要中间商不断为酒店开发新的市场空间，吸引更多、更稳定的客源，因为中间商的素质、管理水平、营销能力等都直接关系到酒店的营销业绩。换句话说，中间商的综合发展能力在很大程度上对酒店营销目标的实现有非常重要的意义，因而对中间商的评估包括以下两方面的内容。

① 中间商现有的市场地位及其知名度和信誉度。市场是每时每刻都在发生变化的，以前优秀的中间商同样会因为各种原因损失自己的市场地位或者信誉，这就是为什么酒店需要对中间商市场地位进行定期评估的原因所在。

② 中间商今后的发展目标设计及企业人力资源的构成等情况。中间商如果有自己的发展目标，并且这种发展目标与酒店的营销目标基本吻合，则这样的中间商就会成为酒店未来开发业务的重要渠道，酒店的业务也会随着中间商对市场有计划的开发而不断发展；而中间商拥有非常雄厚的人力资源储备、合理的人才结构同样对酒店业务的开展具有非常重大的意义，因为酒店不仅可以节省大量的培训费用，也会因为中间商的优秀人才而降低开发市场的难度。反之，如果中间商在这两方面没有任何规划，则其对市场的操作就一定是盲目的。很难想象，一个没有销售目标和优秀人才的中间商会为产品的销售做出非常大的努力，因而不仅需要定期评估中间商是否具有一定的综合实力，也需要与经销商不断沟通，从而促使其不断提升。

3. 选择与评估中间商的步骤

（1）制定计划。酒店的营销目标是选择和评估中间商最重要的依据，不同酒店或者同一酒店在不同的发展阶段对中间商的要求都是不一样的，这也决定了酒店产品的分销计划，包括分销政策、中间商的选择标准、目标市场战略，以及如何衡量中间商的业绩、对中间商的评估标准、评估方法等都会存在比较大的差别，这些内容都应该体现在酒店的总体营销策划方案之中。

（2）酒店确定了自己的营销目标及主要的营销手段和选择中间商的标准以后，就需要与已选择的中间商签订销售协议，明确中间商的责任，以及对中间商评估的程序、评估的标准和评估的方法，从而以法律文本形式确认双方的合作关系，这是渠道管理最重要也是最关键的部分，策划者在确定这样的法律文件时一定要慎之又慎，必要时还需要请公司的法律部门或者外聘的法律专家承担这方面的工作。

（3）依据针对中间商的评估标准和评估方法对中间商的前述各项指标进行评估，归纳出渠道中存在的问题及对酒店业绩的影响情况，并以得出的结论作为与中间商是否继续合作或者重新选择的依据。

（4）根据企业的营销目标对严格执行协议的中间商予以奖励，对不能完成销售任务的中间商给予处罚，对个别中间商做出撤销处罚的决定。通常情况下，这样的奖罚措施可以采用如下两种方法：

① 横向比较法，即以整体业绩上升比率为标准，考核各个中间商的业绩与平均水平的差距。

② 纵向比较法，即以每一个中间商的销售业绩与上一期业绩比较，考核中间商完成任务的情况。

七、调整分销渠道

酒店一旦建立了自己的分销渠道网络，通常会使用比较长的时间，这是因为建立一个渠道网络会耗费企业大量的资源，过度频繁地调整不仅不利于产品的销售，同时也是对渠道资源的巨大浪费。但这终归只是渠道管理的一般原则，如果市场发生比较大的变化或者酒店的营销目标发生变化，特别是在分销渠道的运行偏离了营销计划、消费者的购买模式发生了变化、市场进一步扩大、新的竞争者出现、新形式的分销渠道出现、产品进入生命周期的衰退阶段等情况下，就需要对分销渠道进行调整。

总体而言，分销渠道的调整涉及三个层面：第一个层面的调整幅度最小，一般情况下不改变分销渠道的整体结构，仅仅是增加或减少个别中间商；第二个层面是对分销渠道进行较大幅度的调整，增加或减少业绩低于某种控制线的所有分销渠道成员；第三个层面是调整分销渠道的构成，形成新的渠道方式，因此要大幅度地调整中间商及其职责范围。对任何企业而言，选择分销渠道的三种调整方式时，都应尽可能选择第一种，这是因为每一种调整都会带来市场波动，选择对市场影响力较小的方式有利于企业巩固已经占有的市场和拓展新的市场空间，大幅调整渠道结构应该是不得已而为之的最终手段。

1. 增减渠道成员

根据企业的整体战略规划和对中间商评估的结果，对那些不能完成酒店销售定额，并影响酒店市场形象的个别中间商，要终止与他们的协作关系。同时，通过认真的评估，吸收那些有积极性、业绩良好、形象声誉卓著的中间商。在实际业务中，增减渠道成员最好的办法是：采用整体系统模型来测量某一决策对整个分销系统的影响，而不是单纯依靠增量分析的结果采取具体行动，因为经销商的变动情况会影响当地的销售格局，对中间商会产生不同程度的影响。例如，在某个大城市，某酒店将客户代理的权利授予一新经销商，这一决策势必会影响老经销商的经营成本和士气，而该新经销商加入酒店的渠道系统后，整个系统的销售额就很难代表整个系统应有的销售水平了，酒店需要重新评估。因此，即使是最简单的渠道调整也会影响到整个渠道系统的运作，这就是为什么渠道不宜过度调整的原因所在。

2. 增减分销渠道

分销渠道有许多种形式，随着市场形式的发展和变化，原有的分销渠道会在很多方面表现出不适应市场变化的情况。例如，过去的百货公司是很多产品最重要的销售渠道，而以沃尔玛为代表的大型集成商目前基本上已完全取代了百货公司的功能，而且大幅度降低了渠道成本，在这种情况下，企业仅仅增减个别渠道成员已经不能解决企业的销售问题了，往往需要对渠道进行大规模的调整，增加一些新的渠道或减少一些不适应新形式要求的渠道。这种渠道变革往往与市场大环境的变化紧密结合在一起，企业不需要刻意创建一种新的渠道模式，但如果这种模式已经成为市场共识或者原有的渠道模式已经不能满足产品销售的要求了，则这种改变是必需的。

3. 调整渠道结构

调整渠道结构当然是最剧烈的渠道调整模式，也往往是企业在渠道调整方面代价最高的模式。随着市场环境的变化，酒店要对渠道的结构进行调整，以提高产品的竞争能力。这是对企业市场营销组合和市场政策的重大改变，蕴含着巨大的市场风险，一旦操作失误就会给企业造成巨大的损失，因而要十分谨慎。例如，汽车制造商为了加强对渠道的控制，由原来的经销商制度改为自己直接设立销售分支机构或者独家代理等就属于这种调整。

不仅如此，渠道结构还与产品生命周期是相互联系的，在产品生命周期的不同阶段，需要不断改变其分销渠道结构，以适应市场要求，具体如图6-5所示（以小包装商品和新款服装为例）。

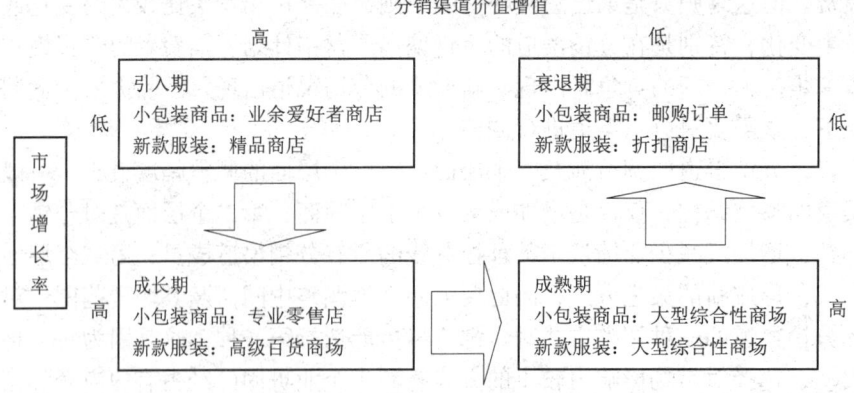

图6-5 分销渠道价值增值与市场增长率关系图

说明：

（1）引入期——新产品或新款式的商品一般经由专业的渠道（如业余爱好者商店、精品商店）进入市场。这种渠道能够发现流行趋势并能吸引早期的采用者。

（2）成长期——随着购买者的兴趣增加，高销售额的分销渠道便会出现（如专业零售店、高级百货商场等）。这些渠道也提供服务，但不如前面的渠道提供的多。

（3）成熟期——随着销售增长速度的减缓，一些竞争者便会将其产品转入低成本渠道（如大型综合性商场）销售。

（4）衰退期——当衰退开始时，成本更低的分销渠道（如邮购商品、折扣商店）也会介入。

第三节　分销渠道中的实体分配策划

实体分配策划是指对商品的实物流通，包括订货、仓储和运输等环节的谋划活动，反映的是商品在时间和空间上的变化。由于酒店产品在消费与生产两个方面的统一性，实体分配策划对于酒店产品而言并不具有现实意义，但实体分配的策划方法对于酒店产品策划者而言还是具有借鉴作用的。对于一般物质产品而言，分销渠道中的合理实体分配可以使产品在合适的时间和地点到达顾客手中，没有实体分配环节，市场营销活动就不能构成一个完整的体系。从广义上讲，实体分配包括生产之前和生产之后企业的所有后勤活动，从狭义上讲，实体分配涉及产品移动的整个活动过程。

一、实体分配系统的构成

1. 订货系统

订货是实体分配系统的开始，对于酒店产品而言，这就是酒店的预订系统。总体而言，这部分策划的重点在于，对订单的处理要准确和及时，同时要尽量缩短订单的处理时间，及时向客户发货，提高服务水平。

1）订单处理要求

订单处理的基本要求是及时准确。及时是指要尽量缩短订单处理的时间，避免不必要的耽搁。准确是指对订单的产品种类、数量、交货地点、付款方式、交货期限等内容进行准确的把握，做到没有误差。对酒店产品而言，这主要体现为，对于订单的处理除了要在订单规定的时间内做好所有一切有关产品的准备工作以外，例如，预留出足够的房间或者餐厅，还需要根据客户的要求配备相关服务人员，以保证产品在销售过程中不会因为服务质量而影响到酒店的声誉。

2）订单处理程序

销售人员首先应该及时将订单传递给负责订单处理的部门和人员。负责订单处理的部门和人员在接收了订单并查验顾客的信用情况后，检查产品是否有存货及存放的地点，如果需要生产，就下达生产通知单，发出装运通知，将客户的应付款项列入账上，并修正存货记录，这部分策划的重点在于作出一个适合企业资源特点的流程图，并确定每一环节负责人的具体职责，必要时，还要规定相应的奖惩措施，以最大限度地保证订单不会因为公司人员的操作失误而流失。

2. 仓储系统

实体分配的仓储系统包括选择仓库和处理存货。仓库的选择主要包括决定仓库的数目和确定仓库的位置,其中,对存货数量的控制是策划的重点,因为存货数量不仅直接关系到企业的运作成本,而且对管理水平的要求也不一样,因而存货数量确定实际上就是在缺货风险和存货成本之间寻找平衡关系。这在理论上是非常简单的,但在实际操作中要准确把握合理存量则需要策划者有丰富的行业经验与精准的市场预测。这方面需要分析的主要问题包括以下方面。

1) 租赁仓库与自建仓库的选择

租赁仓库可以根据企业的需要随时调整租赁空间,降低租赁的费用,这种方式弹性大而风险小,缺点在于稳定性较差。同时,如果企业需要租赁很长时间,则这种方式的营销费用就会大幅上升,因而租赁仓库比较适合于市场变化比较大的产品。如果企业产品的市场变化相对较小,产品数量庞大,则适合采用自建仓库的方式。租赁仓库与自建仓库费用比较如图 6-6 所示。

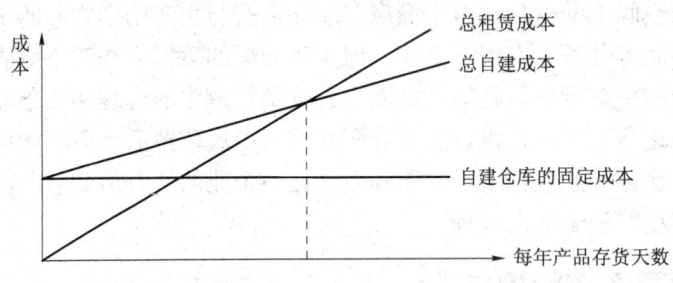

图 6-6 租赁仓库与自建仓库费用比较

由图 6-6 可见,租赁仓库在存货时间较短时,费用水平较低。但随着存货时间的延长,存货的成本会迅速上升。而自建仓库在存货时间较短时,成本较高,但随着存货时间的延长,平均成本较低。因而企业究竟应该采用什么方式,依赖于企业的自身条件与市场状况。对于策划者而言,不仅要考虑企业当前的市场状况,还要根据企业的长期战略目标对库存的管理方法提出自己的建议。

2) 仓库数目的选择

仓库数目不仅直接关系到企业的仓储成本,而且依赖于企业的仓储管理水平,合理的仓库数目是企业有效降低营销费用的关键环节。目前,很多企业利用计算机模拟方式算出最佳的仓库位置和数目以达到最合理的布局。

3) 存货

在现实操作中,存货数量往往是策划者面临的主要问题之一,这是因为,企业的营销人员总是希望保持足够的存货,以便能随时满足顾客的需要,及时提供商品,而保持较高水平的存货又会增加企业的储存费用,因此,需要在存货数量和成本之间建立平衡关系,找到最佳的存货水平。对于存货的数量究竟为多少才合适,要考虑以下问题:

(1) 订购点。存货的基本特点是随着商品的卖出而逐渐减少,因此要决定在何种剩货水平发出新的订单,以避免缺货,保证营销活动不至于因为缺货而中断。理论上讲,企业发出订单的剩货水平称为订购点。订购点的高低和订购前置时间、使用率、服务水平等因素有关。订购前置时间是指从订单发出到接货所需要的时间,这段时间越长,订购点就越高;使用率是指在某一时间段内,顾客平均的购买数量,使用率越高,订购点就越高;服务水平是指企业希望从存货中直接用来完成顾客订单的百分比,服务水平越高,订购点就越高。从这个意义上讲,订购点的策划在很大程度上决定了有关这一问题的总体策划,需要策划者对行业运作模式非常熟悉。

(2)订购量。根据行业经验,一般物质产品的库存量最好保持在月销售量的1.5倍为宜。企业产品的订购量只要可以维持这个水平就可以了,但这也仅仅是一般的情况,实际上各种商品的物理性质和价格等因素相差甚远,受市场影响的程度也不一样,因而具体的订购量要根据一定的行业和企业的运作经验来作出判断。

3. 运输系统

运输是指借助于各种工具实现商品在空间上的转移过程。有关这个方面的策划重点在于,首先根据要运输产品的性质,确定运输时间与运输条件,选择适宜的运输方式,其次是确定运输路线。

(1)运输方式的选择:现实中,商品的运输方式可谓多种多样,企业的选择余地也非常大,但总的原则应该是,省钱、省时、省力,以不损坏商品为前提,以不耽误上市为原则。

(2)运输路线的选择:原则上选择路损最小和时间最短的路线,当然,这样的选择一般需要支付比较高的费用,因而还必须结合企业的实力和商品到达要求等具体情况。

二、实体分配的基本目标

最理想的实体分配目标是"以最低的成本将适当的产品在适当的时间送到适当的地点"。在现实中,如果没有一套非常先进和实用的物流手段,这一目标是很难达到的。因此,实体分配的目标中要分别设立投入和产出目标,以尽可能节省公司的资源,使实体分配达到企业的基本要求。对于策划者而言,制定这些目标不仅要考虑到企业的资源状况和营销目标,同时也要与行业规则和实体分配的成本相结合。

1. 投入目标

实体分配的投入是指实体分配的费用和成本,因而最大限度地降低成本和费用就成为投入目标,也是这方面策划的基本点。具体而言,实体分配的投入目标主要包括以下几个方面:

(1)尽可能降低运输费用,包括缩短运输里程,合理搭配运输工具及根据各种运输工具的价格对运输方式进行调整等内容。

(2)尽可能降低仓储费用,包括合理利用仓储空间,选择合适的仓库类型,根据产品特性决定是选择专用仓库还是普通仓库或者调整仓储模式等内容。

(3)尽可能减少延误费用,即减少由于运输延误而造成的营销损失,包括设计合理的运输体系和制定合理的操作系统等内容。

2. 产出目标

实体分配的产出目标最重要的方面体现为,提高对顾客的服务水平,加强顾客对产品的认同感,从而达到最终提升品牌形象的目标。这方面的策划重点如下。

(1)为顾客提供可靠的服务。首先,保证商品的品种齐全是为顾客提供可靠服务的基础,因为只有便于顾客挑选才能吸引更多的顾客认同公司的产品和提升购买频率,这就是那些产品系列较全、产品线较长的公司可以吸引较多顾客的重要原因。其次,公司在接到顾客订单后,还要能够按顾客的要求提供商品,个性化服务同样是吸引更多顾客的重要手段,在市场竞争日益激烈的今天,个性化服务往往是叩开市场之门的重要途径。最后,按顾客要求的时间,将货物准时送达顾客要求的地点,这虽然不是十分困难,但要做到每一笔业务都能够达到这个水平就需要有一套制度系统作为保障,这也是需要策划者进行设计的。

(2) 降低缺货的百分比。对于业务员来说,他们最反感的就是在产品销售过程中公司的供应出现问题,也就是出现缺货现象,因为这不仅直接影响业务员的收入和市场的拓展,同时也会给经销商和顾客留下不好的印象,从而直接影响未来市场的开发。然而,存货一定会增加企业的营销费用,过多的存货同样会直接影响企业的利益。因此,保持适量的存货,降低缺货的百分比就成为策划者在这方面的设计重点,如何解决缺货与存货过多造成的矛盾要依据不同的行业特点和市场环境来决策,这就要求策划者要非常熟悉行业规则与市场环境。

(3) 缩短订货时间。如果顾客的订货时间能够缩短,则不仅方便了顾客,降低了顾客的购买成本,同样也节约了企业的营销费用,提升了企业的知名度,可以说对各方都有好处。但问题在于每个企业的销售流程和员工素质都有非常大的区别,要真正做到这一点也不是非常容易的,这就要求策划者针对这方面的工作流程,按照企业的营销目标和员工的基本素质进行有针对性的设计,从而缩短顾客从发出订单到收到货物的时间间隔。

(4) 为顾客提供选择运输工具和运输形式的特殊服务。这在有些行业是非常重要的,尤其是对大宗类货物而言,运输费用往往占营销费用很大的比重,因而如果条件允许,公司可以由顾客选择运输工具和运输形式,并且在可能的情况下尽可能帮助顾客解决运输方面的问题。这不仅可以赢得顾客的好感,有利于稳定客源,更重要的是,由于运费的降低直接给顾客带来了实际利益,会在很大程度上促进公司市场的拓展和产品品牌声誉的创建。

三、实体分配的总体协调

实体分配是企业营销工作的重要内容,由于这项工作涉及企业与物流系统的协调,需要从组织上和机构上保证系统的有效运行,因而策划的重点也体现为这两个方面。

为达成实体分配的运作目标,建立一个专门负责的机构是十分必要的,它是控制实体分配成本及其他各项活动的有效组织保障。一般而言,实体分配部门属于营销部,但在实际操作中,特别是对于中小企业的物流运作,企业的后勤和行政部门、财务部门对实现这一有效运作起着非常关键的作用,因此,物流运作的协调还要依靠企业的总经理或主管营销的副总经理加以协调。这方面的主要内容包括以下方面。

1) 制订计划

实体分配计划无疑是保证实体分配体系正常运作的基本条件,计划的制订除了需要依据市场条件、企业目标和资源状况以外,还必须与企业的实体分配条件,如运输、仓储,以及实体分配涉及的相关部门与人员素质结合在一起。由于不同企业的产品各异,所依赖的运输与仓储等条件不同,计划所包含的内容也不尽相同,但总体来说,计划所体现的运作效率应该是所有策划者注重的关键问题。

2) 分析企业的内外部环境

总体协调要达到比较好的效果,对企业实体分配环境的分析是需要首先解决的问题,这也是制订实体分配计划的基础,即企业的目标一定要与企业资源与外部经营环境很好地结合在一起。相对而言，策划者对企业的内部环境一般是比较熟悉的，对企业的营销目标也是清楚的，因而这部分策划的重点在于对企业外部环境的研究，尤其要对与实体分配相关企业的运营状况与资源条件进行认真分析，这样，做出来的计划才具备可行性。

3）确定实体分配的程序

为了使实体分配达到预期的效果，制定一个有效的实体分配程序，使相关人员能够按照企业的要求有序工作是必要的。这不仅是提高实体分配效率的有效保障，同时也是对参与人员进行管理和考核的重要依据。不同企业的实体分配在实际操作中的运作流程会因为产品、市场环境及企业目标等因素而有所区别，但一般情况下，实体分配的程序如图6-7所示。

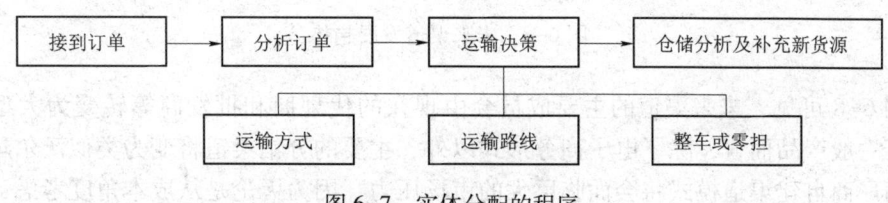

图6-7 实体分配的程序

4）实体分配效果分析

实体分配的计划是否可行，运行效果如何，一方面依赖于策划者对相关问题的研究及策划水准，另一方面也依赖于企业对运作系统的不断改进。因为无论多么优秀的策划，在实际操作中都可能出现问题，都需要根据市场环境的变化加以修正和提高，因而对实体分配效果的分析就成为企业改进分配系统的不二选择，这也是策划方案应该体现的重要内容。

5）反馈信息及改进措施

实体分配计划的实施不仅依赖于企业员工的工作效率与策划的周密性，同时也需要与企业的外部人员与市场条件密切结合在一起，因而有效的反馈系统是保证实体分配计划顺利实施的重要条件，而依据反馈信息不断对系统进行改进则是企业提高系统运作效率的重要前提。这些改进措施不一定是策划者提出的，但作为企业的策划者，有责任对分配系统的各种问题进行研究，并提出自己的改进措施。如果这些改进措施是企业的其他人员或者外部人员提出的，也需要认真分析，并依据企业的营销目标提出自己的观点。

总之，总体协调工作需要策划者更多地考虑本企业与相关渠道成员之间的关系，认真分析各个物流环节所面临的主要问题，采取切实可行的措施提升实体分配的运作效率。

四、新形势下营销渠道的变化趋势

社会经济的发展使人们的生活发生了巨大变化，消费方式也随着科学技术的进步而与传统方式有了很大区别。这些变化对销售渠道的影响是巨大的，过去那种百货商店式的零售企业和多级分销的代理制度，在今天的商业运作中，其市场范围已经变得越来越小，取而代之的是拥有多厂家产品销售权的大型集成商和电子商务购物系统，厂商在构建自己的渠道网络时，将更多地依靠类似沃尔玛这样的商业巨人。因此，对今后商业形式和渠道网络的研究同样是厂商面临的重要课题，也是策划者在为企业或者酒店构建渠道网络时需要考虑的重点问题。总体而言，未来渠道发展趋势如图6-8所示。

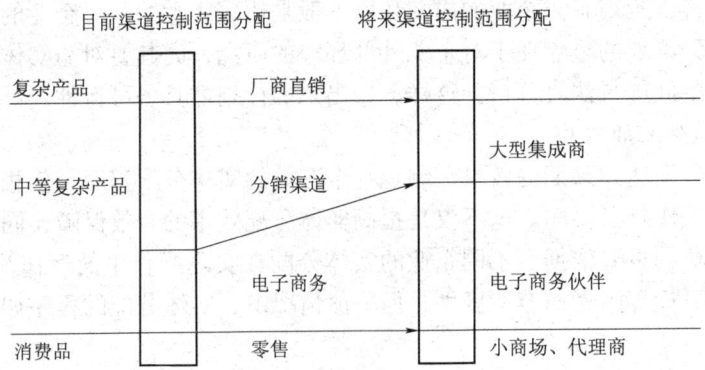

图 6-8 未来渠道发展趋势

由图 6-8 可见,未来渠道的主要成员会由现在的代理商和批发商等转变为大型商业集团。对于一般产品而言,除了电子商务形式以外,主要的分销渠道将变为类似沃尔玛的巨型超市。而厂商自建渠道模式将会面临巨大的市场压力,因为无论是从成本角度考虑,还是从运作效率考虑,这种模式已经不能适应当今渠道的发展要求。就酒店的营销网络而言,利用电子商务形式推广其产品将成为一种非常重要的渠道拓展模式。

第四节 新媒体时代下酒店品牌网络营销渠道

一、酒店品牌网络营销渠道影响因素

1. 科学技术

随着智能化进程的加快,人工智能产品被各大酒店应用,比如自助前台、在线选房和服务机器人等,这为不断挖掘网络营销渠道提供了基础条件。今后的营销渠道将继续往人性化和人工智能方向发展,科学技术是品牌网络营销的基础因素。

2. 消费者消费习惯

通过调查发现,消费者大部分选择从 OTA 平台预订,其次是官方网站或酒店前台。在选择酒店时,在线好评度和排名也会影响消费者的预订行为。80%以上的消费者会注意性价比和在线排名,75%的消费者在预订前经常查看在线评论。

3. 酒店自身产品

由于服务具有不可预见性及虚拟性,所以酒店的卖点首先是实体产品。每个酒店的客房和餐饮大同小异,单纯的视频和文字,较难引起顾客的信任。在虚拟的世界中,有效展现自身产品的独特性和优势对酒店来说是网络营销的重点。

二、新媒体时代下酒店品牌网络营销渠道存在的问题

1. 价格管理混乱

为了抢占市场,第三方平台会把价格拉低,甚至低于官方网站,当面对新老用户时,会采取差别定价,新用户的优惠力度更大。针对在线预订价格方面,政府暂时没有适当的管理措施,导致酒店门市价与第三方网络渠道价格倒挂。

2. 网络信息作假

为了提高在线评分，一些酒店会雇用网络水军进行信息作假，造成消费者无法准确识别信息，从而很容易被误导。

3. 严重依赖 OTA 平台

据统计，2016 年，有 71.2% 的客户在 OTA 平台预订酒店，5.8% 的客户在官方网站预订酒店。部分酒店习惯借助第三方平台将客户引流，虽然为酒店带来了收入，但支付的佣金加大了酒店财务压力。近几年，华住酒店集团已经着手开发平台，开元和华天等酒店集团也成立酒店联盟体。但是大众对于 OTA 平台的依赖性根深蒂固及开发平台的人力、物力支出较大，导致很多国内酒店仍然以 OTA 平台销售为主，以其他网络营销平台为辅。

案例分享

Z 酒店网络营销渠道怎么了

Z 酒店是位于某城市一行政区域中心的一家五星级酒店。该酒店距离火车站及汽车站只有十几公里，离机场也只有 30 分钟的车程。此外，Z 酒店离当地 4A 级知名旅游景区咫尺之遥。目前，Z 酒店的消费客人大多以商务型为主，休闲型为辅。

Z 酒店现阶段所使用的营销渠道包括携程、微博、微信公众号、抖音、美团等 App。经调查，Z 酒店平均每两周发布一次微信公众号，阅读量在 400 人左右，但是点赞人数比较少，基本不超过 5 人；微博发布频率较高，粉丝有 2 000 多人，但是点赞和评论几乎没有；抖音视频平均每两周发布一次，关注人数有 3 000 人，每条视频的平均点赞人数在 10 人左右；在美团等团购 App 上，酒店新活动上新频次低，彩印图片较少，很多菜品图片没有及时更新。了解 Z 酒店近一年来携程、美团等线上 App 的在线点评情况，发现无论客人如何对酒店菜品、客房进行正面评价，酒店总会给出相似的回复。仔细查看客人在不同渠道上的评价，发现大部分的消费者评价过于敷衍，真正认真点评的人数却不多。

三、新媒体时代下构建酒店品牌网络营销渠道的建议

1. 完善网上支付系统

政府应加强网络支付的相关立法，营造一个良好的网络环境。此外，政府要加大对支付平台的监管力度和各大银行的宏观调控能力。在消费中，酒店要保管好消费者信息，切勿轻易透露。消费者自身要加强安全意识，选择正规的支付平台。

2. 加强网络信息管理

设立专门的信息管理岗位，加强对顾客信息的保密和维护。同时，政府加大网络打击力度，增加立法，为公众营造一个安全健康的网络环境。

3. 及时更新酒店网络营销信息

当酒店有营销优惠活动或者产品信息变动时，要及时更新。若顾客获取虚假信息，要及时制定解决措施。例如，如果在线订房到店却无房可住，可联系附近相同品牌酒店，安排入住；如果房价或房型出入太多，可根据实际情况进行水果赠送服务或房型升级等。

4. 注重个人体验性

加强个人体验性，可以提高顾客好感度。随着人工智能的发展，国际大型酒店集团已经开始在客房内配备智能化产品。在国内，酒店智能化客房还未得到普及，客房内大部分操作流程都是由人工完成的。在未来的管理中，酒店可以尝试引进智能化客房，设计更加人性化的客房。

5. 构建社群化传播途径

对于会员，酒店可以建立社群。在线上，时不时发起话题性聊天，定期更新信息，保持活跃度。在线下，定期举办聚会或户外活动。酒店也可以制定一个会员日，在当天有一定优惠。此外，凡是会员预订的房间适当做一些个性服务，比如折叠小动物放床上、开夜床时赠送礼物或者每天赠送水果等。

案例分享

凯撒餐馆与 K-玛特的两次协议

1991 年，小凯撒餐馆与 K-玛特（美国最大的折扣连锁店之一）经谈判建立了战略联盟。根据协议，K-玛特将以 1 200 家小凯撒餐馆取代其他的店内食品服务，期限是 5 年。对于顾客来说，K-玛特将成为一个品牌餐馆，而不是原来的普通自助餐厅，小凯撒餐馆将会增加其分销渠道，并希望顾客在发现 K-玛特中的小凯撒餐馆后，也能到传统的小凯撒餐馆去就餐。K-玛特还答应向小凯撒餐馆提供其在全国做广告的资金，从而为小凯撒餐馆提供更多通过媒体进行宣传的机会。对此，小凯撒餐馆的管理者非常满意。

最初，有些特许经营商并没有多大反应，后来却感到了不安。因为他们原来以为小凯撒餐馆与 K-玛特的协议仅仅是店内消费，不包括外卖，而外卖将构成与这些特许经营商的直接竞争。为此，一些不满的特许经营商组成小凯撒餐馆特许经营商协会，代表着 70 家特许经营商，经营着 4 000 家连锁分店中的 550 家分店。特许经营商协会声称，部分会员的销售额因一家 K-玛特店开业下降了 20%。位于北卡罗来纳州只有 5 000 人口的小镇，有两家小凯撒餐馆，一家是新开业的 K-玛特，一家是原来的特许经营店。

协会成员还抱怨，协议规定 K-玛特要分担小凯撒餐馆做全国性广告的费用，却不为当地广告基金出钱。一些协会成员认为，K-玛特抢走了他们的客户，同时还从他们花钱做的广告中受益。协会成员非常气愤，他们每月收取会员费建立基金，以采取合法的行动来反对小凯撒餐馆。但并不是所有的特许经营商都不满，有的特许经营商认为，与 K-玛特搞联合是好事，可以让数以百万计的 K-玛特客户知道小凯撒餐馆的名字。

1997 年，K-玛特与其合作伙伴小凯撒餐馆更新了协议内容，宣布推出 850 家"联合品牌"餐馆——小凯撒餐馆比萨饼店或小凯撒餐馆快餐店。小凯撒餐馆开发了与其特许经营商不同的特色产品，这个协议没有引起特许经营商的负面反应，小凯撒餐馆也为其产品找到了新的渠道，而 K-玛特也重新获得了作为特许经营商的信誉。

（资料来源：王仲君. 旅游市场营销实用教程. 天津：南开大学出版社，2010.）

思考题

1. 小凯撒餐馆与K-玛特间的第一次协议为什么会遭到小凯撒特许经营商协会的反对？而更新后的协议为什么没有引起经销商的负面反应？
2. 你认为酒店在处理与渠道成员间的关系时应该注意什么问题？为什么？
3. 简要评价一下小凯撒餐馆与K-玛特间的联合对特许经营商的影响。

第七章

酒店产品销售促进策划

 **本章重点内容**

1. 如何理解促销的特点?为什么?
2. 如何理解销售促进策划对酒店营销的意义?为什么?
3. 酒店是否需要采用所有的促销形式促销自己的产品?为什么?
4. 为什么在进行销售促进策划时首先要确定促销重点?
5. 如何理解广告宣传与产品生命周期之间的关系?为什么?

销售促进策划是营销单项策划中运用最频繁的策划技术,就产品和企业的市场操作来说,销售促进策划一般分为广告策划和促销活动策划两种基本方式。对于酒店产品的促销策划而言,广告对消费者的刺激作用在于它的频率和制作技巧,而促销活动对消费者的刺激作用则体现为在比较短的时间内,运用策划技巧和使用酒店资源使消费者对产品产生比较深刻的印象,尽力使他们成为酒店产品的新用户或者忠实的消费者。由于酒店业在我国发展非常快,市场竞争日益激烈,因而如何促销酒店产品,创建酒店的品牌,以及如何打击竞争者往往是各大酒店在实际运作中面临的现实问题,而针对酒店产品的促销策划也就具有非常重大的现实意义。

第一节 销售促进策划概述

一、销售促进与销售促进策划

1. 销售促进的内涵

销售促进指的是企业在短时间内,采取特殊方式对顾客进行强烈刺激,以激发顾客强烈的购买欲望,促成迅速购买的一种营销方式,一般人也把它叫作促销活动。这种方式在实际运用过程中通常需要广告和公关等其他促销方式加以配合,以达到最佳的促销效果,为整个销售活动营造强烈的氛围和对消费者产生刺激作用。促销活动目前已成为企业在市场竞争中普遍采用的主要竞争手段之一,也是策划者在为企业进行促销策划时首先考虑的基本方式。

归纳而言，销售促进具有以下几个方面的特征。

1）时效性

销售促进通过向促销对象提供短期的强烈诱惑，能立即引起消费者的反应，引导其迅速采取购买行动。一般而言，销售促进都会以较低的价格吸引消费者的注意力，并且通常会告知消费者促销活动的延续时间，目的即在于在相对较短的时间内创造较大的销量或者市场影响力。

2）冲击性

销售促进的种种手段通常都是精心策划的，它对消费者、购买者和企业人员的刺激性非常强烈，还在特定的时间内为促销对象提供一种额外的好处，这种好处可以是金钱，可以是商品，也可以是一种附加服务，能使销售促进的对象产生强烈的购买冲动，以实现企业期望的目标。

3）灵活性

对于销售促进的应用和实施，企业可以根据自身情况和市场情况灵活运用，可以对内、对外一起实行，也可以单方面进行；可以短期实行，也可以长期开展。除了法律方面的特殊要求以外，促销活动基本上不受时间和空间的限制。当然，灵活性的基础是策划者对市场状况与企业资源的深度了解，否则就不可能采用多种方式促销企业的产品了。

4）多样性

销售促进是由刺激和强化市场需求的花样繁多的各种促销方式组成的，对于具体的酒店产品而言，这些方式在一次促销活动中不见得都要使用，但只采用一种方式进行促销同样不会获得较好的促销效果，因而策划者需要对各种促销手段的优劣都有比较深入的研究，以便在设计促销活动时能够根据市场情况和酒店的经营目标采用适当的促销工具达成企业的营销目标。大体而言，促销手段主要包括赠送房间、赠送优惠券、兑现承诺、提供赠品、商品展销，以及有奖销售和降价销售等。

5）直接性

单纯从促进产品销售的角度讲，销售促进与销售组合中的其他工具相比，更具有直接性。因为它采取的是利益诱导方式，刺激消费者迅速或大量购买某一特定商品，消费者在短期内可以获得比较大的附加值，因而这种方式比其他促销方式见效更迅速，这就是酒店产品和一般物质产品在产品刚刚上市，需要扩大市场效应和增强消费者认同感时主要采用促销活动的主要原因所在。

6）辅助性

同一般物质产品一样，无论多么优秀的销售促进活动也只是对产品销售的补充，要想使产品在市场中占有一席之地，最根本的还是要依赖产品的质量，以及给顾客提供足够的附加值，以满足他们的需求，促销充其量只是将这种利益通过一种特殊的方式转达给消费者而已。从这个意义上讲，销售促进活动普遍具有辅助的性质。而且，多数销售促进是非正规性和非常规性的，只能是营销活动主体形式的补充方式。因此，销售促进虽能在短期内取得明显效果，但它一般不能单独使用，常常配合新产品的推出和公司的广告活动而进行，而且只有在消费者广泛认同企业产品或者品牌时，销售促进活动才能更好地发挥作用。

2. 销售促进的正负效应

销售促进活动既是提升企业产品销量的手段，也是企业面对竞争不得已而为之的无奈选择。而且，销售促进作为一种市场营销的方法，对企业而言既有有利的一面也有不利的一面。运用得当，销售促进会发挥积极作用，不仅能够在较短时间内提升企业的经营业绩，而且能达到创建产品品牌的目的；反之，运用不当，不仅徒然浪费企业宝贵的营销资源，还会给企业的营销带来消极影响。因此，策划者在进行促销活动策划以前应该充分评估销售促进策划对企业的影响，以求最大限度地降低销售促进活动给企业带来的负面效应，表7-1罗列的即是销售促进活动对企业的正向效应与负向效应。

表7-1 销售促进活动对企业的正向效应与负向效应

销售促进的正向效应	销售促进的负向效应
1. 能够增加市场销售额 2. 能够加快新产品进入市场的步伐 3. 能抵制竞争者的促销活动 4. 能增强其他促销工具的功效	1. 有可能降低产品的品牌地位 2. 有可能提高消费者对价格的敏感度 3. 有可能导致消费者对活动麻木不仁 4. 有可能减少企业的利润额

3. 销售促进策划的含义

销售促进策划是指根据企业销售促进的目的，对企业销售促进活动的各个环节及销售促进中的预期问题进行全面、细致、客观的安排和规划，创造出具有影响力的、有效的行动方案，并将方案付诸实施，以达到激励士气、销售产品的目的。它通常包含以下几个方面的要点。

（1）销售促进策划的重点是迅速增加当前商品的销售量。企业在现有市场上考虑的是如何加速商品的销售，这就要求企业必须始终围绕迅速激发需求，强化顾客购买动机这个中心来进行策划。

（2）销售促进策划的关键是发掘新颖独特的创新思维。与其他方面的策划要点类似，销售促进活动要想获得比较好的效果，企业所采用的方式方法就要求新颖一些，最好是其他企业从来没有用过的手段，以产生巨大的市场冲击力，这就要求策划者根据企业所处的客观环境和市场态势及企业的自身条件，创造出新颖独特的、具有强烈刺激的策划方案，使之能迅速吸引顾客的注意力，唤起并强化顾客的购买动机。

（3）销售促进策划要与其他促销策划相结合。销售促进策划所要达成的目标是短期的和即时的，而其他促销策划如广告策划、公关策划所要达成的目标是长期的和缓慢的，顾客从接受信息到采取行动往往需要一个较长的时期。因此，从全面系统的角度来看，销售促进策划要与其他促销策划有机地结合起来才能发挥更大的作用。

4. 销售促进策划的作用

（1）销售促进策划是企业整体营销策划的一个组成部分。优秀销售促进策划的实施及成效对企业营销活动和经营活动具有极大的促进作用，同时，不恰当的销售促进策划也可能对企业的经营带来负面影响。

（2）销售促进策划使销售促进活动的开展具有现代意义。现代销售促进的超前性、主动性、抗争性都是策划的产物。因此，要对所要策划的事物进行全面的调查、分析、预测和判断，只有这样，才能使销售促进策划从敲门砖变为销售的法宝和手段。

（3）销售促进策划能有效地针对竞争者使自己的产品在众多品牌之中对购买者产生格外的吸引力和提升知名度。当竞争者频繁地使用类似的销售手段时，就需要企业有新意的销售促进手段来和他们竞争，而要实现这样的目标，必须通过策划来完成。

（4）销售促进策划能使销售促进活动的过程更加有效。消费者需求的变化、消费水平的提高，要求企业的销售手段不断更新，对销售促进有更深层次的认识和理解，这就要求企业必须改进销售方式，而这些都依赖于促销策划的完成。

（5）销售促进策划能使销售促进的投入更为有效，减少不必要的费用支出。由于策划中要充分考虑投入、利润及策划的实际效果，所以能使销售促进预算更具有科学性，也使销售促进工作能高效地开展。

二、销售促进策划的程序和内容

1. 市场情况调研分析与预测

现实操作中，销售促进活动是酒店对市场需求变化及消费模式变化作出的相应决策，是为实现酒店经营目标而作出的战略选择，其不仅直接关系到企业的利润水平，而且在很大程度上会影响酒店未来的市场定位与战略选择。因此，策划者在进行销售促进策划时必须对市场情况进行分析和预测，而分析和预测的基础则是对市场进行调研。市场调研与分析为市场预测提供信息，而科学的预测在促销活动中则更为关键，如果预测有误，不仅对销售促进的方式选择会产生误导，而且对整个销售促进战略将产生严重的不良后果。

具体而言，针对销售促进的市场调研与预测的主要内容包括：市场需求变动，包括消费心理、特征、动向和消费行为等；竞争态势评估，包括针对主要竞争者促销战略和竞争行为的研究，竞争策略选择及竞争者反应预测等；国家政策预测，主要包括分析国家相关法规和行业规范条例，以使自己的促销活动不至于触犯相关的规定。在此基础上，策划者还需要进行销售促进活动的综合预测。

2. 确定销售促进目标

一般而言，销售促进目标是酒店整体促销组合目标的一部分，受整体促销组合目标的指导和制约，它们的共同目标是一致的，但在促销组合目标系统中，销售促进也有自己的具体目标。

1）按照销售促进对象确定销售促进目标

按照销售促进对象，销售促进目标可以划分为以下几个方面。

（1）针对消费者的销售促进目标。

① 争取新的顾客开始使用本酒店的产品。

② 争夺同类产品和竞争者品牌的使用者。

③ 鼓励本酒店现有的消费者继续购买本酒店产品，把延时性购买改为即时性购买。

④ 扩大本酒店的市场影响力，从而增大购买量，使消费者接受本酒店品牌延伸的新产品。

（2）针对中间商的销售促进目标。

① 增加销售渠道，这主要是指酒店应该鼓励现有中间商向其他中间商推荐自己的产品，在更多层次上让潜在顾客了解酒店的产品，从而达到扩张市场的目的。

② 排除竞争，主要是指酒店应该尽可能建立和维持中间商的品牌忠诚度，通过各种促销手段达到使中间商排斥竞争者的目的，从而不断加强自己的市场地位。

（3）针对推销员的销售促进目标。

① 鼓励酒店业务员推销酒店的新产品或新服务，由于新产品对顾客而言相对比较陌生，

因而新产品的推销（无论是酒店产品还是一般物质产品）都有一定的经营难度，酒店应该理解这种市场操作的难度，给推广新产品的员工以更多的利益，鼓励他们推广酒店的新产品。

② 鼓励酒店业务员开拓新的市场，寻找更多的潜在顾客，这通常也是比较困难和艰苦的工作，因为对于大多数酒店的营销人员而言，相对稳定的市场总是可以给他们带来相对稳定的业务量，从而使他们获得比较稳定的收入。但新市场的情况就比较复杂了，需要业务员重新了解市场情况，甚至花费比较大的费用寻找新的客户，这往往是业务员不愿意操作的，酒店同样应该采用一些激励措施鼓励业务员开发新市场。

③ 刺激推销员在淡季销售产品。酒店产品存在明显的季节性，如果酒店能够采取一些措施鼓励业务员在销售淡季多销售一些酒店产品，则一定会给酒店的营销带来巨大效果，但这同样也需要策划者对这样的营销活动进行合理设计，在鼓励业务员拓展市场的同时不会给酒店的经营带来过多的压力。

2）按照销售促进内容确定销售促进目标

按照销售促进内容，销售促进目标可以划分为以下几个方面。

（1）保持现有顾客，使老顾客产生惠顾动机，稳定酒店的客流量。一般而言，这是最基本的销售促进目标，或者说，是在没有遭遇竞争者挑战的情况下，即使不做销售促进活动也应该达到的目标。

（2）争取现有顾客大量购买，提高酒店的入住率。由于现有客户数量有限，对酒店而言，大量购买的前提一般为酒店产品大幅降价，例如，鼓励老客户长期包租本酒店的房间等，这种目标的达成常常需要酒店其他营销手段的配合。

（3）吸引潜在顾客，通过有效刺激使潜在顾客转为现实顾客。这种目标的实现不仅有赖于销售促进活动的成功实施，同时需要大量的广告宣传和公关促销加以配合，否则很难吸引到足够数量的潜在顾客。

（4）强化产品使用的频率和功能，扩大产品销量。这主要是指酒店增加新的服务项目以吸引更多的新客户，或者说服老客户购买更多的酒店产品，这种目标的实现往往需要酒店具备较强的产品开发能力。

（5）强化产品品牌，以优秀的品质扩大产品销量。这主要是指酒店在运作过程中需要对自己的品牌进行不间断的宣传，并在销售促进活动中强化这种品牌效应，以达到提升酒店产品销量的目标。

销售促进目标的确定要根据酒店经营的总目标、市场竞争状况，以及酒店自身的资源来进行，现实操作中，销售促进目标的确定往往具有比较强的时段性，即在某一个时间段确定一个主要目标，而将其他目标作为兼顾目标来操作。这是因为，无论什么目标的实现都需要酒店在销售促进过程中投入资源，因而酒店只能在资源有限的情况下首先完成最迫切的任务，这就需要策划者在制定促销目标时认真研究和分析酒店在具体营销时段的主要任务，尽可能将促销目标与酒店的总体营销目标结合在一起。

3. 选择销售促进方式

这个过程是指企业为了达到销售促进目标而选择最恰当的销售促进方式。现实操作中，销售促进方式多种多样，而且每一种方式都具备不同的特点，销售促进成本也存在较大差异。对于策划者，首先需要清楚哪一种销售促进方式对自己的产品而言最合适，哪一种销售促进方式对创建产品和酒店的品牌是最具效力的。一般而言，企业可以选择的主要销售促进方式包括：

（1）赠送样品促销；

（2）优惠券促销；

（3）降价优惠促销；

（4）免费赠品促销；

（5）交易印花促销；

（6）售点陈列和商品示范表演促销；

（7）中间商促销；

（8）业务会议和贸易展览促销；

（9）竞赛和抽奖促销。

以上销售促进方式中，每一种都有若干种不同的具体手段，有其具体特点和适用范围，因此在策划中要反复分析，选择使用，同时，选择销售促进方式还需要考虑以下几方面的问题。

1）销售促进目标

不同的销售促进目标决定了不同的销售促进方式。例如，旨在增加产品购买量的目标，可以采用赠送优惠券、有奖销售等方式，而酒店如果想在较短时间内获得一定的市场份额，则多采用降价优惠促销或者租十赠一等方式。

2）竞争条件

企业竞争者的实力及他们采用的促销手段也是策划者在选择销售促进方式时要考虑的重要问题。这是因为，竞争者的营销策略，尤其是其销售促进手段不仅会直接影响到酒店的销售促进效果，而且会直接威胁到酒店的市场地位。因而在销售促进策划中，策划者首先应该分析竞争者，尤其是主要竞争者的销售促进方式与销售促进效果，并通过对竞争者的调研分析确定自己的销售促进方式。实践中，可以选择与竞争者针锋相对的方式，也可以选择避开竞争者的方式，或选择更具有特点的销售促进方式。

3）销售环境

销售环境较好与销售环境不景气时选择的销售促进方式存在很大的区别。销售环境较好，市场需求旺盛，销售促进方式的选择往往集中于增加购买、吸引潜在消费者。而销售环境不景气，市场需求疲软，销售促进方式的选择往往集中于保持现有顾客、稳定市场份额。当然，这也只是针对一般情况而言的。对具体的酒店，在不同时期究竟应该采用什么方式促销自己的产品，要根据企业的资源条件及营销目标来进行决策。

4）销售促进预算

用于销售促进的预算往往决定了销售促进方式的选择，这是因为每一种销售促进方式的费用都存在非常大的差别。一般而言，预算总额相对较多时，策划者可以考虑相对复杂和高效的销售促进方式，在较短的时间内达成企业的营销目标，反之，如果企业的资源不能满足大型销售促进活动的要求，则只能策划较便捷的销售促进方案。

4. 制定销售促进策划方案

当销售促进的目标及创意确定以后，必须按一定的规则将其文案化，以指导销售促进工作的实施。销售促进方案的撰写没有固定不变的模板，但一般而言，一份完整的销售促进策划方案应该包含下列内容。

1) 市场调研分析

（1）总则——总则需要说明制定销售促进策划方案的目的及方案形成的主要依据等问题，内容不要太多，概括说明销售促进活动的意义就可以了。

（2）市场调研报告——这部分应该根据前述市场调研报告的规范格式撰写，但侧重点在于分析当前市场状况及进行销售促进活动的必要性。

（3）市场预测及建议——根据市场调研报告得出结论，对未来市场走势及酒店应该采取的主要营销措施进行说明，并阐述市场操作建议的主要依据。

2) 销售促进目标

（1）总体目标——包括销售促进总体目标确定的依据，并阐述销售促进总体目标与酒店总体营销目标的关系，给出确定销售促进总体目标的理由。

（2）目标分解——将总体目标按照一定的目标体系进行分解，并说明分解的理由、完成分解目标的人员及组织机构等问题。

3) 销售促进策划方案

（1）方案细则——主要说明销售促进活动的时间、参与人员、载体、销售促进地点、主要销售促进手段、主要推广的产品及控制体系等具体内容，这是文案最重要的内容，一定要细化，使每个参与销售促进的人员都能够明确自己的任务和职责。

（2）方案说明——主要说明方案细则中涉及的相关问题，这部分内容繁简均可，主要是说明方案中的一些关键点及应该注意的主要问题。

4) 销售促进预算

（1）预算计划——主要说明销售促进活动的资金需求总量，以及资金分配的原因和主要用途，对这部分内容需要进行简单的财务分析，不仅要说明销售促进活动的必要性和支撑销售促进活动所需要的资金数量，还要对销售促进活动完成以后的市场变化和酒店的利润水平等财务指标进行预测，以说明资金投入的必要性。

（2）资金来源——如果是酒店或者企业单独承担销售促进活动的全部费用，则这部分内容就相对简单，如果是与中间商共同组织销售促进活动，则需要说明各自承担的资金总量，以及资金来源的可靠性。

5) 附录

附录中主要说明文案中没有提到或者自己觉得有必要加以说明的问题。

按照上述格式完成的销售促进策划方案还需要注意以下问题。

（1）销售促进目标，对于简单的策划只确定总体目标就可以明确责任，对于复杂的策划则需要将总体目标进行分解才能明确责任。

（2）人员安排要有责任要求，最好以营销副总经理作为销售促进项目的负责人，由其负责实施和检查，并及时上报处理有关情况。小企业的小型销售促进活动则应由总经理直接负责。这是因为，如果没有组织上的保证，任何销售促进活动都不会取得预期效果。

（3）载体是指常见的一些销售促进方式的扩散途径，如分发优惠券或者降价促销等活动。文案应该对销售促进活动所采用的主要方式加以详细说明。

（4）预算包括管理费用、销售费用、诱因费用（赠品、减价费、兑奖费）等，文案应该对每一项费用作出精确计算并说明这些费用产生的原因及可能得到的市场效果。

5. 实施销售促进策划方案

如果销售促进策划方案能够得到上级批准，策划就进入了实施阶段。由于销售促进活动往往是一定时段内企业的主要营销工作，因而每项销售促进活动都应当确定实施和控制方案，实施计划必须覆盖事先准备阶段、实施阶段和延续阶段的各项工作。

1) 事先准备阶段

事先准备阶段指的是实施策划方案之前的准备阶段，包括方案实施的规划设计，各部门人员的协调，所有资料、赠品、礼品、样品的备齐及各种宣传工作的准备，如邮寄或分发至家庭的改良包装物或材料的鉴定，合作广告和销售现场材料的准备，特定的赠品或包装材料的采购和印刷，准备在特定日期举办各项活动所需要的各种器材和设备等。

2) 实施阶段

销售促进活动必须严格按照具体操作计划来实施，策划者应严格掌握工作进度，避免因各种原因而导致销售促进活动失败。为此，酒店必须成立相应的组织和控制小组，负责组织实施方案。对于方案执行中的各种问题应注意收集、整理、分析和向上汇报，以便及时管理和控制。这个阶段是销售促进活动能否达到预期目标最为关键的阶段，作为策划者，不仅应该积极参与实施阶段的各项工作，并从实际参与过程中寻找方案的缺陷，而且应该根据不同的市场情况和实施问题对方案进行修改，以达到最好的实施效果。

3) 延续阶段

延续阶段是指从销售促进活动开始到大约95%的优惠商品或者优惠券已经转到消费者手中为止的时间。这段时间可长可短，主要由优惠时间的长短来决定。这个阶段的主要工作实际上是由酒店的服务人员承担的，亦即营销人员负责将客户引入酒店，而产品质量主要决定于酒店其他部门的员工。但作为策划者，对产品质量和促销效果的监控同样非常重要，这通常是以后评价销售促进效果的重要依据。

6. 评价销售促进效果

销售促进效果的事后评价是酒店销售促进工作的重要内容，这不仅直接关系到酒店的市场开拓和利润提升，同时也可促进酒店策划水平的提高。作为酒店的营销策划人员，在每一次促销活动结束以后都需要对该次销售促进活动进行总结，寻找不足，以便为今后的销售促进工作提供可借鉴的经验。

现实操作中，评价销售促进效果的方法主要包括以下几个方面。

1) 比较销售促进前后销售量的变化情况

比较销售促进前后销售量的变化情况是最常见的销售促进评价方式。一般而言，在其他情况不变的条件下，销售促进的效果主要表现为以下几点。

（1）初期奏效，但时间短；

（2）销售促进影响不大，且有后遗症；

（3）没有影响，销售促进徒然浪费企业资源；

（4）销售促进效果明显，且对酒店今后的营销工作有积极影响。

显然，酒店应该力图获得上述第（4）种效果，而尽量避免第（2）和第（3）种效果，可惜的是，大多数销售促进实际上可能获得的是第（1）种效果。这一方面是因为销售促进已经成为多数企业增加市场份额和打击竞争者的主要手段，消费者对这种形式已经逐步麻木，甚至感觉有些产品不进行销售促进反倒不正常，另一方面也与多数企业的促销策划水平较低,采用的手段过于模式化和雷同化有直接的关系,因而不断提升酒店的策划水平是提升促销效果的重要途径。

2)直接观察消费者对销售促进活动的反应

这种方法指的是通过观察消费者对销售促进活动的反应,得出销售促进效果的优劣,主要是对消费者参加竞赛和抽奖的人数、优惠券的回收率、赠品的补偿情况等加以统计,从中得出结论。这种方法操作起来简便易行,尤其是当销售促进前后的销售量不易统计时,采用这种方式往往会获得比较好的评估效果。当然,也可将此方法作为第一种方式的补充,两种方法结合使用。

3)对消费者实行抽样调查

这种方式尤其适合于评价销售促进活动的长期效果。具体做法是,寻找一组消费者作为样本,和他们面谈,了解有多少消费者还记得销售促进活动、销售促进对他们的影响程度如何、有多少人从中获得利益、对他们今后的品牌选择有何影响等,通过分析这些问题的答案,就可以了解销售促进活动的效果。这种方式的缺点在于:一方面,酒店不太容易获得这样的消费者群体,因为酒店的营销不同于一般物质产品的营销,客户的流动性比较大,而固定客户相对较少;另一方面,即使找到这样的消费群体,消费者是否愿意提供这些数据和资料,他们提供的数据和资料是否准确等都是比较大的问题,因而对于酒店而言,这种方式并不适用。

第二节 对消费者销售促进的策划

依据销售促进对象不同,销售促进策划可以划分为针对消费者的销售促进策划、针对中间商的销售促进策划和针对营销业务员的销售促进策划三种形式。就酒店的营销而言,针对消费者的销售促进策划是最为重要的,这主要是由酒店产品的特殊性决定的。因为酒店产品在很大程度上是生产与消费融为一体的,顾客对产品的评价更多情况下其实是一种感觉,因而一般情况下,酒店的策划者更加注重针对消费者的销售促进策划。总体而言,同一般物质产品一样,针对消费者的销售促进策划主要采用以下几种方式。

一、赠送样品策划

1. 赠送样品的含义

赠送样品是指向目标客户免费赠送商品样品,以鼓励顾客尝试的销售促进活动,这在酒店的促销过程中表现为免费为顾客提供房间、免费请顾客品尝酒店的某种菜肴,或者赠送酒店的某种纪念品或菜肴等,从而达到吸引顾客、培育市场的目的。酒店或者其他企业在刚刚开发某一市场时多采用这种方式,这是因为,这种方式能使消费者对企业的产品迅速产生兴趣和购买欲望,并扩大产品的市场覆盖率。从最早商场里的食品品尝,到挨家挨户的样品派送,乃至很多星级酒店房间的定期租用等,赠送样品的形式在不断发展。

一般而言,采用赠送样品的销售促进方式,有助于企业实现下列目标:

(1)可使新产品迅速进入市场,由于产品是赠送的,因而它是消费者最喜欢的接受方式,也是新产品进入市场最容易的方式;

(2)提高销售业绩较差地区的销售量,这种方式为没有使用过该产品的消费者提供了

试用产品的机会,如果这些消费者确实对产品感兴趣,酒店就能通过这种方式将潜在顾客变为现实顾客;

(3) 在销售业绩好的地区继续保持优势,打击对手具有竞争性的产品,这种方式也是排斥竞争者的重要手段,因为其不仅可以发掘酒店的未来客户,同时也可以吸引竞争者的客户,从而达到一箭双雕的目的;

(4) 借以调查消费者对其产品的意见,这是显而易见的,因为每个消费者在享受酒店产品时的感觉都不同,如果酒店能够利用这样的机会向消费者征询对产品的建议,消费者在获得既得利益的前提下,会很乐于将自己对产品的建议提供给酒店;

(5) 达到公开宣传、扩大影响的目的,赠送样品的利益性使得这种方式往往会产生比较大的社会影响力,从而使这些消费者本身成为酒店产品的义务推销员。

2. 赠送样品销售促进方式的特点

1) 吸引消费者积极参与

赠送样品能否吸引足够多的消费者参与,一方面决定于赠送样品的价值,另一方面也决定于人们的收入水平。由于我国总体而言还处于发展中国家的消费水平,因而免费样品的试用率很高,故无论是生产物质产品的一般企业,还是主要以服务为主的酒店业,赠送样品都是一种传递产品信息较为理想的方式。

2) 能充分地展示商品特性

心理学家的实验结果表明,人们对亲身经历的事情能记住 90%,对看到的事情能记住 50%,对听到的事情只能记住 10%。赠送样品是让消费者亲自试用,充分感受商品的使用价值,商品特性也就可以充分展示给消费者。

3) 能够有效地培养品牌忠诚者

赠送样品不仅仅可以增加商品的销售量,更重要的是在消费者试用商品时,加深了其对产品的了解并产生对产品的信赖,这些会使顾客在以后的消费中成为企业产品忠实的消费者,尤其是对酒店产品而言,由于顾客不能直观地感受到产品的形态和质量,就更需要亲身体验产品的价值了。

4) 能灵活机动地选择赠送对象

无论采用何种方式赠送样品,其赠送对象的选择权都掌握在酒店手中,因此,酒店可以根据促销需要,选择出特定的目标对象,可以扩大赠送范围,也可以缩小赠送范围。这样,尽管有时赠送样品的数目不大,但却可以收到事半功倍的效果。

3. 赠送样品的方式选择

1) 直接邮寄

通过快递公司和促销公司将样品送达消费者手中,这种方法送达率较高,因而效果显著。据统计,酒店采用这种以企事业单位为对象的赠送方式,顾客的尝试购买率可达 70%~80%。但是,这种赠送方式也往往受到很多限制,如液体样品很难通过快递公司邮寄,样品的包装必须牢固等,而且以重量计价的邮寄成本非常高,因而这种方式不适用于单位价值较低的产品,但对酒店产品而言还是比较好的选择。

2) 逐户分送

逐户分送即由专人将样品送到消费者手中,一般将样品放在门外或信箱内,或交给开门的消费者。这种方式在居住比较密集的城市采用较为普遍,也比较有效。但是,这是所有发送方式中花费最多的一种。另外,不管是国内还是国外,居民区的安全防范措施都较为严格,从而影响样品的正常送达,所以这种方式的局限性较大。

3)定点分送及展示

定点分送及展示指的是将样品直接交到消费者手中的赠送方式,但不同之处在于,它是将样品分送到流动的消费者手中而非家庭。地点一般选择零售店、重要街道、展览馆、饭店等人们经常光顾的公共场所,同时还要告知有关产品的销售信息,也可以搭配优惠券以吸引顾客购买。这种方式的明显不足在于样品的送达率普遍较低。这是因为,一方面,酒店无法考核究竟有多少样品送到了多少消费者手中,另一方面,这种方式因为没有对顾客加以选择,存在非常大的盲目性。因此,无论是委托外人向顾客发送,还是酒店派人在公共场所向路人赠送,都会出现样品被中间发放人私自吞没的情况。

4)媒体分送

如果样品体积小,可以附在大众媒体特别是普通报纸、杂志里向顾客赠送样品,同时还可以附一份有关产品的说明书或宣传资料,在样品送入家庭和机构的同时,传达有关商品信息。但由于国内大众媒体的主要订户是机关团体,目标顾客群命中率低,加之样品制作成本高,送达费用高,因此,目前这并不是一种有效的分送方式。

5)优惠券兑换

优惠券兑换指的是酒店将优惠券通过邮寄或分送的方式送给消费者,消费者可拿优惠券到酒店,或者酒店指定的地点兑换样品,或者将优惠券寄给酒店换取样品。这种操作方式目前运用较为广泛,这是因为,酒店向顾客赠送的是样品的免费索取券,而非样品本身,这就可以节省许多邮寄费用,并提高样品的安全性。另外,由于消费者对产品感兴趣才会兑换,因此,样品的受赠者极有可能成为产品的购买者,这对于酒店未来市场的开发具有相对重大的现实意义。

6)联合或选择分送

联合或选择分送指的是专业的营销公司设计了各种不同的分送方式,以有效地送到各个层次的消费者手中。例如,有的酒店为了吸引旅行结婚的消费者,专门针对新娘设计了装有卫生用品、洗涤用品和化妆用品的"新娘礼品袋"样品,在送给消费者以后,可以使消费者在这样特殊的日子牢牢记住酒店的品牌,同时由于分送了几种样品,也可以使生产这些样品的企业分担费用以节省酒店的开支,这种合作一般而言都会取得比较好的效果,因为通过一种渠道分享模式,多个参与者都可获得利益。

7)包装分送

包装分送指的是将样品附在非竞争性商品的包装中,此时,该样品扮演着免费样品和赠品的双重角色。例如,在 500 g 的面包袋中,放进可冲一杯的咖啡样品或者酒店的免费参观和旅游观光信息等。采用这种方法时要注意,附带样品的商品必须是消费者经常购买的商品,而且该商品与赠送的样品具有相同的消费阶层,这样才能保证样品能及早、准确地送到消费者手中。

8)中间商分送

中间商分送指的是在中间商的办公地点销售试用酒店的样品,通常是酒店生产少量酒店产品(例如较有特色的菜肴等)以低价供应给中间商,并由中间商卖给消费者,这种情况下,中间商获得的利润往往比卖其他竞争品高,因而能提高中间商推销酒店产品的积极性,而且这种促销方式代价较低,又能有效吸引消费者尝试购买,因而是比较受欢迎的推广模式。

4. 赠送时机的策划

样品赠送虽然可以在较大范围内吸引消费者的注意力,在较短时间内为酒店的市场开发打下一定的基础,但绝不能频繁地使用这种方式。这是因为:一方面,赠送样品对企业来说是一笔庞大的开销,毫无疑问会加大酒店的经营成本;另一方面,长期的赠送活动会使消费者对样品产生依赖,这样,他们在没有赠送的情况下就不会选择酒店的产品。所以,在赠送样品过程中对时机的选择显得非常重要。

通常情况下,策划样品赠送的时机应考虑以下几个问题。

1) 企业在市场上的广告宣传活动

样品赠送常常需要配合一定规模的广告宣传活动,尤其是在酒店刚刚开业,或者酒店刚刚推出一种新产品时,在消费者对其品牌很陌生的情况下,广告宣传更是必不可少的。样品赠送活动与广告宣传的时间关系,应当是广告宣传在前,样品赠送紧随其后。一般情况下,酒店在该市场的广告宣传进行4~6周之后,是实施样品赠送活动的最佳时机。因为此时消费者对产品品牌已经有了一定的感性认识,在这时得到酒店的赠送样品,必然有兴趣参与试用,以检验酒店的广告宣传是否真实。需要特别指出的是,在样品赠送期间,酒店在该市场上的广告宣传不能停止,这样,两种促销方式才可能形成良性互动。

2) 产品在市场上的销售数量

这实质上也是一个时间问题,即在一个市场区域内,样品赠送活动必须在酒店产品销售达到一定规模的情况下方可进行,而不能操之过急。这是因为,酒店产品只有达到一定的规模才能够说明酒店的市场影响力,这时进行赠送样品的促销活动才会取得较好的市场效果。反之,酒店如果单纯依赖赠送样品打开市场,则一方面成本会非常高,另一方面由于很少有顾客了解酒店的产品,市场拓展的速度也不会很快,这会使酒店面临非常严重的经营压力。换句话说,赠送样品活动不能一夜之间遍地开花,而应该随着酒店市场影响力的不断提升而循序渐进。

3) 产品消费的季节性

对于季节性较强的酒店产品而言,最好在消费旺季到来之前进行样品赠送活动。这是因为:一方面,赠送样品会刺激消费者在旺季消费酒店的产品,使酒店产品在市场上的知名度迅速提高,给酒店带来理想的销售额;另一方面,随着市场竞争日益激烈,先入为主的市场领先法则会使得消费者在选择同类型产品时,总是优先考虑那些印象比较深刻的产品,这样,酒店不仅在销售旺季可以获得比较大的市场份额,同时对竞争者也会形成比较大的市场压力。

二、优惠券策划

1. 优惠券的含义

优惠券指的是企业或酒店发放的,持有人在指定地点购买企业或酒店产品时享受折价或其他优惠的凭证。我国酒店业在20世纪90年代以后由卖方市场转向买方市场,优惠券即成为酒店之间争夺客源的重要手段之一。这是因为,开展优惠券销售促进活动有助于酒店实现下列目标。

（1）扭转消费者偏好，改变产品或服务销售全面下降的局面。实际上，优惠券从本质上来说就是一种价格折扣，在激烈的市场竞争中，酒店业同其他行业一样，如果不能为顾客提供更多的现实利益，要想占有足够的市场份额几乎不可能。

（2）提高某一品牌在同类产品中逐步下降的市场占有率，抵制竞争品牌在同一市场的促销活动。有些酒店发放优惠券在很多情况下是不得已而为之的，在竞争者采用价格战方式攻击自己的市场区域时，发放优惠券是抵御竞争者进攻的有效手段。

（3）培养消费者对成长类产品在滞销时的品牌兴趣。这主要是指在酒店产品消费的淡季，可以采用这种方式刺激消费者更多地购买自己的产品，这一方面可以缓解销售淡季带来的经营压力，另一方面也可以强化酒店的品牌。

（4）协助增强弱势品牌销售下降的效益。如果酒店产品中某一类产品的销售状况不理想，效益下降，则可以采用这种薄利多销的方式改善其市场形象，从而为这类产品最终具有较强的市场竞争力打下基础。

（5）吸引新的使用者，保持和提高重复购买率。较低的价格一定会对消费者产生较强的刺激作用，这对于酒店吸引更多的客户消费酒店产品，以及老客户重复购买酒店产品都具有不同程度的促进作用。

2. 优惠券的促销特点

1）刺激消费者试用产品

根据统计，约有65%的优惠券兑现者都是第一次使用该产品。优惠券以价格折扣的形式向顾客提供了一定程度的"风险补偿"，也就是可以给消费者带来非常现实的经济利益，这是优惠券之所以能够刺激消费的最重要的原因。

2）扭转消费者偏好

优惠券是以折扣让利来诱惑消费者改变以往的购买习惯和品牌偏好，在同类其他品牌无让利诱惑的情况下，这一点尤为突出。就酒店产品而言，因为其包含了大量的服务内容，消费者很难通过观察物质产品本身而获得对这类产品的感性认知，因而在消费这类产品时实际上冒着比较大的风险，故一般消费者总是希望酒店能够通过降低价格的方式降低自己的消费风险，如果酒店能够为其提供这样的机会，则消费者就可能放弃原有的消费习惯，甚至改变对原有同类产品品牌的偏爱而选择消费风险更小的产品。

3）迅速显示促销效果

优惠券能在较大范围内迅速吸引现有顾客和潜在顾客，可以借助不同的媒体，针对特殊层次的消费者进行广泛的促销活动，声势大、普及面广，并且送达速度快，这对新建酒店及酒店新产品的迅速推广尤为重要。

4）增加现有顾客购买量

优惠券促销可以刺激顾客大量购买本酒店产品，其结果将使该酒店的销售量大量增加，并且在随后一段时间内减少顾客对竞争酒店的购买数量，削弱竞争酒店的竞争力。

5）鼓励顾客试用酒店的新产品

一些知名度和信誉度都很高的老品牌，在推出新规格、新形式、新口味、新包装的产品时，优惠券能有效地鼓励顾客使用。由于老顾客对老品牌有一定程度的了解，再加上优惠券为他们带来的现实利益刺激，会使他们轻松、愉快地尝试酒店的新产品。

6）增强业务员的信心

一般而言，对于优惠券促销，消费者和中间商都会有积极的反应，从而能激励酒店业务员向市场推出更多的酒店产品。这是因为，通常情况下，酒店对业务员的考核都是以客户开发率作为基础指标的，而优惠券促销往往可以在较短的时间内迅速扩大产品的销量，这对于业务员而言意味着更多的提成和相对简单的营销操作。

3．优惠券的递送方式

1）直接送达消费者

这种传递方式是通过人员或邮寄直接将优惠券送到消费者手中。现实操作中，这种传递方式主要包括：单独寄送或附在其他商品包装上一起寄送，在街头散发，预置某处任人自取，委托促销公司或直销公司代送等。

2）借助媒体发放优惠券

借助媒体发放优惠券即将优惠券印制在报纸、杂志等大众宣传媒体上发放，由于传播媒体的对象不一致，类别不同的优惠券也应该选择不同的媒介。例如，酒店的优惠券可以选择与酒店或者旅游相关的报纸或杂志作为自己的传递媒介。

3）利用商品发放

利用商品发放主要是将优惠券附在商品的包装上发放，具体分为内包装和外包装两种形式。随着竞争的日益激烈，酒店的优惠券同样可以选择这种方式，只是酒店产品的特殊性决定了其利用的商品媒介一定不同于一般物质产品，理论上讲，这种优惠券应该选择高档产品作为传播媒介。

4）采用特殊渠道发放

采用特殊渠道发放即通过旅游协会、旅游产品中间商或者酒店产品的中间商来发放，例如，酒店的优惠券可以放在旅游公司的包装袋内或者印在旅游中间商为游客发放的宣传资料上，这一方面为潜在客户提供了方便，同时也通过这种方式宣传了酒店的产品，旅游公司或者旅游中间商因为提供了这种方便还可以获得一定的补偿，因而这种方式可以说是一举多赢，在实际操作中运用得比较广泛。

三、免费赠品策划

1．免费赠品的含义

免费赠品也称为赠奖促销，是指酒店为了奖励或刺激消费者购买酒店产品而向消费者免费赠送的礼品或奖品。这种形式无论是在酒店产品的营销中，还是在一般物质产品的营销中，都是企业普遍采用的销售促进形式。例如，吉列公司在销售刀片时免费赠送刀架，大大促进了刀片的销售；我国的很多星级酒店在出租客房时，免费赠送客人旅游或者餐饮等。

同其他促销方式一样，通过免费赠品开展的销售促进活动也有助于酒店实现下列目标：

（1）在销售业绩不好的地区或新开拓的销售区域推广产品；

（2）提升客房出租率；

（3）介绍新产品或改良产品，鼓励消费者购买酒店的系列产品；

（4）在淡季掀起购物消费热潮并对抗类似产品的价格竞争；

（5）对销售人员提供激励来帮助他们完成当前的销售任务。

2. 免费赠品的促销特点

1) 塑造产品品牌的差异化

在同类产品竞争十分激烈,产品自身品质难分高下时,若某品牌有赠品免费赠送,会在未试用的消费者心目中产生鲜明的对比,从而引起消费者的注意和兴趣。这在酒店档次相同、服务质量相差不大的情况下尤为重要,这是因为,虽然酒店的免费赠品在价值方面可能并不是很大,但这种操作方法可以使顾客在心理上得到很大的满足,而最为关键的是这些赠品同时也是酒店宣传自己品牌的绝佳工具。因此,差异化不是来源于产品本身,而是来源于员工的创造性。

2) 增加顾客对产品的消费量

免费赠品不仅可以满足顾客的贪欲,在同等条件下增加顾客对酒店产品的消费量,同时,还可以通过对酒店产品的宣传作用而引导消费者使用酒店产品。例如,在酒店的账单中加入优惠凭证,顾客只要累计消费一定数量的酒店产品,酒店就给予客人一次旅游机会或者免费提供一年酒店游泳池的使用权等,这些看似小恩小惠的举措往往会在不经意间大幅提升酒店的经营业绩。

3) 有助于维护酒店形象

免费赠品比直接降价更有利于维护酒店形象。道理很简单,因为直接降价会让人感到酒店产品本身可能有问题,酒店可能不会提供与以往一样的服务,同时,直接降价还会导致同行业间的价格大战。而采用免费赠品的形式,则会使顾客有额外收获的感觉,同时会避免消费者对产品本身产生怀疑,容易赢得消费者好感,这些都有利于酒店维护其品牌形象。

4) 促进新产品的推广试用

现实操作中,免费赠品可以采用多种形式,例如,将酒店新开发的食品作为免费赠品一般就会起到非常好的示范作用。因为这样做一方面可以为新产品进行市场宣传,直接诱导获得赠品的客户购买这种产品,另一方面赠送产品的无偿性会使消费者产生一种价格低廉的感觉,这些都有利于新产品的推广和试用,从而最终为新产品打开市场做好铺垫。

3. 赠品分送形式

免费赠品是酒店给予客户的直接利益,虽然这些产品在酒店的营销费用中所占比例有限,但如何使用有限的资源达到最佳的营销效果是每一位策划者都应该思考的问题。因此,有了诱人的赠品后,怎样将这些赠品分送到顾客手中,也是免费赠品策划的重要内容之一。实践中,赠品分送主要有以下几种方式。

1) 包装赠送

包装赠送主要分为包装内赠送和包装外赠送两种形式。需要注意的是,无论是以酒店自己生产的产品作为赠品,还是以外来产品作为赠品,都需要在包装上印制精美的广告图片,因为赠品对酒店而言唯一的利益即在于广告效应,如果将不加修饰的外来产品作为礼品送给顾客则失去了赠品的意义。

2) 销售渠道赠送

销售渠道赠送是指通过酒店的中间商或者旅游公司将赠品送到顾客手中,具体包括两种形式。其一,在酒店中间商的办公地点将酒店的产品与赠品由中间商介绍给顾客,顾客购买酒店产品后随即奉送,例如,顾客只要租用酒店的房间就可以得到酒店附赠的礼品;其二,中间商向持有酒店发票的顾客兑换赠品。采用这种方式能为酒店减少许多工作和费用,对消费者也很方便，但控制程序复杂，赠品的实际到达率低，在无资金或物质上的奖励时，酒店中间商常常消极地对待赠奖活动。所以，酒店在采用这种方式发放免费赠品时，必须给予中间商一定的资金或物质支持才可能取得较好的效果。

3）邮寄赠送

邮寄赠送指的是消费者将酒店的购物凭证或赠送券邮寄给酒店的相关部门，再由酒店将赠品直接邮寄给消费者的活动。这样做的好处在于，酒店既能获得有关消费者的某些资料，建立消费者信息库，又不会给酒店的中间商制造麻烦，同时，由于这种方式可以直接接触到客户，对酒店而言，无论是在对市场的了解还是赠品的使用方面，都可以大幅提高效率。但邮寄可能会发生误差，消费者会因未收到赠品或赠品在途中受损而产生强烈的不满情绪，同时，酒店还要增加一笔相当可观的邮寄费用，从而加大酒店的经营成本。

四、竞赛和抽奖策划

1. 竞赛和抽奖的含义

1）竞赛

竞赛是指酒店通过一定的形式让广大消费者参与饶有兴趣的竞赛活动，根据竞赛成绩的优劣领取奖金或奖品，这种形式叫竞赛促销或比赛促销。虽然这种活动有时与酒店的产品销售不直接挂钩，但这种活动还是具有很大的影响力的，它的后发效应不容置疑。例如，某酒店在国内知名报刊上发表征集广告词的活动，收到的应征稿件达几十万份之多，这就是竞赛的精髓所在，因为通过这种活动培育的是酒店未来庞大的潜在市场。

2）抽奖

美国广告代理商协会对抽奖的定义是：抽奖不是针对部分具有才气的消费者而举办的，获奖者是从参加的所有来件中抽出的，换句话说，奖品的赠送全凭个人的机运。这种促销活动具有两个基本特征：一是它的随机性，也就是获奖者都是随机产生的；二是它的无条件性，也就是所有顾客都可以在没有任何条件限制的情况下参加抽奖活动。抽奖活动通常有助于提升产品知名度，并能引发消费者的购买行动。当然，在抽奖活动前必须进行适当的宣传活动，以刺激消费者的参与热情。

总体而言，竞赛和抽奖都有助于酒店实现下列目标：

（1）强化酒店和产品的良好形象；

（2）提升老产品现有的销售业绩；

（3）引起消费者注意，开辟新的销售领域，同时为产品寻找新的用途；

（4）激发酒店中介的积极性，并展示酒店产品的某些功能和特性。

2. 竞赛和抽奖的促销特点

1）对消费者刺激大

同其他促销工具相比，没有比竞赛和抽奖让消费者更加兴奋的了，由于绝大多数消费者都喜欢体验新奇刺激的事物，每一个消费者都希望最好能在不付出或少付出代价的情况下获得最大的利益，都有攀比逞强、出人头地的心理。因此，对竞赛和抽奖这类高奖金、低风险且能充分展示个人才气、从中能得到快乐和满足的活动，消费者自然十分乐于参与。

2）强化酒店产品的销售气氛

酒店要想增加销售，首先必须使尽可能多的顾客光顾自己的酒店或者酒店经销商的办公机构，光顾的消费者越多，销售额增长的可能性就越大。而竞赛和抽奖活动通常都具有强烈的刺激性和娱乐性，能吸引消费者注意和调动消费者的兴趣。因此，一般情况下，酒店中介或者旅游公司都十分愿意配合酒店举办的竞赛和抽奖活动，因为这既烘托了销售气氛，又提高了客流量，会为他们的业务拓展带来莫大利益。

3）固定费用

能够预先确定全部促销经费的活动形式很少，但是竞赛和抽奖活动可通过事先的经费预算对需要的全部经费做到"心中有数"，这个经费一旦确定就大体固定了，不会随着参加活动的顾客规模的大小而变化。这对统筹安排酒店的全部促销费用，保证促销的顺利进行和提高促销效果都很有好处。

4）树立和强化品牌形象

竞赛和抽奖作为一种销售促进工具，对树立和强化酒店的品牌形象具有较好的效果。例如，为产品命名、回答产品的历史和特征、为产品作诗或写一些短语等都能让产品在消费者心目中留下深刻的印象。当然，这种效果能在多大程度上转化为酒店产品的销售业绩，能为酒店品牌的提升提供多大帮助，很大程度上还取决于策划者的策划水平。

5）提高和增强广告的促销效果

广告虽然有较强的表现力和感染力，但消费者对广告常常避而远之，这是因为过多的虚假广告会使消费者对广告宣传产生逆反心理，因而即使广告的设计非常出色，表现力非常强，有时也很难打动消费者的心。然而，如果把竞赛和抽奖活动的消息放到广告中，就能够使消费者对广告的"回头率"大大提高，使消费者更深入地了解广告的内容，从而使广告宣传在广度和深度上都能前进一步。所以，把竞赛和抽奖活动与广告内容巧妙地结合起来，能够吸引消费者的注意力，提高广告的宣传效果。

3. 竞赛和抽奖活动的具体形式

1）竞赛形式的策划

（1）在店内或通过媒体开展各类游戏活动让消费者参加，如猜谜、填字等，以此吸引消费者注意酒店的产品和销售活动。

（2）把酒店和酒店产品的相关知识问题印制在企业的宣传单上，或刊载在新闻媒体上，向广大消费者寻求答案，以加深消费者对酒店的认识和对酒店产品的了解。

（3）让广大消费者参与征集酒店的广告词、店歌、店徽、品牌名称、商标、品牌译名等，使消费者对酒店的销售活动产生认同感，以此来提升品牌形象和酒店形象。

（4）征集参赛者的作品，例如，举办作品中有促销产品的摄影大奖赛，举办使用促销炊具的烹饪比赛等。

2）抽奖形式的策划

（1）标准形式。顾客可以从报纸、杂志或网上获得报名申请表，按照要求将姓名、地址等内容填写以后递交至主办单位或企业，然后在预先规定的时间和地点用随机抽样的方式从全部参与者中抽取获奖者。这种形式是抽奖诞生以来最常用、最普通的形式。

（2）多次抽奖形式。把几种不同的抽奖形式结合在一起，每次抽奖都有不同的奖金（品），这样，顾客只要参加一次，就有多次中奖机会。由于这在表面上增加了顾客中奖的可能性，所以，不论在广告宣传上，还是在实际活动中，都能极大地吸引消费者的注意和激发他们的兴趣。

（3）启发式抽奖形式。顾客在参加这种抽奖时，必须仔细阅读广告的内容，并把其中的要点按照要求填写在表格里，然后组织者从所有写对要点的顾客中随机抽出获奖者。这对那些想要广泛深入宣传自己产品的酒店来说是一种比较好的形式。

（4）配对游戏抽奖形式。组织者预先设置一个数字、一个符号或一个图案，顾客在购买商品时可以任意索取相应的数字、符号或图案，如果和组织者预先设置的相同，就可入围，参加下一轮的抽奖活动，这样的活动带有游戏性质，经常被安排在商场，以吸引更多的顾客光顾，从而增加商场的客流量。当然，如果在酒店举办这样的活动同样也是可以的，因为酒店不仅具备比商场更为优越的环境，而且酒店客人参与的积极性通常也会高于逛商场的人群，这通常是因为酒店客人的总体素质较高，而且拥有更多闲暇时间。

（5）开即兑抽奖形式。这种形式的特点是顾客拿到奖券后，马上就能知道是否中奖并可立即兑现。由于不需要等待太长的时间，所以这种形式对消费者有较强的刺激性。

（6）自动参加抽奖形式。公司用优惠券代替参加表发给顾客，顾客在使用优惠券之前只要把自己的姓名、地址等填在优惠券中，就自动获得了抽奖资格。当购物活动告一段落或结束以后，组织者将从全部有效的优惠券中抽出获奖者。这种形式将优惠购物和抽奖合二为一，使顾客在买到便宜商品的同时，还可获得抽奖机会。

各种抽奖形式无论从形式、内容还是运作费用等各方面都存在较大的差异，策划者在确定抽奖形式时，首先应该考虑的是酒店开展这类促销活动想要达成的主要营销目标，其次才是各种方式的优劣及费用等具体问题，这就要求策划者不仅要对各种形式的抽奖活动内容非常熟悉，而且对活动的效果要有相对准确的评估。

五、其他策划简介

1. 交易印花策划

零售店以积分交易印花的方式作为促销优待，每次顾客购买，即按购买金额赠送印花或积分，积分达到一定程度后即可在店内换取赠品。这种方式选择赠品的余地大，消费者参与的积极性高，目前已成为各大商场招徕顾客主要的促销手段之一。

2. 售点陈列和商品示范表演策划

售点陈列和商品示范表演指的是在商店里利用橱窗或货架等展示某种商品、设计和制作，采用节省占地面积的陈列方法，以求利用陈列品、广告牌和招贴画的形式取得销售促进的显著效果；或是在销售现场表演产品的生产过程和使用方法，向顾客提供咨询服务，以增加顾客对产品的了解，刺激顾客购买。此外，还有附加赠送促销、退费促销、POP广告促销、价格折扣促销等一些销售促进工具，企业在具体实施一个销售促进策划方案以前，对实施结果是否有准确的估计和在实施过程中能否按照策划方案的模式和规定严格执行和控制，是取得促销成效的关键所在。

第三节　对酒店中间商销售促进的策划

对于一般物质产品的营销，中间商主要指批发商和零售商。批发商位于商品流通的中间环节，零售商则直接服务于最终消费者。生产厂商对商品的促销无论是直接针对消费者还是针对中间商，都离不开中间商的参与和支持，因而对中间商的销售策划在很多场合下比针对消费者的策划更加重要。而酒店的中间商主要是指代理酒店市场开发业务的旅游公司或者专门从事酒店市场开发业务的中介机构，这些中介机构虽然在形式上与一般物质产品的中间商有所区别，例如他们通常不能向顾客展示产品，也没有存货，但从本质上讲，他们的操作目的、操作手段，甚至组织形式等与一般物质产品的中间商并没有区别。因此，针对酒店中间商的销售促进策划方法与普通企业对自己中间商的销售促进策划方法也没有本质区别，只是内容不同而已。

一、中间商行业特点分析

作为营销活动非常重要的参与者，中间商大体上可以划分为批发商和零售商两大类型，两种不同类型的中间商所承担的营销责任不同，扮演的市场角色有别，因而具有不同的行业特点。酒店在策划针对中介机构的促销方案时，需要借助对一般物质产品中间商特点的研究成果来制定自己的营销计划。

1. 批发业主要特点概述

（1）目标市场选择。批发商不可能为每一个客户提供服务，因此，在确定自己的目标市场时必须对市场进行细分，找到最适合自身资源特点和最擅长操作的市场区域。因此，对批发商而言，他们选择目标客户的方式主要根据自身代理产品的特点和零售商或二级经销商的优势和能力，对市场进行划分，设计对各方均有利可图的供应链，同时，还要通过良好的客户关系建立一套客户档案信息系统，因为所有这些都是批发商确立自己目标市场的基础，也是批发商开展批发业务的基础。

（2）产品品种和服务。由于市场竞争激烈，批发商经营产品的花色、品种、规格必须齐全，并要有足够的库存以便随时供货，但这会压占批发商大量的流动资金，需要批发商针对不同产品配备相应的营销人员，从而提升盈利水平。因此，批发商必须研究经营什么品牌的产品，经营多少品种最为合适，现实操作中，批发商总是结合自己的目标市场情况，根据其营销战略遴选出盈利多的品种，并在此基础上为顾客提供更好的服务，同时，对于产品的售后服务，批发商也会根据产品的性质及利益最大化的原则分析哪些服务最重要，哪些可以取消，哪些服务可以不收费，哪些应当酌情收费。

（3）定价。对批发商而言，定价是影响利润最直接的因素，通常，为了占有更大的市场份额，增强自己对市场的控制能力，同时使顾客让渡价值最大化，批发商总是愿意尝试新的定价方法。这一方面可以增加自己对市场的影响力，吸引更多的顾客购买自己的产品，或者使他们成为自己的二级经销商，另一方面，这也是应对竞争者冲击市场的有效手段，这些手段在现实操作中可以说不一而足。例如，为赢得重要客户而降低产品销售的毛利，随着销售量的增加，要求供应商给予特别的折让，或者对于著名品牌产品给予一定的价格优惠等。

（4）促销。批发商是产品进入市场最主要的通路之一，因而批发商不能把自己的工作仅仅看成是一种产品推销过程，或者认为自己只是厂商产品的推销者，而应该意识到这是一个产品的整体促销战略过程，批发商在其中担当了非常重要的角色。尤其是在产品促销过程中，因为批发商直接与厂商联系，手中掌握着大量市场资源，有时甚至直接面对客户，可直接获得市场信息，因而厂商的促销活动如果没有批发商的配合，要取得较好的促销效果几乎不可能。事实上，多数厂商的促销都是与批发商共同发起的，在很多情况下，批发商不仅是促销活动的直接参与者，同时也是促销资金和市场资源的提供者。

（5）批发地点选择。批发商对于批发地点的选择随着社会经济的不断发展和网络技术的不断完善，也在发生着非常大的变化。就我国的市场条件而言，在物流产业相对落后的20世纪90年代，多数批发商将自己的营销机构设置在租金低廉、征税较少的地段，但随着我国物流设施的不断完善和网络经济的不断发展，许多批发商已经摒弃了原有的地点选择模式，而转向物流体系完备和信息渠道通畅的地区。例如，很多批发商目前已建立了自己的在线订单输入系统、先进的库存管理系统及仓储的机械化和自动化管理系统等。

2. 零售业主要特点概述

（1）零售商选择商品品种的难度增加了。随着社会经济的发展，新商品不断涌现，消费者需求的变化、购买行为的变化、购买模式的变化等，都要求零售商重新考虑其经营产品的花色与品种，以最大限度地适应市场的需求。这方面的内容主要包括产品线包含多少产品系列、品牌、规格、型号，每种商品的质量、时尚性、供给来源及购进数量等，因为大多数产品的生命周期都在缩短，尤其是时尚性较强的产品，如果不能在一定时期内销售出去，就会造成大量产品积压，从而大幅压缩零售商的利润空间。因此，零售商不仅要与供应商保持很好的沟通，以获得较有利的交易条件，减少购进成本，更重要的是对消费需求的变化一定要有相对准确的预测，这样，在产品选择方面才不会发生较大的失误。

（2）市场价格的波动与变化。零售商的重要功能之一即为直接面对终端用户，而终端用户对所有营销要素反应最激烈的毫无疑问是商品的价格。在市场竞争异常激烈的今天，零售商必须高度重视商品的价格波动，不仅要对价格的变动做好应变准备，增强自己对价格波动反应的敏感性，更重要的是通过建立价格监测系统，对市场价格未来的走势做出准确的估计，以便在竞争中居于有利地位。

（3）店内环境。随着消费者收入的增加和生活水平的提高，大多数消费者都要求零售商提供一个良好的消费环境，因此，店内氛围对消费者和零售商都非常重要。店内的整体布局、空间的合理利用、营业区域和非营业区域的合理分配，甚至灯光、色彩、地板、墙面的设计和商品的摆放等都需要符合美学和艺术要求，这是因为，现代商业竞争已经从传统的产品价格、地理位置和售后服务竞争等转化成了立体的、全方位的竞争，其中，购物环境已经成为非常关键的竞争要素。

（4）顾客沟通。零售商不仅需要采用各种手段尽可能多地占有市场份额，通过销售大量的产品不断提升自己的利润水平，而且需要创建和维护自己的品牌形象，这就要求零售商在实际操作中必须利用所有可能的媒体、供应商的宣传资料，甚至包括自己组织的各种促销活动等向消费者宣传自己的企业形象，有意识地与顾客进行良性沟通，为客户创造最大的价值，这同样是现代零售商所应该具备的基本素质。

（5）优质服务。零售商必须一切从顾客的需要出发，为顾客提供一系列优质服务，如三包、运输、担保、信贷、支付、培训等。这是因为，零售商所面对的是终端用户，是商品实现价值转移的最后环节，同时，这个阶段也是市场竞争最为激烈的，如果零售商不能为客户提供优质服务，消费者很容易改换门庭，购买其竞争者的产品，因而优质服务不仅是企业提升管理素质、创建零售商品牌的重要举措，同时也是维持企业正常运作的必然选择。这就要求零售商不断提升营业员的素质，使其具有现代营销理念，掌握必要的营销技巧，真正做到把顾客当成上帝，这是非常浅显的道理，但要真正做到却是非常不易的。

（6）物流体系。同批发商一样，零售商同样需要建立完善的物流体系来支撑其开发市场和保持自己的竞争力。例如,世界零售商巨头沃尔玛最具竞争力的方面就是其具有非常完备的物流体系,在商品的流转过程中,沃尔玛甚至采用卫星定位系统来帮助其实现全球配货的操作。当然,很少有零售商具备沃尔玛的条件,但相对先进的物流系统还是必须建立的,因为这直接关系到商品的流转是否畅通,直接关系到零售商的市场目标能否顺利实现。

(7) 营业地点。零售商的营业地点选择同样是现代商业运作中非常重要的环节,需要进行系统分析。这是因为,一方面,零售商的平均利润水平在网络营销的冲击下不断下降,另一方面,随着社会经济的发展,城市中心地段的租金不断上升,使零售商的经营费用不断增多,这就迫使零售商在考虑营业地点时,更多倾向于城乡接合部,以尽可能降低自己的经营压力,同时,相对低廉的租金可以使零售商拥有更大的空间用于储存商品。但这样的选择同样需要非常慎重,因为过于偏僻的位置会加大客户的购买成本,从而可能导致零售商失去很多客户。因此,零售商对于营业地点的选择同样需要进行可行性分析和科学决策,因为一旦选定就很难改动,而选择不当则必然造成零售商的业绩损失。

二、针对中间商销售促进的主要目标

不同企业或者同一企业在不同时期针对中间商的销售促进目标会有所区别,销售促进手段也不尽相同,但大体而言,针对中间商的销售促进目标主要包括表7-2所列的内容,策划者应该依据企业的总体营销目标和市场环境确定自己的主要销售促进目标。

表7-2 针对中间商的主要销售促进目标

序号	批发商	零售商
1	让批发商积极主动地销售本企业的产品	让零售商积极主动地销售本企业的产品
2	加强和巩固已经占有的市场区域	扩大本企业商品的陈列橱窗
3	提高批发商的销售业绩	提高零售商的整体经营水平
4	与批发商建立良好的客户关系	与零售商建立良好的合作关系

三、针对中间商销售促进的主要形式

1. 交易折扣

交易折扣是指为刺激和鼓励中间商大批量购买本企业的产品,对第一次购买和购买数量较多的中间商给予一定程度的折扣优待。具体内容包括给予批发商销售折扣,提供商店招牌或负担招牌资金,对中间商的内部装修或增设分店给予资金援助,对中间商购买车辆给予部分资金援助,给予零售商累进方式的回扣优惠,以及企业向中间商提供各种管理资源支持或培训等。一般而言,酒店的这种销售促进方式在具体操作中表现为酒店同中间商以协议价格结算酒店租金,对于酒店而言,这是采用最广泛的针对中间商的销售促进形式。

2. 资助

资助是指企业或者酒店为中间商提供陈列商品,支付部分广告费用或部分运费等补贴或津贴。这种方式通常以资助形式出现,目的是更广泛地宣传自己的产品和排除竞争者的产品。酒店采用这种方式则主要体现为给予中间商一定数量的广告费用支持,为中间商制作精美的广告图片等,而一般物质产品的制造商则主要采用协助中间商在电视、报纸、杂志上刊登广告,提供广告传单、样品目录,以及直接给予中间商商品陈列费用或者运费减免等。

3. 经销奖励

经销奖励是指对经销本企业的产品有突出成绩的中间商给予奖励。这种方式一方面可以激发中间商销售本企业产品的热情，同时也会在中间商之间引发竞争，从而可能降低企业的营销费用，因而是现实操作中被普遍采用的一种形式。例如，企业在中间商之间开展竞赛奖励活动，对于在竞赛中表现优异的中间商，由企业发给奖金、奖品和证书。采用这种形式时，在具体操作中应该注意，给予销售人员的奖金应以奖励的名义，而不要以引诱的形式出现，否则会引起反感。

4. 经营指导

经营指导是指企业派出经营管理或者销售顾问到中间商企业或者商店进行经营诊断，调查市场，找出问题，并提出自己的改进意见，提供各种培训服务。实践中，经营指导主要包括人力资助和指导性资助两种形式。

1) 人力资助

人力资助主要是指企业派遣外销员协助中间商推销自己公司的产品，派遣技术人员对中间商的销售工作进行专门驻点指导，以提高中间商销售人员的产品知识和技能，或派遣模特协助销售，派遣辅导人员、服务人员、管理人员进行定期访问，提供市场分析情报等。

2) 指导性资助

指导性资助主要是在长期营销计划和经营组织方面，企业给中间商提供理论性指导和建议，提供各种相关的商业情报，对经营、管理、财务等人员进行培训及教育，提高服务技能，对商品展示活动给予指导，对进货、商品管理、库存管理、销售、售后服务等问题给予指导，协助中间商举行各种销售促进活动等。

除了上述方法以外，策划者还可以根据产品特点与市场的环境创建自己的销售促进模式。一般而言，只采用一种销售促进形式对中间商进行销售促进往往是不够的，策划者在确定针对中间商的销售促进形式以前，应该首先研究中间商的特点和主要诉求，综合考虑各种形式的利弊，这样才可能获得比较好的销售促进效果。

第四节 酒店促销策划中的要点

在所有营销策划方案中，销售促进策划所占比例往往最大。换句话说，销售促进策划是策划者最主要的工作之一，而且，企业的销售促进策划方案是否符合企业的战略目标，是否能得到市场的广泛认同，是否能在短期内达到销售促进效果，都直接关系到产品和企业本身的市场形象，一旦销售促进策划的实施效果适得其反，则不仅企业会遭受巨大损失，对策划者而言，通常也意味着到达策划职业生涯的终点。因此，策划者在实际操作中，对于销售促进策划不仅要慎之又慎，而且应该注意下列问题。

一、确定销售促进重点

所谓"通则不痛，痛则不通"，企业营销活动出现问题一定有其内在的根源，策划者首先应该明确症结何在，这是进行销售促进策划的基本出发点。例如，当企业销售额下降或利润摊薄时，企业的领导往往会认为这一定是企业的销售促进手段不利或者产品的价格制定有问题，但这其实只是问题的表面现象，实质原因可能是消费者对产品或企业形象认同度低，也可能是企业的销售渠道成员不努力销售,还可能是产品本身存在质量问题,因而要解决企业的市场运作问题,不能只做头痛医头、脚痛医脚的事情,而应该从问题的根源做起。策划者首先要确定问题的症结所在,一定要清楚企业是在什么地方、哪个环节出现了问题,找到问题的根源,这样才能确定销售促进重点,在策划过程中做到有的放矢,针对问题寻找解决的方法。有些策划者在实际操作中总是习惯于从市场本身,如竞争者、市场环境、国家政策、产业规则等方面下功夫,分析这些因素对企业营销活动的影响,并试图从这些分析过程中找到解决问题的方法,这在许多情况下固然有道理,而且也十分必要,但在具体操作中要全盘考虑,分析是否找到了问题的症结及解决方法,以及这些解决问题的具体措施能否适合企业的资源条件和外部市场环境,因为现代市场营销是一个非常大的概念,它涵盖了企业从产品研发到利润取得的各个环节。

二、改变促销方式

随着社会经济的发展和科技进步,市场营销运作不仅在产品上出现了同质化现象,而且在销售促进方式上也存在严重的同质化问题。例如,对洗发水的促销,绝大多数企业采用广告的形式,而且广告内容大同小异,基本上都是以寻找影视明星或者体育明星作为代言人来树立产品的市场形象。消费者对这样的广告形式已司空见惯而变得比较麻木了,因此,如果策划者没有更好的方法来促销产品,则许多广告实际上是没有效果或者效果甚微的。这就需要策划者的促销创意了,虽然并不是对每种产品都能够有创新的广告和销售促进方式,但杰出的促销创意确实可以起到意想不到的市场效果。例如,美国有一家汽车公司在销售促进其新车时就采用了与众不同的推广方式:选择一个节假日,在当地最繁华的地方展示公司的新产品,并且向所有的观众和游客宣布,在某一时间,任何人都可以以身体的任何部位接触摆放在公司设定区域内的汽车,谁最后离开,则新车归谁所有。这样的设计必然吸引大量观众和消费者参与,而且更重要的是由于这种销售促进方式与其他企业不同,具有非常大的趣味性,必然会吸引媒体注意,对这种方式加以不断报道,这样,公司用几台新车的代价就取得了花费几十万甚至上百万广告费都不可能获得的市场效果。因此,创新是销售促进方式差异化的灵魂,策划者在实际工作中应该不断总结这方面的经验教训,为企业的销售促进工作多出一些别人没有的点子,使销售促进真正成为事半功倍的企业行为。

三、宣传与销售促进终极目标的设定方法

检验销售促进活动是否有效的重要指标之一就是看其是否对企业经营目标的实现起到了推动作用,从企业管理的角度而言,这也是对销售促进活动最根本的要求。要达到这样的目的,就要求策划者在制定其销售促进目标时遵循一定的程序和规范要求,使自己的销售促进策划能够最大限度地服务于企业经营战略,否则,即使策划者的销售促进策划在局部市场非常优秀,实施效果非常显著,也不会给企业的经营带来利益,甚至会干扰和破坏企业整体经营战略的实施。例如,如果企业在某一时期的经营战略目标是在市场树立品牌形象,而策划者的销售促进计划只反映了如何采用价格战的办法占有更多的市场份额,则这种策划实施以后,即使能够在短期内取得良好的市场效果,也不会给企业的经营带来任何利益,因为这种行为与企业的战略目标是背道而驰的。因此,图7-1所示的销售促进终极目标与企业经营战略目标之间的关系是策划者在进行销售促进策划以前需要首先明确的。

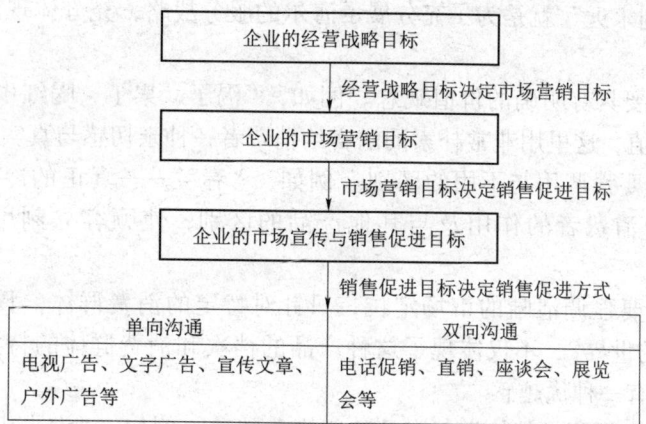

图 7-1　销售促进终极目标与企业经营战略目标之间的关系

此外，由于销售促进活动的起始点在于与消费者的沟通，因而沟通方式的选择与应该把握的基本原则都是策划者需要注意的基本问题。因为这不仅关系到文案的设计水准，更重要的是，如果不能与消费者有效沟通，则销售促进策划的实施效果就会大打折扣。总体而言，策划文案和设计力求简洁明了是销售促进策划的基本原则，也是与消费者沟通方式的选择原则，策划应力戒将策划方案搞得过于复杂而给操作带来难度，或者给消费者的理解带来障碍。一般而言，人们的记忆与沟通方式存在一定的对应关系，如图 7-2 所示。例如，模型对于一般人而言是最容易记忆的，但人们对于文字的记忆却比较模糊，这就是为什么著名品牌的商标一般都比较简洁的重要原因所在。因而，销售促进策划最忌讳的就是活动内容过于复杂，增加消费者的参与难度，这同样是在目标设定方面策划者应该注意的重要问题。

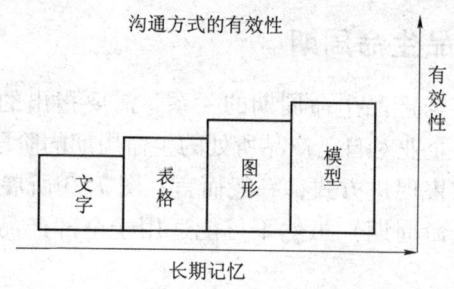

图 7-2　人们的记忆与沟通方式的对应关系

四、广告词选用的有效性

广告词是推广产品时企业与公众之间重要的链接方式，是创建和维持产品或企业品牌形象最直接也最有效的销售促进方式。好的广告词可以对一个产品的推广起非常巨大的作用，因为它不仅可以使消费者认识公司的产品，而且是公司进行市场定位和排斥竞争者的重要方式。因而策划者在为企业设计广告词时，一定要谨慎并保证贴切，通常，需要掌握下列基本原则。

（1）广告词一定要具有本企业特色，换一家企业就不成立、不贴切、不合适。要做到这一点，关键在于对企业文化的深刻理解，并将这种理解以一种非常简洁的方式传达给消费者。例如,"真诚到永远"就是为了充分展示海尔的服务战略,充分体现海尔与消费者相融为一体的企业精神。

(2) 广告词需要具有明确的价值观念。例如,"渴了、累了,喝红牛",体现的就是这种产品的功用和价值,这里用非常朴素的语言给消费者一种亲切感与真实感。

(3) 广告词需要强调用与不用的区别。例如,"春兰——真正的冷暖空调",体现了产品的使用价值对消费者的作用及与其他产品的区别,使顾客立刻可以感受到产品的价值。

(4) 广告词需要强调清晰的市场定位,只针对特定的消费群体,具有排他性。例如,"金利来——男人的世界",不仅体现了这种产品的档次和消费群体的特定性,同时也使购买这种产品的顾客有一种优越感。

(5) 广告词需要强调与其他类似产品的区别与特色。例如,"农夫山泉有点甜",体现了这种产品的特殊性与优质性,用非常通俗的语言让顾客感受到产品的魅力。

(6) 广告词需要侧重用户的一个或几个方面。例如,"联邦快递——准时快递全球",体现了这种服务的范围、速度和准确性,突出企业的优质形象。

(7) 广告词需要激发人们去想象、比较和尝试。例如,"喝了娃哈哈,吃饭就是香",引导人们去尝试这种产品消费以后的效果,注重提升产品的实际功效。

优秀的广告词能够体现一个企业的社会价值,是与公众建立和联络感情的有效方式,但客观一点讲,这样的广告词并不是每个人都可以设计的。一方面,这种广告词的设计要求策划者具有很高的文化素养、敏锐的观察力和对产品功用的理解能力,另一方面,还需要策划者对企业文化有深刻的了解,因而,这样的广告词往往是可遇而不可求的。如果没有找到合适的宣传口号,对于企业来说,除非迫不得已,否则宁可暂时不用,至少不能用自己认为不甚满意的广告词作为宣传企业形象的终身用语。

五、广告宣传与产品生命周期

图 7-3 所示为广告宣传与产品生命周期的关系,需要指出的是,宣传目的与宣传手段是需要首先明确的,此外,企业对自己产品所处的生命周期的阶段是否有准确的判断,在很大程度上决定了策划者的销售促进方式,一般而言,图 7-3 所展示的三者之间的关系(宣传目的、宣传方式、产品生命周期)虽然不可能适用于全部产品,但对绝大多数的销售促进策划是具有参考价值的。

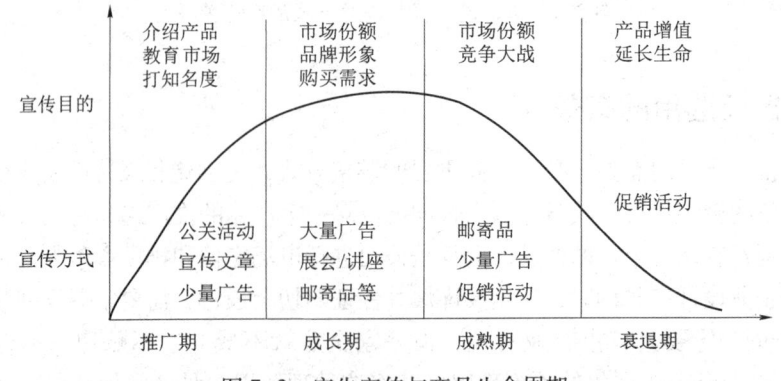

图 7-3 广告宣传与产品生命周期

六、充分重视"口碑"效应

无论采用什么样的销售促进方式，企业要达到的目的都是希望消费者了解公司的产品和企业文化，从而成为公司产品的最终用户和忠诚用户。对企业来说，能够达到这样的目标，除了上述所有措施以外，还必须充分重视消费者对产品的评价，为产品和企业创造良好的"口碑"。这是因为：

（1）满意的用户愿意将自己对产品的看法告诉他们的亲戚和朋友，这对企业来说无疑是免费广告，而且这种广告的效应远比电视或者其他媒体的可靠性更高，人们更愿意接受；

（2）不满意的用户同样也会将自己对产品的感受告诉他们的亲戚和朋友，而且这种信息传导方式对企业来说具有非常大的杀伤力。根据统计，一个不满意的用户会将自己的抱怨平均传达给8个人，而这8个人还会以几何级数的方式将这种抱怨扩散出去，因而负面"口碑"有时甚至比竞争者的销售促进手段对企业的影响力更大，这是需要策划者高度关注的。

因此，对任何企业来说，创建产品良好的"口碑"是市场营销工作的重要内容，因为好的"口碑"不仅可以为企业，同样也会为用户带来莫大利益，具体表现为：

（1）给商家带来新的市场机会，好"口碑"的效应首先表现在可以扩大产品的市场份额，甚至市场容量，让更多的消费者认同和购买公司产品；

（2）用户推荐好的产品给其他人实质上是在帮助别人选择好商品，这是一种助人为乐的行为，而且有时还可能获得厂商的嘉奖，因此用户的参与热情比较高。

当然，好"口碑"的创建依赖于非常多的条件，产品质量、优质服务、媒体宣传，甚至有时一个偶然的事件都会成为良好的契机。作为策划者，不断研究竞争者产品的特点、销售促进模式、管理方法等则是有意识地寻找产品差异和创建产品良好口碑的关键所在，这就要求策划者不仅要具备敏锐的市场洞察力，同时还必须具备与生产企业和相关部门良好的沟通能力。

七、认清中间商的本质

中间商毫无疑问是企业进行营销活动非常重要的渠道，也是很多产品开发和维护市场的重要合作伙伴，对很多企业，尤其是生产日用消费品的企业，具有非常重要的作用，在产品价值链中是非常重要的一环，这也是很多企业在进行销售促进策划时将中间商置于关键位置的重要原因。然而，过度依赖中间商，不清楚中间商的本质，则往往会导致销售促进活动的失败，甚至危及企业的市场操作，这同样是策划者在实际操作中需要注意的。

1. 销售促进过度等于猝死

对中间商的促销活动是企业进行产品推广的主要形式之一，也是厂商与经销商联络感情、共同开发市场的过程。但策划者必须十分清楚，中间商只是合作伙伴，不是企业的营销部门，他们有自己独立的机构和利益，厂商与中间商的合作基础是相互给予对方利益，当这种利益关系发生变化时，中间商会毫不犹豫地做出有利于自身的选择。因此，对中间商的销售促进策划，一定要以此为出发点，过度的销售促进只会损害厂商自己的利益。

比如，一家矿泉水生产厂商为了销售促进其产品，同中间商达成如下销售促进协议：

（1）正常情况下，每瓶矿泉水的批零差价为0.1元，每箱矿泉水的利润为1元；

（2）销售促进活动期间，中间商每出售100箱矿泉水可以额外获得厂商的奖励300元；

（3）销售促进活动为期3个月，活动结束以后原来的经销协议条款不变；

(4) 销售促进期间的销售价格保持不变，中间商不能擅自降低价格。

如果销售促进活动按照这样的条款执行，则对中间商而言，由于刺激作用非常大（只要能够售出100箱矿泉水，则原来100元的利润就变成了现在的400元），他们会加大对产品的推销力度，在销售促进期间尽可能多地销售厂商的产品，甚至违反销售促进条款，降价出售厂商的产品，以获得尽可能好的销售业绩和销售促进利益。

这种情况下，厂商的产品在较短的时间内由于中间商的努力，虽然可以达到迅速占有市场的目的，但问题是销售促进活动结束以后，厂商就会面临市场问题了，因为销售促进结束后厂商不再给中间商提供销售促进利益，中间商只能从产品的批零差价中赚取利润，即每箱矿泉水的利润又回归为1元钱。这时中间商对这种产品的销售就会失去兴趣，也就不会再花费很大的精力推销厂商的产品了，同时，由于价格在销售促进结束后回归原位，消费者从销售促进期间中间商降价销售中得到的好处也随之消失，因此，他们也会对这种产品渐渐失去兴趣，从而使厂商花费巨大代价换来的市场在短时间内损失掉。

此类问题产生的主要原因是，策划者对促销利益的把握没有做好。促销利益大虽然可以刺激中间商的积极性，但这种积极性是不能长久维持的，因为中间商的本性是唯利是图，当失去利益诱惑时，他们也就同时失去了工作的积极性。因此，对中间商的销售促进，必要的利益刺激是必须的，但不能无限扩大，不能危害厂商未来的市场发展，否则不仅会得不偿失，还可能永久失去对某些市场的控制权，这就要求策划者对每一次销售促进活动的效果一定要有充分、准确的估计，策划方案的基点永远应该立足于自身对市场的有效控制，而不能将所有希望寄托于中间商。

2. 年终奖金的分配

厂商为了鼓励中间商更多地销售本公司的产品，常常设立年终奖金制度，这一方面是为了稳固自己的经销渠道，另一方面对中间商也是一种激励政策。但问题是这种策略的设计一定要合理，如果存在设计缺陷，则很可能造成厂商产品市场的混乱，企业会付出巨大代价。

例如，厂商规定，如果中间商的销售能达到每年1 000万元，则可以获得厂商50万元的现金奖励。这原本是厂商刺激中间商的销售促进手段，但如果厂商控制不好，则这样的销售促进策略在每年的年终都会引发厂商的市场运作危机，这是因为，中间商为了获得厂商的年终奖励，可以采取下列措施扩大其年终的销售。

1）跨区销售

中间商为了得到额外的好处，可以违反经销协议进行"窜货"，从而破坏厂商的市场区域结构，在市场上形成厂商产品自相残杀的局面。

2）降低价格

中间商为了完成厂商规定的奖励指标，在成本核算不亏本的情况下降低产品的销售价格。

3）加大库存

如果采用前两种方式都不能完成厂商规定的销售指标，中间商还可以自己先把产品买下来，等得到厂商的奖励之后，在来年再慢慢消化库存。

这样做的结果是，中间商获得了厂商的奖励，营销部门也完成了当年的工作任务，好像大家皆大欢喜，但来年营销工作面临的局面将是，产品销售不畅，市场紊乱，价格不一，厂商形象受损和大量产品积压，因为中间商早在年前就已经开始积压厂商的产品了，而由于窜货和降价所造成的市场混乱则只能由厂商单独承担，因为中间商在得到了厂商的年终奖金以

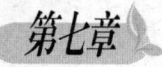

后就失去了努力开发市场的动力,这样的结局当然不是厂商所希望的。因此,对于中间商的年终奖励,在策划中必须是一个模糊概念,不能让中间商看清厂商的底牌,从而制定出针对厂商的对策,否则,厂商的损失会很大。

总之,作为策划者,要时刻牢记中间商只是我们可以利用的渠道成员而不是企业利益的共同所有者,这是进行销售促进策划的基本出发点。

从希尔顿的"双树旅馆事件"看口碑效应

美国两位在西雅图工作的网络顾问——汤姆·法莫和沙恩·艾奇逊,在美国休斯敦希尔顿酒店的双树旅馆预订了一个房间,并被告知预订成功。

尽管他们到酒店登记的时间是凌晨两点,实在是个比较尴尬的时间段,但他们仍然很安心,因为房间已经预订好了。但在登记时,他们被当头泼了一盆凉水:一位晚间值班的职员草率地告诉他们,酒店客房已满,他们必须另外找住处。这两位网络顾问不仅未能入住预订好的房间,而且值班人员对待他们的态度也实在难称友善,值班人员对他们比较轻蔑,让人讨厌,甚至在他们的对话中,这个职员还斥责了他们。

这两位网络顾问当时离开了,然后制作了一个讽刺但又不失诙谐幽默的 PPT 文件,标题是"你们是个糟糕的酒店"。在这个文件里记述了整个事件,包括与那位职员之间不可思议的沟通。他们把这个 PPT 文件通过电子邮件发给了酒店的管理层,并传给自己的几位朋友和同事。

这个 PPT 立刻成为有史以来最受欢迎的电子邮件之一。几乎世界各地的电子邮箱都收到了这份文件,从美国休斯敦到纽约,甚至世界各地,这份 PPT 文件不仅被大量传播,而且还被打印和印刷出来,传播到美国各地。双树旅馆很快成为服务行业内最大的笑话,成为商务旅行者和度假者唯恐避之不及的住宿地。同时,传统媒体的评论员们也将这一消息载入新闻报道和社论中,借此讨论公司对消费者的冷漠和网络对于公众舆论的影响力。

接着,法莫和艾奇逊收到了 3 000 多份邮件,大部分都是支持他们的。对此,酒店的管理层也迅速作出反应。双树旅馆马上向两位道歉,并以这两个人的名义向慈善机构捐赠了 1 000 美元作为双树旅馆的悔过之举。双树旅馆的管理层还承诺要重新修订旅馆的员工培训计划,以确保将此类事件再次发生的可能性降到最低。另外,双树旅馆的一位高级副总裁还在直播网络上与法莫和艾奇逊就此事展开了讨论,以证明酒店高度重视此事。

(资料来源:王仲君.旅游市场营销实用教程.天津:南开大学出版社,2010.)

思考题

1. 根据上述案例,分析口碑对于酒店的重要性。
2. 根据上述案例,分析现代媒体传播的特点。
3. 如果你是双树旅馆的策划者,你将如何处理此事?
4. 请给出挽回双树旅馆声誉的具体操作措施。

第八章

营销战略策划流程与策划效果评估

 本章重点内容

1. 如何理解营销战略策划的主要内容？
2. 如何理解企业经营战略与风险分析的主要内容？
3. 提升企业营销效率的战略选择与产品生命周期存在怎样的关系？为什么？
4. 如何理解企业战略策划的形成过程？为什么？
5. 影响企业营销战略评估的主要因素包括哪些内容？为什么？

第一节 营销战略策划流程

营销战略作为企业进行市场开发和产品推广的纲领性文件，对企业的营销运作起着关键性的指导作用，即企业在进入市场以前就应该明确自己的战略意图和发展目标。对所有的单项策划和针对市场运作的短期策划而言，营销战略策划目标是这些策划的基础。通常，营销战略策划无论从产品设计还是从营销运作来说，都是相对复杂的，需要较高的策划水准，但也不是无章可循，一般而言，这种策划的流程如图8-1所示。

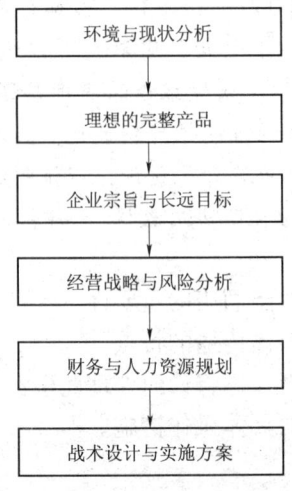

图8-1 营销战略策划的流程

一、战略营销的内涵

1. 环境与现状分析

环境与现状是任何企业在进入市场以前都应该首先研究的基本内容,因为这是企业能否介入某一个具体的市场,以及在介入以后如何进行开发和拓展的基础,应该说每一个企业在实际操作中有关这部分研究所涉及的内容都是不一样的,但通常而言,下列内容是必须进行认真分析和研究的。

1) 消费趋势

消费趋势分析指的是对消费者的行为进行分析,大体上分为共性化消费和个性化消费两个方面。随着经济的不断发展和人们生活水平的提高,对大多数产品而言,消费者已经由过去的共性化消费转向了个性化消费,尤其是对于酒店这样的服务类产品而言,消费者对酒店产品个性化的要求更为明显一些,这就需要企业根据市场消费者的具体情况制定适合这种发展趋势的总体战略,并且将这种总体战略以计划的方式落实到企业的日常经营之中。从分析方法来讲,产品与需求的一一对应关系是消费分析的基础。

2) 竞争趋势

管理模式的标准化与机械化大生产使得产品的服务与品质逐步趋向同质化,产品质量相同或者类似使得消费者在购买商品时已经不仅仅是根据产品的性能指标和功能做出购买决定,而是考虑品牌、服务乃至公司的形象等因素,这就要求企业在竞争中除了必须保证产品的质量没有问题、功能能够满足消费者的需要,以及服务能够体现消费者的最大价值以外,还要在市场运作方式上采取与竞争者不同的方法,即运作方式的差异化,这是目前进行市场竞争策划的焦点。

3) 通路变革趋势

对销售渠道的分析是企业产品能否以较低成本进入市场,并且在市场上长久生存的基本保障,尤其是对于生产日用消费品的厂商而言,通路效率的高低与合作态度,以及通路成员的素质往往在很大程度上决定了产品的市场份额与竞争能力。这里需要指出的是,策划者应该清楚,就目前情况而言,通路的发展趋势已经由原来的坐商、行商、网络经销商向终端连锁发展,企业要想在运作上尽可能贴近消费者,尽可能减少渠道费用,从而取得渠道成本优势,就必须在终端用户的开发上下功夫。

4) 行业发展趋势

对于一个战略策划,行业的发展趋势和所处的发展阶段同样是策划者必须考虑的关键问题,因为从无领导阶段、价格竞争阶段、企业重组阶段、竞争平衡阶段一直到垄断阶段,企业应该采取的总体战略方针是不一样的,因为每个阶段的行业特点都不相同,因而正确判断行业发展趋势,并且根据具体状况制定相应的战略规划,也是进行战略策划的基本出发点。当然,这在实际操作中是比较困难的,因为对于同一个行业的发展,很多专家的判断都不一样,甚至大相径庭,这就要求策划者对相关行业的各种情况进行不间断的认真研究,逐步总结判断行业发展趋势的经验,在相对准确的判断的基础上确定自己的整体营销战略,这是非常重要的,因为直接决定了企业总体营销目标的确定思路。

5) 企业管理层次

不同企业由于实力与发展状况不同,均处于不同的管理层次,根据管理学的相关理论,管理层次一般可以划分为经验管理阶段、疑心管理阶段、制度化管理阶段、流程化管理阶段和职业化管理阶段。策划者应首先了解企业的管理水平，根据企业的管理资源策划企业的营销战略。很难想象一个只有经验管理水平的企业可以在很短的时间内发展成为国际巨型跨国公司。因此，对管理者水平的判断同样非常重要，因为策划的最终目的是服务于企业的经营，再好的策划方案如果脱离了企业的现实，就会变得毫无意义。

2. 理想的完整产品

企业拥有的产品是进行市场营销的基础，产品是否适合市场需求是企业能否在市场生存的唯一条件，因而营销策划的战略基点应该建立在对产品的评估和企业资源的利用之上，这方面的主要内容包括以下几个方面。

1）产业评估

产业评估即对企业所属产业的市场容量、发展趋势和竞争强度进行预测。一般来说，如果市场容量小，战略策划的重点应该放在技术的特性和专业化运作方面，竞争强度大，则应放在体现产品和企业的独有价值，即差异化方面。如果这个产业总体上讲处于衰退阶段，则战略策划的重点应该首先注重现有市场的总容量，如果没有足够的消费者支撑或者没有足够的销售额，则应当考虑放弃这样的市场。总之，创建理想产品的基础在于市场，因而对产业进行评估，准确判断产业的未来走向与市场发展趋势就成为策划者在进行产品规划时首先需要研究和分析的主要内容，这在很大程度上决定了企业其他战略规划的方向，是进行营销策划的基础。

2）产品评估

企业制定发展战略的基点是市场对产品的需求，而不是根据企业现有产品或者企业的技术研发力量来界定市场，这是策划者在实际操作中需要特别注意的问题，即市场导向是进行战略策划的原则。对于产品的评估，应该首先考虑公司的产品是否在最大程度上满足了市场的要求，如果不能，则应该对产品进行改良或进行技术创新，而不是花费时间和精力对消费者进行教育，让消费者适应产品。当然，如果这种产品在市场上从来没有出现过，这样的市场教育过程就是必不可少的，但这往往需要企业投入大量的资源，一般情况下，这种事倍功半的策划对企业的经营没有好处。产品线的设定和结构往往会极大地影响企业的市场营销活动和营销成效。因此，产品上市以前对产品营销功效的评估是必需的。

3）企业产品规划

理想的完整产品集中体现为这种产品对需求的满足程度，虽然这是很难准确估算的数值，但对企业而言却是能否在市场上生存与发展的决定性指标。事实上，使产品与需求达到一一对应是理想产品的最高境界，是市场营销的最高水准。要达到这样的水平，不仅需要策划者对市场有非常深刻的理解，并在此基础上以产品线设计、产品线延伸、产品线繁殖、品牌塑造、品牌释放等一系列营销内容为出发点，为企业设计出高效运作的管理流程，根据企业的具体情况设计不同的产品运作方案，还需要企业各种资源相互配合以达到营销策划所要求的各种战术目标，这通常是非常艰苦、持续时间较长的工作。然而，优秀企业的成功就来源于对目标的不懈追求，来源于策划者的艰苦努力，因为这是成功开发市场的必由之路。

3. 企业宗旨与长远目标

战略策划的重要内容之一是为企业设定一段时期内的发展目标，这在现实中体现为企业的经营宗旨和长远目标，这些内容同样决定了营销策划的主导思想和基本思路，也是企业开发市场的指导方针。一般而言，针对这些内容的策划主要包括以下几个方面。

1) 明确企业的市场价值

明确企业的市场价值即企业在市场上生存的必要性。对企业来说，很多人以为其生存的价值在于为企业创造利润，这从一般意义上讲固然不错，但从企业长远发展来看，这是一种短视行为，因为一个企业要想长久生存，其前提条件是为消费者创造价值，为社会做出贡献，如果达不到则不会获得消费者的认同和社会的许可，终究会被淘汰。因此，企业能否为消费者提供他们诉求的利益是企业长久生存的唯一理由，亦即将消费者的需求作为战略策划的基础是进行所有营销战略规划的基本出发点，策划者应该站在这样的高度为企业的战略做出规划。

2) 明确企业的经营目标

企业的经营目标是指导企业战略规划的基本内容，是战略规划要实现的基本目标，同样也是策划者在进行战略规划时需要考虑的基本问题。通常，企业的经营目标可以分为短期经营目标、中期经营目标、长期经营目标。作为战略策划层面的经营目标，最短也应该定位于5年左右，因为这样的战略目标是指导企业进行战略规划和战术设计的基础。很多企业，包括很多非常优秀的企业，之所以在市场营销实践中遭遇很多问题，甚至出现比较大的亏损，非常重要的原因即在于企业的经营目标不明确。

4. 经营战略与风险分析

世界上没有任何企业敢说自己是永远没有失误的，成功企业的经验在于他们有一套行之有效的风险控制机制，可以将经营风险消除在萌芽之中，或者至少可以运用这样的机制减少风险和减少风险带来的损失。如何最大限度地控制企业的各种风险，是不是合理与实用的风险控制系统，往往是衡量战略规划水准的重要指标。通常，这些内容包括以下几个方面。

1) 建立自己的经营优势

这是企业取得竞争优势和防范经营风险最有效的措施，只有自己首先强大了，才可能具备抵御风险的能力。这种优势可以体现在企业的各个方面，如产品差异化、技术、管理、品牌、文化、运作机制和人力资源等。作为策划者，其重要任务之一即为不仅需要利用企业的各种资源在适合市场环境的基础上，尽最大可能为企业建立自己的竞争优势，而且需要为企业设计出创建和保持这种经营优势的长效机制，从制度上和体制上保证企业在市场营销中长久立于不败之地。

2) 明确成功要素和主要挑战

企业的成功要素不仅在于企业拥有的资源和对企业资源的优化整合，而且有赖于市场环境的变化和发展，而企业面对的主要挑战同样不仅包括竞争者，也包括市场条件的变化，这就使得策划者在进行企业战略规划过程中，不仅要考虑其主要竞争者给企业营销造成的压力，即企业的经营必须做到知己知彼，而且需要不断研究来自企业外部的国家政策、法规、消费者消费心理与消费习惯，甚至社会文化等各方面变化给企业经营造成的影响。虽然这些因素在企业发展的不同阶段是不一样的，但对于企业成功要素和主要挑战的研究对策划者来说却是不可以间断的，这同样是企业规避经营风险的重要举措。

3) 风险与潜在风险控制

企业的控制系统是保证企业在经营过程中不发生问题或少发生问题的关键。营销战略规划的重要内容之一就是为企业设计市场风险的控制机制，例如，管理策划中的质询会议制度就是风险控制的手段之一。而对各种市场指标如市场占有率、相对市场占有率、新客户开发率、老客户流失率,以及各种财务指标如销售额、销售利润、营销费用等进行定期检验和分析,同样是有效控制风险的重要措施。总之,策划者应根据企业的具体情况为经营者设计不同的、可以有效控制风险的系统,这是保证企业规避风险、正常经营的必要措施。因而风险控制系统是否高效同样是衡量战略策划水准的重要指标之一。

5. 财务与人力资源规划

企业经营的直接目标是以有限的资源投入获得尽可能多的收入回报,而这种目标的达成不仅依赖于企业对各种财务指标的研究、分析与控制,使自己的资金使用在最具效率的项目上产生最丰厚的回报,而且依赖于企业对人力资源的调配和使用,因为现代商业竞争的特点之一即在于企业对人才的竞争。因此,企业的战略规划同样必须包含这方面的内容。

1)投资回报分析

有说服力的营销策划方案首先体现为,这样的策划是可以为企业带来现实利益的,因而投资回报分析是战略营销策划的必备内容,即使是单项策划也必须说明策划执行以后的具体财务效果。因此,优秀的策划者不仅是市场营销的行家里手,而且懂得运用相关的财务手段达到自己的营销目标,而投资回报分析往往是营销战略规划与实施的前提。

2)组织机构设计

营销目标的达成依赖于全体员工的共同努力,而组织机构是企业功能正常发挥作用的唯一保证。机构决定功能,没有相应的机构是不可能保证营销目标实现的,因而组织机构设计就成为战略营销策划的重要内容。

3)人员评估与激励

任何企业,如果没有奖惩机制,则无论有什么样的企业文化都不可能推动营销目标的实现,因而合理的人才流动和企业激励与淘汰机制是保障企业长久生存的重要措施。战略规划的重要内容之一应该体现企业对人力资源的调配与整合机制,涉及员工招聘、考核、奖惩、升迁等各个方面的有效机制,不仅可以大大增强企业的竞争能力,同样也是保障企业营销活动正常进行的必要前提。

6. 战术设计与实施方案

企业的战略规划最终必须落实到具体的计划之中才可能变为员工的实际行动和具体的市场效果,因为战术设计和实施方案是战略设计的落脚点,战略规划的实现有赖于这些战术设计和实施方案是否可行和是否高效。具体而言,这些内容包括以下几个方面。

1)年度实施计划

战略规划描述企业的发展蓝图,年度经营预算计划则是企业每个部门和每位员工需要完成的具体工作,这样的设计越具体、越实际,则完成的可能性越大。企业的战略规划是依靠不同年度的经营预算计划实现的,没有具体计划的策划只能是纸上谈兵的说教,对企业来说没有任何现实意义。

2)责任与评估标准

年度计划的设计必须包含一套科学的评估标准对每个人的工作进行评估,以激励员工为企业工作,同时,明确的工作责任必须落实到每个人身上。也就是说,企业的年度计划必须对所要实现的具体目标进行分解,从而形成"千斤重担万人挑,人人身上有指标"的运作机制,使企业的人力资源可以最大限度地发挥作用。

3) 明确年度重点项目

明确年度重点项目即明确一年之中企业营销工作的重点，合理调配公司资源，将好钢真正用在刀刃上，以最小的代价获得最可观的经营成果。这在理论上比较简单，但在现实操作中，由于这些措施直接影响到企业员工的个人利益，直接影响到各个部门的权力结构，真正做到比较困难，因而策划者需要考虑各方面的关系与利益，在总体战略规划的指导之下，合理平衡企业、部门、员工，甚至包括中间商等各方的利益，做出能够使企业利益达到最大化和最有利于战略目标实现的策划方案。

二、酒店战略营销

如图 8-2 所示，企业可以采用多种方式提升自己的投资回报率，但最基本的战略选择一定是增加产品的销量及提升企业的营销效率，这在战略选择过程中可以作为基本的思路。增加销量的方式同企业产品的生命周期存在密切的关系，不同时期的战略选择也存在比较大的差异，这就要求策划者对企业产品的生命周期有相对准确的判断，为提升企业的营销效率选择正确的方法。尤其是在采用提高销售价格或者改变营销组合方式提升企业的经营效率时，需要从市场和企业的具体情况出发，结合产品生命周期特点，确定不同的策划重点。这是非常重要的，因为这两种方式通常会对市场和企业的营销结构产生非常重大的影响，一旦判断不准确或者操作失误，就会给企业带来非常巨大的损失。

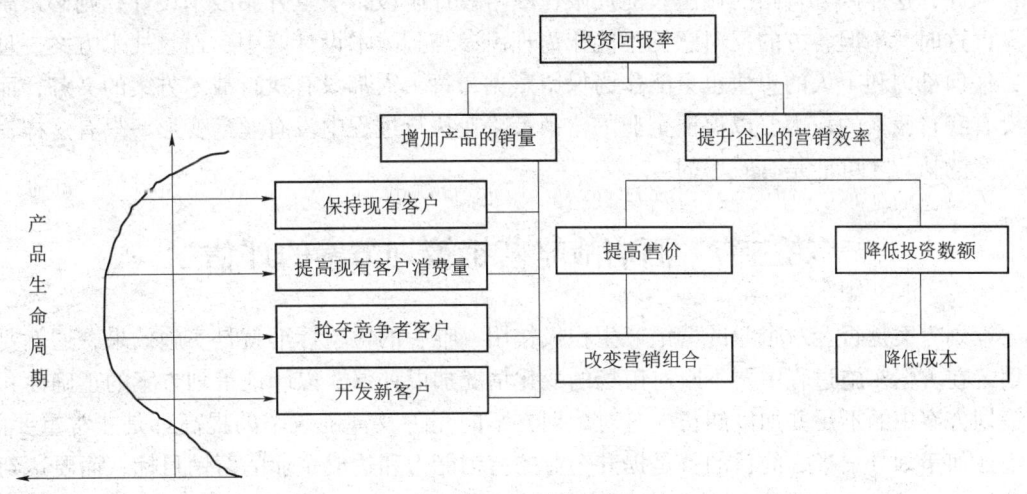

图 8-2 提高企业效益的战略选择

三、提高酒店效益的战略营销策划设计要点

如图 8-3 所示，战略策划是从上到下和从下到上的谋划与实施过程。公司各部门对营销战略的制定都负有责任，营销战略规划的最终形成虽然可能是在公司的营销部或策划部完成的，但由于营销战略的实施需要公司全体员工的努力，尤其是公司关键部门的配合，因而在此过程中，策划者应充分听取各部门有关营销战略规划的不同意见，积聚企业每位员工，特别是领导层的智慧。这不仅是因为这些建议可能是未来营销战略非常重要的组成部分或者关键措施，而且对未来营销战略的实施也同样大有裨益。

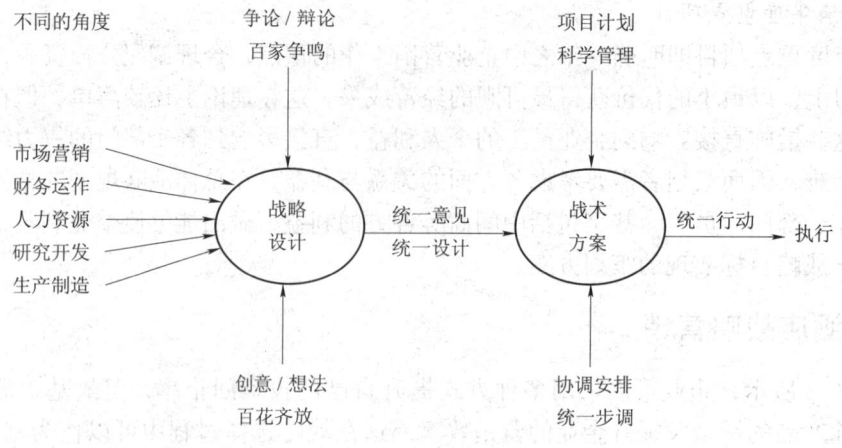

图 8-3　战略设计和战术方案的形成

因此，针对企业的战略规划，应该首先设计一个策划流程，给每一位员工充分发表自己意见的机会，在战略规划设计的初期，形成一种百花齐放、百家争鸣的企业氛围，这不仅可以充分体现员工的主人翁地位，增强企业的向心力，同时也可以在争论中找到适合企业发展的战略思路。当然，在一个企业中，由于每个人的个人经历、知识水平、部门利益等都不一样，因此，这样广开言路的做法只能局限在战略设计阶段，一旦开始战术设计，则必须统一意见，这时，不但各方的反对意见不能作为理由参与到战术设计之中，而且战术方案一旦确定，任何部门和个人的想法也只能作为保留意见，每个人都只有执行战术方案的义务，而绝对没有我行我素的权力，以保证企业的营销策略在执行过程中没有丝毫变形。只有这样，策划方案的执行才可能是有效率的。

第二节　酒店战略营销策划方案的评估

策划方案是否会对企业的营销产生积极作用，唯一的检验标准就是实施效果，这就要求策划者在方案实施过程中要不断对市场的变化情况加以评估，以印证策划方案的正确性和找到策划方案中的不足并加以纠正。这对策划方案的完善及营销效率的提高都是非常重要的，因为任何策划方案唯一的目的就是提升企业的营销能力和达成企业的营销目标，而要达到这样的效果，就必须对营销方案进行定期评估。具体而言，这些衡量标准主要包括以下几个方面。

1. 市场指标的完成情况

市场指标通常是检验营销策划效果最直接也最简单的方法，因为几乎所有营销策划方案的实施都会直接影响到企业产品的市场变化，而市场指标是这些变化最集中的体现。当然，在实际操作中，这些指标的变化是不是纯粹由营销策划的实施引起的也是需要进行评估的。例如，营销方案实施以后，产品的市场份额提高了，这可能是因为公司的广告或者促销等营销策划方案的实施在市场上收到了比较好的效果，但同样也可能是因为竞争者退出了市场或者是政府的相关政策有利于本企业而不利于竞争者所造成的。一般而言，企业在评估营销策划战略方案的实施效果时，下述指标都是非常重要的：

(1) 品牌知名度——通常用来考核策划的促销措施；
(2) 品牌偏爱度——通常用来考核策划对消费者的影响力度；
(3) 品牌尝试率——通常用来考核策划的渠道效果；
(4) 品牌忠诚度——通常用来考核策划的总体市场效果。

例如，表 8-1 为某企业五种产品的市场调研数据，它们反映了市场的运作成效。

表 8-1 某企业五种产品的市场调研数据

项目	产品				
	A	B	C	D	E
知名度	30%	95%	90%	80%	90%
偏爱度	25%	30%	75%	15%	85%
尝试率	20%	30%	10%	60%	80%
忠诚度	15%	25%	8%	12%	75%

从上述数据可以看出，产品 A 各项指标均比较低，需要在广告宣传、渠道建设、销售促进及产品等多个层次进行改进，营销策划的效果不明显；产品 E 则在各个方面的表现都不错，说明策划的效果比较好，可以借此总结经验；产品 C 的尝试率和忠诚度都非常低，但知名度非常高，说明这种产品虽然已经深入人心，但产品的价格可能非常高，或者产品没有好的销售渠道；产品 B 和产品 D 最重要的问题则是产品的偏爱度比较低，可能是竞争产品较多或者质量和服务存在比较大的问题。总之，通过这样的评估，策划者和企业可以基本找到问题的症结所在，从而有利于寻找解决问题的正确方法。

2. 影响上述指标的关键因素

影响市场指标的关键因素见表 8-2。

表 8-2 影响市场指标的关键因素

关键因素	项目			
	知名度	偏爱度	尝试率	忠诚度
质量与设计				☆
价格定位		☆	☆	☆
宣传力度	☆	☆		☆
销售渠道	☆			☆
人员素质			☆	☆
生产能力				
服务水平		☆	☆	☆
竞争强度			☆	

策划者了解各项关键因素对指标影响力的目的在于，一旦出现指标所反映的问题，即可从这些因素中寻找原因。当然，实际的营销问题绝不只是这几个指标就可以反映的，但这确实是一种比较简洁的方法，策划者应该学会运用，以便节省精力和时间，提高工作效率。

总之，营销策划涉及企业管理的各个层面，是企业市场运作的重要手段，是关系到企业市场竞争能力与市场地位的关键要素,因而任何企业的市场运作都必须以营销策划所制定的总体原则与营销策划所界定的主要方式进行,因为它不仅是企业经营战略非常重要的组成部分,同时也是企业实现经营目标的重要保障。与市场运作的其他学科比较,营销策划是相对比较难以掌握的一门技术,因为营销策划不仅需要以营销学的各种理论和策划技巧作为基础,更重要的是它需要策划者对市场具有非常敏锐的观察力。因此,长期的营销实践活动和不断积累的营销经验是优秀策划者所必须经历和具备的,毕竟,这是非常现实的实际操作,容不得半点虚假。

参 考 文 献

[1] 科特勒. 旅游市场营销 [M]. 谢岩君,译. 2版. 北京:旅游教育出版社,2002.

[2] 谢忠秋. 实效营销策划 [M]. 上海:立信会计出版社,2006.

[3] 科特勒. 营销管理 [M]. 梅汝和,译. 北京:中国人民大学出版社,2001.

[4] 张俐俐. 旅游市场营销 [M]. 北京:清华大学出版社,2005.

[5] 波特. 竞争战略 [M]. 陈晓悦,译. 北京:华夏出版社,1997.

[6] KARLA C S. A short course in international contracts [M]. Traverse City, Michigan:World Trade Press, 1998.

[7] JEFFERY E C. International marketing [M]. 上海:上海外语教育出版社,2000.

[8] 汤姆森,斯迪克兰德. 战略管理:概念与案例 [M]. 段盛华,王智慧,译. 10版. 北京:北京大学出版社,2000.

[9] 胡其辉. 市场营销策划 [M]. 大连:东北财经大学出版社,1999.

[10] 孙庆群,王铁. 旅游市场营销学 [M]. 北京:北京化学工业出版社,2005.

[11] 世界经济年鉴编辑委员会. 世界经济年鉴:2009/2010 [M]. 北京:经济科学出版社,2010.

[12] 甘碧群. 国际市场营销学 [M]. 北京:高等教育出版社,2001.

[13] 高鸿业. 西方经济学 [M]. 北京:中国人民大学出版社,2000.

[14] 张为付. 国际经济学 [M]. 南京:南京大学出版社,2010.

[15] 赵放. 国际营销学 [M]. 北京:机械工业出版社,2004.

[16] 佩利. 战略营销 [M]. 王海涛,译. 北京:机械工业出版社,2001.

[17] 基根. 全球营销管理 [M]. 北京:清华大学出版社,2007.

[18] 王仲君. 旅游市场营销 [M]. 天津:南开大学出版社,2010.

[19] 希尔. 国际商务:全球战略竞争 [M]. 周健临,译. 北京:中国人民大学出版社,2002.

[20] 赫尔森. 全球营销管理 [M]. 刘宝成,译. 3版. 北京:中国人民大学出版社,2005.

[21] 谈留芳. 传统营销渠道和网络营销渠道的结合发展探索 [J]. 现代商业,2016 (4):68-69.

[22] 高凤荣. 网络营销渠道和传统营销渠道的整合策略 [J]. 现代商业,2017 (1):52-53.

[23] 克鲁格曼. 战略性贸易政策与新国际经济学 [M]. 北京:中国人民大学出版社,2000.

[24] 袁连升,成颖. 市场营销学 [M]. 北京:北京大学出版社,2012.